应用文写作
理论与实务研究

刘永华 著

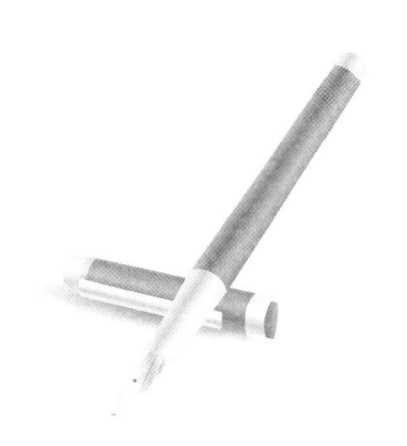

中国社会科学出版社

图书在版编目（CIP）数据

应用文写作理论与实务研究/刘永华著 .—北京：中国社会科学出版社，2019.8
ISBN 978-7-5203-4856-0

Ⅰ.①应… Ⅱ.①刘… Ⅲ.①汉语—应用文—写作—研究 Ⅳ.①H152.3

中国版本图书馆 CIP 数据核字(2019)第 178604 号

出 版 人	赵剑英
责任编辑	黄 晗
责任校对	石春梅
责任印制	王 超

出　　版	中国社会科学出版社
社　　址	北京鼓楼西大街甲 158 号
邮　　编	100720
网　　址	http://www.csspw.cn
发 行 部	010-84083685
门 市 部	010-84029450
经　　销	新华书店及其他书店
印　　刷	北京明恒达印务有限公司
装　　订	廊坊市广阳区广增装订厂
版　　次	2019 年 8 月第 1 版
印　　次	2019 年 8 月第 1 次印刷
开　　本	710×1000　1/16
印　　张	21.75
插　　页	2
字　　数	339 千字
定　　价	98.00 元

凡购买中国社会科学出版社图书，如有质量问题请与本社营销中心联系调换
电话：010-84083683
版权所有　侵权必究

前　言

　　应用写作是大众赖以沟通的主要方式之一，在发达国家和地区，应用文写作已成为一种谋生的技能和生存的本领。美国高等院校无论是文科还是理工科，大都开设了应用文写作课，不少公司还常年聘请应用文写作顾问。在中国，应用文写作的研究、教学，也备受写作学界关注，许多学者在应用文写作的研究、教学方面都倾注了大量心血，成果丰硕，尤其是相关教材，可以说是汗牛充栋，难计其数。

　　在这种情况下，本书作者仍敢于耗时耗力出版这样一本著作，主要是因为作者认为，在一项看起来已很难创新的劳动中，只要我们真正付出了心血，还是一样能有所超越，让读者感受到一些新意的。整体而言，本书在以下三个方面有自己的特色。

　　一是结构安排有创新。全书共六章，第一章主要研究应用文写作的基础理论；第二、第三、第四章主要研究不同类应用文种的写作规律；第五、第六章研究应用文写作实践中的得与失。全书结构基本按照"基础理论研究——写作规律研究——理论与实践结合研究"的框架安排。这既符合人们对客观事物的认识规律，也符合研习者研习应用文写作的基本规律。

　　二是研究的切入点有创新。具体文种的写作，难点之一在于对其写作要领的把握。作为一本专门研究应用文写作的著作，如何迎"难"而上，突破瓶颈，克服难点，这是作者在撰写本书的过程中一直殚精竭虑、孜孜以求的。本书在第二、第三、第四章具体研究不同类型的应用文种时，突破前贤，紧扣难点，聚焦不同文种的写作要领，把写作要领作为研究的切入点，并把纳入研究范围的每一文种的写作要领又细分为格式层面的写作要领、内容层面的写作要领，分别进行重点研究。这是本书最突出的创新之处，也是作者对应用文研究领域些微的贡献所在。

三是指导应用文写作实践的思路有创新。应用文写作还有一个难点，就是如何将应用文的基础理论知识与应用文写作的具体实践相结合。已有的研究者多采用基础理论知识先行、接着选一至几篇例文予以印证的办法，这种办法当然是可行的，但也不免流于简单、粗糙，往往很难解决理论与实践"如何结合"的问题。本书突破了解决这一问题的传统思路：不仅有范文，还结合相关理论对范文进行赏析；不仅有赏析，还选取有代表性的病文进行详细评改；不仅有评改，还选择相应的规范例文进行参考对照。对范文的赏析，采用"精选范文——简要分析——精要点评"的模式；对病文的评改，则采用"精选典型病文——精细分析点评——参考例文对照"的模式。根据这一思路，采用这一模式，对于解决理论如何与实践结合、实践如何依循理论的指导等问题，更具实效。

作者前后担任《写作》《应用文写作》《文秘与公文写作》等相关课程主讲教师36载，也曾多年从事办公室文秘工作，还先后受邀在不同层级的党政机关、企事业单位进行过几十场次的应用文写作专题讲座，积累了大量的第一手资料，储备了比较丰富的应用文写作、教学和研究的心得。自2011年起，耗费8年心血，铢积寸累，集腋成裘，在即将作别讲台、告老赋闲之际，终于著成此书。

当然，本书的实际价值如何，只有本书的读者和本领域的专家才是最高裁判。因此，作者真诚地期待读者诸君能反馈意见，特别期待专家、同行们的批评建议。作者一定虚心接受，不断修改，使之更为完善。

目 录

第一章 基础理论知识探微 …………………………………… (1)
 第一节 应用文的源流、发展及特征 ……………………… (1)
 第二节 应用文主题的特性及表现方法 …………………… (12)
 第三节 应用文材料的选择及使用探讨 …………………… (21)
 第四节 应用文结构安排的方式与技巧 …………………… (27)
 第五节 应用文表达的方法及要领研究 …………………… (37)
 第六节 应用文的语体规律及语言技巧 …………………… (45)

第二章 常用法定公文写作要领研究 ………………………… (52)
 第一节 法定公文写作概说 ………………………………… (52)
 第二节 决议、决定的特性及重要区别研究 ……………… (62)
 第三节 意见的写作要领研究 ……………………………… (65)
 第四节 通告、通知、通报写作要领研究 ………………… (69)
 第五节 报告、请示、批复写作要领研究 ………………… (78)
 第六节 议案、函、纪要写作要领研究 …………………… (86)

第三章 常用事务文书写作要领研究 ………………………… (95)
 第一节 事务文书写作概说 ………………………………… (95)
 第二节 计划、总结写作要领研究 ………………………… (98)
 第三节 简报、调查报告写作要领研究 …………………… (109)
 第四节 会议记录、会议综述写作要领研究 ……………… (120)

第五节　讲话稿写作要领研究 …………………………………（129）
  第六节　简历、求职信写作要领研究 …………………………（134）
  第七节　规章制度写作要领研究 ………………………………（142）
  第八节　其他常用事务文书写作要领概略 ……………………（149）

第四章　常用商务文书写作要领研究 …………………………（154）
  第一节　商务文书写作概说 ……………………………………（154）
  第二节　经济合同写作要领研究 ………………………………（156）
  第三节　商业广告写作要领研究 ………………………………（169）
  第四节　营销策划书写作要领研究 ……………………………（173）
  第五节　产品说明书写作要领研究 ……………………………（178）
  第六节　招标书写作要领研究 …………………………………（182）
  第七节　投标书写作要领研究 …………………………………（184）
  第八节　其他常用商务文书写作要领概略 ……………………（188）

第五章　常用应用文范文赏析 …………………………………（191）
  第一节　法定公文范文赏析 ……………………………………（191）
  第二节　事务文书范文赏析 ……………………………………（210）
  第三节　商务文书范文赏析 ……………………………………（245）

第六章　常用应用文病文评改 …………………………………（282）
  第一节　主题与材料病文评改 …………………………………（282）
  第二节　格式与结构病文评改 …………………………………（298）
  第三节　语言与表达病文评改 …………………………………（309）

附　录 ………………………………………………………………（334）
  党政机关公文处理工作条例 ……………………………………（334）

后　记 ………………………………………………………………（343）

第 一 章

基础理论知识探微

第一节 应用文的源流、发展及特征

应用文源远流长,殷商时期的甲骨刻辞是我国最早的应用文。经过历代的演变,应用文现在已经进入到了一个前所未有的蓬勃发展的时期。在长期的历史发展过程中,应用文形成了自己鲜明的特性,发挥了其独有的不可替代的作用。研究应用文的历史沿革,探讨应用文的特性、功用,对于我们从更加宏观的角度去把握应用文,进而更好地研究和学习应用文、写好应用文,都有一定的价值。

一 应用文的源流

应用文历史悠久,源远流长。了解应用文产生和发展的历史,有助于我们从中汲取可资借鉴的经验,有助于我们更好地把握应用文的内涵,对于我们写好应用文也多有裨益。

(一) 应用文的产生

人类出现以后,其群体活动需要交流、组织、协调、指挥,基于实际应用的社会需要,应用文也就应运而生了。

殷商时期是我国应用文产生的时期。殷墟甲骨刻辞,是迄今为止我们所知道的我国最早的文章,也是最早的应用文。[1] 这些卜辞,虽说最短的只有几个字,最长的也只有100多字,文辞极为简约,但却真实地记录

---

[1] 裴显生:《应用写作》(第三版),高等教育出版社2010年版,第7页。

和保存了殷商时期的痕迹，可以说是殷代王室的档案，具备应用文写作的实用性等特征。

我国夏代已能铸造青铜器，商周时代则盛行在铜器上铸刻文字。我们把这些刻在青铜器上的文字统称为钟鼎铭文。钟鼎铭文主要用以记载帝王的文德武功和征战胜利，也有记载统治者命令和记载贵族豪门间的物资交换活动。这样，我国商周时期不但有了公务文书，也有了私人物资交换的契约。

《尚书》是我国现存最早、保存最完整的文章总集，它是一部历史文献汇编，也是一部以应用文为主的文集。汉代以后被列为儒家经典之一，称《书经》。其体例分为典、谟、训、诰、誓、命六体。典，即典常，用于记载上古典章制度，实际上就是记述古代帝王法的文书，如《尧典》《舜典》；谟，是记录臣下为君主就国家大事进行策划谋议的文字，如《大禹谟》《皋陶谟》；训，用于记录教诲、开导之言，给当世及后人以警示，如《伊训》；诰，是训诫、勉励的文告，用以告诫、鼓舞民众，如《康诰》；誓，是用兵征战时将士的誓词，如《汤誓》；命，则是君主的命令，帝王赐给臣子的诏书，如《顾命》。由此可见，《尚书》中的文种，相当于现代公文中的命令、布告、纪要等，其篇章结构也已相当完整，有条理、有层次、有一定章法，可以视为我国古代应用文形成的标志。

从甲骨刻辞到《尚书》，我们可以清楚地看到，文章源于实用，最早的文章就是应用文，应用文"尚实尚用"的传统自其产生时起就贯穿于整个发展的过程之中。

(二) 应用文的发展

作为人际交往的工具和手段，应用文不仅随着人类社会发展的需要而产生，而且随着社会的发展而不断变化和演进。从殷商甲骨刻辞的出现，经秦、汉到明、清，我国应用文走过了一条日趋成熟、稳定的发展之路。①

秦汉时期，秦统一中国，建立起封建专制主义中央集权的政权，实

---

① 裴显生：《应用写作》（第三版），高等教育出版社2010年版，第8页。

现了"书同文"。政治的统一和文字的统一，为公务应用文的统一提出了要求，也为公务应用文的统一创造了条件。因此，表现在应用文方面，主要是在写作格式和名称等多方面作了相应的改革统一，比如，改"命"为"制"，改"令"为"诏"，改"上书"为"奏"，天子自称为"朕"等；还产生了"避讳"制度、"抬头"制度、"用印"制度等，形成了较为规范、完整的公务应用文体制。

汉袭秦制，公务应用文写作有了新的发展。首先，产生了书、议、策、论、疏等公文体式，明确皇帝对臣下用诏、制、策、敕，臣下对皇帝则用章、奏、表、议，在表述上也采用了相对固定的格式，为公文文书走向程式化开了先河。其次，重视写作人才，把应用写作列为选拔人才的考试内容，这就使得许多有才学的人致力于应用写作，不仅对应用文写作经验的总结开始系统化、理论化，还产生了众多的名篇佳作，如邹阳的《狱中上梁王书》、司马迁的《报任安书》、贾谊的《陈政事疏》、晁错的《论贵粟疏》、司马相如的《上书谏猎》等。再次，在《后汉书·刘陶传》中出现了"公文"一词："但更想告语，莫肯公文。"当然，其含义与今天所说的公文差异较大。最后，法律文书、经济文书，特别是私人应用文在这一时期都有了较大发展。

魏晋南北朝时期在我国应用文的发展史上占有重要地位。主要体现在以下三个方面：第一，公、私应用文的体裁特点更为鲜明，在实际使用中更切实可行，并增加了新的应用文体，如在秦汉的基础上增加了"移"这种平行应用文；贺表、列辞、牒状等都是新形势下出现的新文体。第二，产生了很多标准、规范的应用文，历来受到推崇。如曹操的《让县自明本志令》《求贤令》，诸葛亮的《出师表》《诫子书》，孔融的《荐祢衡表》，嵇康的《与山巨源绝交书》，陶渊明的《自祭文》，李密的《陈情表》，王羲之的《与桓温笺》，孔稚珪的《北山移文》，丘迟的《与陈伯之书》，等等，都是应用文中的传世之作。第三，应用文研究的理论成果十分突出。曹丕的《典论·论文》，不仅高度评价了文章的社会作用，还在古代文体学研究上做出了具有开创意义的贡献；陆机的《文赋》，在曹丕对应用文体研究的基础上，又涉及了更多的应用文体，并对文体的特点和写作规律作了更深入的探索；挚虞的《文章流别论》，虽说原书已亡佚，仅存十余则，但却是我国主要针对应用文体的第一部文体学专论；还有《昭明文选》，选录了自周至六朝1300多位作家的70000余篇作品，共分38类，其中属于应用文的就达20余类，这部文选的出现，充分反映了应用文理论研究的成就，因为如果没有理论的指导，是不可能编出这样的文选的。这一时期理论研究上应该特别提出的是刘勰的《文心雕龙》这部体大思精的巨著，该书共20篇，评论了34种文体，其中绝大部分是应用文，对每一文种的名称、功用、源流、构成要素、写作要求及注意事项，都做了精要的阐述，至今仍能给人深刻的启发。

隋、唐、宋时期是我国古代应用文发展的高峰期。隋代历时虽短，但隋文帝曾诏令"公私文翰，并宜实录"；李谔撰《上隋文帝请革文华书》，批评前代浮艳文风，强调应用文的实用性；这些在应用文发展史上都起过积极作用。唐代发生于散文领域的"古文运动"对应用文的发展和文风的转变也产生了巨大的影响，直接导致这一时期涌现出了一大批应用文大家和名作。魏徵的《谏太宗十思疏》《十渐不克终疏》，马周的《陈时政疏》，李华的《吊古战场文》，韩愈的《祭十二郎文》《柳子厚墓志铭》，柳宗元的《段太尉逸事状》，陆贽的《奉天请罢琼林二库状》，白居易的《与元微之书》，刘禹锡的《陋室铭》，等等，都是古代应用文中不朽的名篇。宋代不仅古文运动得到发展，还出现了欧阳修等与唐代韩愈、柳宗元并称的"唐宋八大家"，应用文的名家名篇也继续涌现。如范仲淹《答手诏条陈十事》，欧阳修《谢致仕表》《与高司谏书》，王安石《上仁宗皇帝言事书》《答司马谏议书》，苏轼《答谢民师书》，等等，不胜枚举。

总之，隋、唐、宋时期作为我国古代应用文发展的高峰期，不仅应用文的名家众多，名篇如林，文风得到很大的改变，而且还增加了咨、咨、申状等众多的应用文新文体，出现了一些文种使用的新规定，尤其是序跋文，在宋代有了较大发展，对后世的序跋文写作有很大影响。

元、明、清是我国古代应用文的稳定发展时期。这一时期的总体情况表现为两大方面，一是随着封建王朝中央集权的极端化，公牍文书更为严格，应用文各体趋于定型化；二是在应用文理论研究方面有了新的进展，明代吴纳的《文章辨体》，徐师曾的《文体明辨》，清代姚鼐的《古文辞类纂》，刘熙载的《艺概·文概》等，都从不同侧面给应用写作以理论概括，影响广泛。另外还应该强调的是，清朝适应社会发展的需要，对传统应用文进行了由繁到简的重大改革，至清末则把下行类应用文章合并为"诏""令"，上行类统一为"奏""折"等，对之后的应用文写作影响很大。

从1911年的辛亥革命到当代，应用文则经历了由古体到新体的巨大变革时期。特别是在文体、语言、行文规则等方面，变化更是巨大。

从行政公文来看，1912年南京临时政府颁布了第一个公文程式条例，废除了几千年以来封建王朝沿用的公文体式，确立了新的体式，并要求公文写作用白话，使用新式标点符号。自此，行政公文的发展翻开了崭新的一页。

中华人民共和国成立后，中央人民政府政务院于1951年通过并颁布了新中国的第一个《公文处理暂行办法》，为我国公文体裁的确立奠定了基础。此后，又经1981年、1987年、1993年、2000年的几次修订和完善，使我国的应用文写作逐步走上了规范化、系统化、科学化的道路。

为建立起我国更为完善的行政公文系统，中共中央办公厅、国务院办公厅又于2012年4月16日联合行文，颁发《关于印发〈党政机关公文处理工作条例〉的通知（中办发〔2012〕14号）》[①]（以下简称《条例》），将党的机关公文处理与政府机关公文处理统一起来，并用"条例"来规范公文处理工作，这无疑更有利于推进我国公文处理工作科学化、制度化、规范化建设。

《条例》共分"总则""公文种类""公文格式""行文规则""公文拟制""公文办理""公文管理""附则"八章四十二条，不仅为党、政、军和各人民团体实施领导、履行职能、处理公务提供了具有特定效力的规范体式，而且为公文拟制、办理、管理等一系列相互关联、衔接等工作提供了新的可依原则。

---

① 中共中央办公厅、国务院办公厅：《党政机关公文处理工作条例》，2013年2月22日，中央政府门户网站（http：//www.gov.cn）。

不仅是党政公文，其他各类应用文的发展也十分迅猛。特别是为适应社会建设的需要，专业应用文如科技、经济、法律、军事、外交等应用文都得到了长足的发展，新文种也不断涌现。

从应用文写作的悠久历史我们可以看出，应用文的产生和发展都是源于实用这个目的的，历代应用文的变化和演进也基本都是在传承、改革前代的基础上进行的。从这个意义上讲，应用文的继续发展也是必然的。

（三）应用文的含义

应用文历史悠久，源远流长，但对应用文这一概念的研究却相对要晚得多。据考证，"应用文"一词最早出现于宋代苏轼《答刘巨济书》"向在科场时，不得已作应用文，不幸为人传写，深为羞愧。"但此处所说的"应用文"并不是一个专用的文体概念，而只是把它作为一个一般名称使用，更谈不上对其内涵和外延进行研究。比较明确地从文体概念的角度阐述"应用文"的是清代学者刘熙载，他在所著《艺概·文概》中谈道："辞命体，推之即可为一切应用之文。应用文有上行，有平行，有下行，重其辞乃所以重其实也。"后来，学者徐望之在《尺牍通论》中对应用文包含的文种作了界定："有用于周应人事者，若书札、公牍、杂记、序跋、箴铭、颂赞、哀祭等类，我名之曰'应用之文'。"五四时期，刘半农发表《应用文之教授》，对应用文的内涵和外延做出了界定。从五四时期到新中国成立之前，出版了不少关于应用文的著作，其中，要数陈子展所著、1931年出版的《应用文作法讲话》对后来的应用文写作教学和研究影响较大，其对应用文概念的界定，更近于我们今天所使用的应用文。

新中国成立以后，对应用文的使用更多，对应用文研究的范围更广，也更为深入。在此基础上，大家对应用文的含义也有了比较一致的看法，概括起来可以这样表述：应用文是指党政机关、企事业单位、社会团体、人民群众在日常生活、学习、工作中处理公共事务或私人事务所使用的具有某种惯用格式和直接应用价值的文章。①

---

① 裴显生：《应用写作》（第三版），高等教育出版社2010年版，第2页。

在理解应用文的含义时，我们应该特别了解的是，应用文的作者、读者、写作过程、思维方式、体式规范、语言，还有在社会生活中的地位、作用等，与其他文体写作比较，都是有很大不同的，这些不同，在以下三个方面表现得尤为明显。

一是应用文写作的作用、用途。凡写作应用文，必然是个人与个人之间、机关团体与机关团体之间，或个人与机关团体之间，在实际生活、学习和工作中需要交流信息、协调或者指导实践、寻求帮助等而从事的一种书面表达活动。

二是应用文的写作要求。应用文有许多区别于其他文体的写作要求，包括书写、排印、行款格式、结构环节、习惯用语、称谓、签署等都具有一定的规范性。这些规范、要求，需要我们在学习写作时，认真体会，仔细揣摩，做到了然于心，更需要我们在写作时严格遵守，不能标新立异。

三是应用文写作的简约性。应用文尚简约，忌浮华。与此相适应，应用文的篇幅往往比较短小，要求用尽可能精炼的文字叙事说理，实现写作意图；在表达方式上，以说明为主，也用叙述、议论，但叙述多用直笔，议论只就事论理；在语言运用上，尤其强调用精要的语言简洁明快地表达。

二 应用文的特征

应用文同所有其他的文章一样，都是对客观事物的反映，但是，在长期的历史发展过程中，也形成了自己鲜明的特性。把握并了解应用文的这些特性，有助于增强写作的自觉性。

（一）实用性

注重实用性，是我国文章写作的优良传统。东汉王充曾言："为世用者，百篇无害；不为世用者，一章无补。"[1] 作为应用文，"实用"更是其区别于其他文类的本质属性，有没有实用性应该是判断应用文写作成败的关键标准。我们知道，文学作品给人以审美愉悦，主要用来陶冶人

---

[1] 王充：《论衡·自纪》，上海人民出版社1974年版，第453页。

们的性情;理论文章给人以知识,主要用来提高人们的认识;新闻作品给人以新的信息,主要用来开拓人们的视野。而应用文则不一样,应用文都是为办事而写,都是为实际需要的"用"而写。如发一个"会议通知"是为开一个会、布置一件事;写一个"计划",是要对一定时期内所要做的工作或所要完成的特定目标及任务,预先加以书面化、条理化和具体化;写一个"请示",是为了让上级帮助自己解决某个具体问题,等等。所以,如果一篇应用文不能满足实用的需要,不能直接作用于人的行为实践,哪怕写得再好,也算不上是好应用文,甚至可以说根本就不是应用文。

(二) 规范性

相较于其他文体,应用文规范性的特征比较突出。所谓规范性,是指应用文中的各类文章,在长期的使用过程中,逐渐形成了各自比较固定的体例,有大致相同或相似的布局和写法,有大体统一的文面要求等。这与文学类写作提倡充分体现作者的个性风格和独创性,鼓励标新立异,有很大的不同。

应用文的规范性,有的是"约定俗成"的,也就是应用文从古至今的作者们在一代代的传承中,习惯成自然,最终形成了大家公认的一些模式。例如书信,虽然每个人在写作的时候,内容上千差万别,但都需要按照书信的一般格式去写,要有称谓、问候语、正文、祝语、尾签、日期,还要掌握书信写作的惯用词语和一般要求。不这样做,便被认为不规范、"不得体"。应用文的规范性,有的则是由法规限定的。例如党政公文,就是由权力机关以法规形式对文种格式等加以规定的。公文有固定的格式,对书面、用纸、印装均有严格的要求。2012年7月1日起施行的《条例》就是现今党政机关公文格式的标准法规,无论是哪一级党政机关,也无论是党政机关中的哪一个个人,只要你制发公文,就必须严格遵守;否则,就是不合格的公文,就会贻误工作。

应用文的规范性不管是如何形成的,其实都源于实用的目的,是实用性在形式上的体现,因为形成一定的规范、模式以后,写作者写起来方便、快捷,受文者看起来也易一目了然,执行起来也更迅速,不易走样。

我们探讨应用文的规范性，不是说应用文形成一定的规范后就会一成不变，随时代、社会的不断发展，应用文的规范必然也会发生一定的变化。例如2012年4月16日中共中央办公厅、国务院办公厅联合行文，对2000年1月1日起实施的《国家行政机关公文处理办法》所做的部分修改，就充分说明了这一点。

（三）真实性

我们在前面论及应用文的含义时，说应用文是国家机关、企事业单位、社会团体、人民群众在日常生活、学习、工作中处理公共事务或私人事务所使用的具有某种惯用格式和直接应用价值的文章。既然应用文是用来处理公共事务或私人事务的，具有直接的应用价值，那么文中所写的数据、材料等，就必须真实、准确；所发布、传达的上级指示精神就必须确切。因为只有建立在真实内容基础上的思想和信息才能体现其实用的价值。作者在写作时如果任意虚构事实，主观臆断，不但达不到沟通信息、交流经验、反映情况、指导工作的目的，甚至还会造成严重的后果，作者也许还将承担一定的行政和法律责任。可以说，真实是应用文写作的生命。

这就要求应用文的作者，首先必须了解清楚生活真实与艺术真实之间的区别。所谓生活真实，是现实生活中客观存在的社会关系所制约的人、事、物，它是现实生活中确实存在的；所谓艺术真实，主要是指文学艺术作品中的真实，这种真实以生活的真实为基础，是对生活真实的加工、改造、提炼，但又高于生活的真实。应用文的真实，必须建立在生活真实的基础上，也就是说，应用文中所出现的人、事、物必须是生活中真实存在的，应用文中所出现的数据、地点、材料等必须是准确的、确凿无疑的。而文学艺术作品，又必须从生活真实到艺术真实，把生活真实上升为艺术真实；这种真实，是文学艺术作品善和美的前提条件，也是文学艺术作品艺术生命力的保障。

其次，应用文的作者除了要了解清楚生活真实与艺术真实之间的区别以外，还必须注意观察生活，随时准确了解、研究、掌握应用文所反映的对象，保证写到应用文中的人在现实生活中确有其人，写到应用文中的事在现实生活中确有其事。并且，与人和事密切相关的其他要素也是真实的。

（四）时效性

同一事物在不同的时间具有很大的性质上的差异，我们称此为时效性。应用文都是为解决具体问题而写作的，所以应用文时效性的特征很突出。时效性影响着应用文产生效用的时间，或者说时效性决定了一种应用文在哪些时间内有效。

当然，不同的应用文种，其时效性往往是长短不一的，不能一概而论。就是同一应用文种，其时效性也会有长短的区别。例如"计划"，它是预先对未来一定时期内要开展的工作和学习等提出要求、指示、步骤和完成期限的文字材料，这里所说的"一定时期"，可能是一个星期、一个月、一个季度、一年，也可能是三年五载甚至是几十年。有的文种，还对时效做了特别约定，比如签订合同，有时候双方会对该合同的有效期进行约定。

这里需要特别指出的是，文学作品是没有时效性这一特点的，也就是说，好的文学作品并不存在一定时期有价值、一定时期没有价值的问题，其价值、效用与时间之间并没有必然的、直接的关系，只要文学作品具有高超的艺术性，所反映的内容具有时代感，其价值、效用就可能超越时空，甚至时间越久，其价值、效用越大，所谓经典即为此意。

三 应用文的作用

在现代社会里，应用文是人们在日常生活、学习、工作中交流思想、处理事务、解决问题、互通情况时经常用到的工具。作为一种应用十分广泛的特定文体，与其他文体相比，应用文也有着自己与众不同的作用。

（一）组织指导的工具

应用文是组织、指导、管理工作中不可缺少的有机组成部分，文书的起草、定稿、发布，往往是与组织、指导、管理工作同步进行的。在日常公务活动中，上级机关通过下发公文对下级机关传达指示、安排计划、布置任务，要求下级贯彻执行；对下级机关的请示给予批复，对下级机关出现的偏差进行纠正或提出原则性要求。上级机关对下级机关进行领导和指导，离不开公文这一重要工具。如果没有公文，上级机关的领导、指导、管理职能是很难正常进行的。即使将来真正实现办公自动化了，也不可能完全取代人在组织、指导、管理过程中的作用，离不开应用文写作，只不过是更注重规范和讲究效率而已。

（二）宣传教育的手段

应用文是用来处理公私事务的，但要处理好公私事务，首先肯定必须让人们知道应该做什么、为什么要做、怎样去做。这就需要摆事实、讲道理、谈方法，这实际上就是在进行宣传、教育。例如，国家的大政方针一般都是以公文的形式发出的，它常常用公众最容易接受的方式告诉广大人民群众应该做什么和怎样做，成了人民群众了解国策、学习法规的权威渠道，因此，颇具感召力和说服力。长期的实践证明，这一类应用文的权威性和宣传教育效果之好，是远非一般媒介所能比的。

（三）规范行为的准则

在公务应用文中，有相当一部分是用于公布法律和行政法规的，所以，这方面的作用表现得尤为明显。例如《宪法》和依据《宪法》制定的《刑法》《民法》《刑事诉讼法》等国家基本法律，公文中的条例、规定、通则等，一经有关权力机关通过并发布实施，任何人都要自觉遵守，不得违反，否则将受到不同程度的处罚。至于命令（令）、通告、通知等类公文，其本身虽然不是法律法规，但属于法规性质，其规范和约束作用也非常强，是宪法和法律在某一方面的细化。它以鲜明的立场，告诉人们该做什么，不该做什么，要求有关人员遵照执行，不得违反，否则就要受到处分，直至被追究法律责任。总之，在特别强调依法治国的今天，现代应用文在加强法制、维护秩序、规范行为方面的作用越来越突出。

（四）交流信息的渠道

社会化大生产越发展，专业化水平越高，分工就越细，越需要部门与部门之间、组织与组织之间、人与人之间的合作，因此也越需要做好联系、协调、信息交流工作。机关应用文是沟通上下左右机关之间联系的纽带和桥梁，是各种信息输出和反馈的权威渠道。通过机关应用文可做到上情下达、下情上传，不相隶属的有关机关可通过机关应用文联系工作、相互知照情况、协商处理问题等。个人与个人之间、个人与群体之间，也需要相互了解、联络感情、商量事情、协调行动。而带有公关礼仪性的应用文，在联络感情、交流信息方面所起的作用，也越来越受到人们的重视。在信息时代，虽然信息技术越来越发达，但应用文作为交流信息的工具之一，其交流信息的作用只会更加明显。

（五）留存考查的资料

应用文作为留存考查的资料作用这方面，在不同文种中有不同程度的表现。就机关公文而言，一方面，它是制发机关依法行使职权的真实反映，收文机关以此为依据去处理工作、解决问题，如果没有必要的公文作为凭证和依据，各个机关之间的公务联系必然被削弱，其正常有序的工作将难以开展；另一方面，任何时期的公文，其效力可能因时过境迁而消失，但是它作为历史的真凭实据和珍贵的第一手资料，对人们审视历史具有重要的档案和史料作用。就契据文书而言，其留存考查的作用更为明显，如协议、合同等作为双方彼此确定的权利和义务的依据，都要留存备查，凭证双方任何一方违约，都会据此被追究责任。其他如会议记录、介绍信、证明信，甚至某些书信、日记等，都有作为资料留存备查的作用。

我们在研究和了解应用文作用的时候，有两点需要特别加以强调。第一，应用文五个方面的作用其实是互相联系的，也就是说我们在理解应用文的作用的时候，应该把它作为一个整体去理解，而不应该把它们割裂开来。因为事实上，一个文种甚至是一篇应用文，它往往发挥着几方面的作用，而不是单一的作用。第二，随着信息时代、知识经济时代的到来，现代应用文与社会发展、人们生活之间的关系越来越密切，使用频率也越来越高，并逐渐走向电脑化、国际化，在这个过程中，现代应用文必然还会有更多的作用显现出来。因此，我们在对应用文的研究中，不仅要充分了解和研究它现有的作用，还应该不断总结新经验，注意挖掘和发挥它新出现的作用。

第二节　应用文主题的特性及表现方法

应用文写作是写作学的一个分支，它有一般意义上文章的共性，但更有自己的特性。应用文的主题，既涉及一般文章写作的共性问题，也涉及应用文写作的特性问题。在研究应用文主题的过程中，我们要研究其共性，但更要研究其特性。唯其如此，我们才能在应用文写作的过程中，充分地认识主题的重要性，掌握好确立主题、表现主题的方法，进而写好应用文。

一　正确认识主题的作用

文学写作是作者某种创作欲望与生活客体相暗合而形成的一种创作活动，应用写作则是党政机关、企事业单位、社会团体、人民群众在日常生活、学习、工作中处理公共事务或私人事务所从事的一种实践活动。无论是哪种写作，都会反映作者的写作意图，这种写作意图，从写作的角度讲，就是文章的主题。主题一旦形成，无论是对一般文章写作还是对应用文写作都会产生重大的影响。

主题，是作者通过文章的具体内容所表达的基本思想，是作者写作意图的具体体现。在记叙类文章中，一般称其为主题思想、中心思想；在议论类文章中，一般称其为中心论点；在传统文章理论中，一般称其为主脑、意；而在应用类文章中，有时又称其为写作意图。

任何一篇文章，都不能没有主题。应用文的主题同其他体裁的文章的主题一样，具有十分重要的作用。一篇应用文的主题就该篇应用文与外界的联系而言，其作用主要体现在影响该篇应用文质量的高低、价值的大小；就该篇应用文本身而言，主要决定其材料的取舍、结构的安排、语言的运用、标题的拟定，甚至是标点符号的使用。具体而言，应用文主题的作用主要体现在五个方面。

一是决定应用文的价值。应用文尤其是公务应用文的写作，多为集体智慧的结晶。它在现实工作中的形成和使用，是党政机关和企事业单位意志的反映，是对事物本质和规律性的认识。从行文的实际效果上说，主题决定着应用文的价值。如果一篇应用文的主题含糊不清、模棱两可，在实践工作中就难以贯彻执行，甚至会造成工作上的损失和失误，这样的应用文只能是一纸空文，自然也就无实际意义；如果一篇应用文的主题与党和国家的路线、方针、政策相抵触，与实际工作的要求相背离，这样的应用文自然更是毫无价值可言。

二是决定应用文文种的选用。应用文的作者在写作某篇具体的应用文之前，必须选择一个合适的文种。应用文文种个性鲜明，适用范围明确，为文种的选择提供了非常好的条件。至于到底选择哪个文种，从应用文写作的实际情况看，标准有很多，方式也不少，但最主要的标准和最重要的方式，是根据主题表达的需要来决定。这是我们在应用文写作时选择正确文种的不二法门。例如，某二级学院为了改善办公条件，需要添置几台新电脑。这样，添置新电脑就成了该应用文的主题。根据这一主题，结合公文写作的相关规定和要求，该二级学院办公室只能选择"请示"这一文种行文，而不能写成"报告"或其他文种。

三是决定应用文材料的选择和使用。现实工作的内容是纷繁多样的，应用文写作所涉及的材料也是多方面的。从应用文的材料来看，有直接材料和间接材料、正面材料和反面材料、历史材料和现实材料、典型材料和一般材料，等等。无论一篇应用文表述的是哪一方面的内容，其材料的选择都必须服从于表现主题的需要，一切材料的选择都是为主题服务的。与表现主题有关的材料就予以选用，与表现主题无关的材料，即使再生动也必须坚决舍弃。同时，对选用了的材料还必须根据其与主题关系的密切程度而予以不同情况的使用。与主题关系密切、直接，能很好地表现主题的材料，需要重点使用，用墨往往应该多些；与主题关系较远，只是能在一定程度上表现主题的材料，则只能作一般使用，用墨往往应该少些，有时甚至要惜墨如金。

四是决定应用文结构的安排。应用文体式的规范性特征，使应用文的结构方式有别于其他文体。应用文的书写、排印、行款式样、习惯用语等都具有严格的规定或约定俗成的体式。从这些方面的情况看，应用文的结构似乎并不受应用文主题的约束。但是，从实际情况看，在具体的应用文写作中，其结构安排仍然受该篇应用文主题的制约。一篇应用文，只有围绕主题、根据主题表达的需要，恰当地安排好其内容的结构，让其内容条理清晰、纲举目张，才能使该篇应用文内在的内容和外在的形式有机地结合起来，取得满意的表达效果。同时，应用文安排结构的模式很多，我们也只能根据主题表达的需要，选择一个最适合的模式来安排应用文的结构。

五是决定应用文的表达方式和语言运用。应用文在表达方式的选择上必须服从主题的需要，这主要是受应用文主题的政策性、思想性和法规性等方面的影响和限制，也是适应应用文实用性、真实性的必然要求。由于这些方面的影响和要求，所以应用文在表达方式上主要使用叙述、议论、说明等方式，很少使用描写和抒情。

应用文的主题也决定其语言的运用。应用文的语言具有准确、简洁、得体的特点，这是从其整体角度来说的。具体到每一篇应用文时，根据其主题表达的需要，语言的使用也要随之变化。例如同是公务应用文，命令与函的语言运用特点就不一样，这主要就是由每一文体的主题所决定的。

二　准确掌握表现主题的方法

任何体裁的文章都有主题，不同体裁的文章表现主题的方法不尽相同。与文学作品不同，应用文的主题不仅要在撰稿前就确定，而且还要在文中用一定的方法、简明的语言概括出来，并根据行文的需要在文章的显要位置直接而明白地表达出来，以吸引读者的注意力，节省读者的时间，使读者一看就明白，不致产生歧义，这是由应用文功用性的特点决定的。应用文表现主题的方法主要有以下七种。

一是标题示题。即在应用文的标题中直接点明该文的主题。这种表现主题的方法在应用文中非常多见。它简洁明快、直截了当，在信息时代体现着独有的优势。如《××市人民政府关于庆祝建国五十周年在城区施放焰火的通告》，这种标题本身就是该应用文的主题，其特点就是用最快捷的方式把该篇应用文的主题传递给阅读者，实现在众多的可阅读资料中，迅速抢占阅读的第一时间的目的。

二是开篇破题。即在正文的开篇部分就直接、明确地揭示该文的主题，使阅读者开篇就知道全文的主题所在，便于把握全文。如《××市人民政府关于加强家禽屠宰管理的通告》的开篇，就用简洁的文字直接、明确地揭示了该文的主题："为加强家禽屠宰检疫检验管理，保证上市肉品质量，改善城市及周边环境，防止禽流感及其他禽类传染病对人民生命安全的威胁，市政府决定对市区内家禽屠宰销售管理存在的混乱局面进行彻底整治。现就有关事宜通告如下。"公务应用文中的公布性、告知性文种及规章性文种，多采用这种表现主题的方法。

三是片言立题。即用一两句精辟的话，点明主题，使应用文的主题单纯、集中，给人以鲜明深刻的印象。这种方式往往以片言立观点，围绕"片言"调动、点拨全篇材料，收到"片言居要"的功效。如《中华人民共和国国防部告台湾同胞书》一文的开篇："我们都是中国人，三十六计，和为上计。"以此片言确立该篇的主题，给人以极其鲜明而深刻的印象。需要强调的是，主题的片言，立于文首、文中、文尾均可，究竟立在何处，要因文章表达主题的需要而定。若立在文首，则常常同时兼有"开篇破题"的效用。

四是篇末点题。即在文尾处点明主题，或在文尾处再次强调主题，使文尾与开头相呼应，收到篇末点题，首尾圆合的双重功效。如《××县××镇人民政府关于要求核减××村耕地计税面积的请示》一文，在详述了农村税费改革后该村耕地计税面积不实的情况以后，文末提出了"在减少的314.02亩水田中，新建横路公路占用的103亩已在税改时核减，这次尚需核减的耕地面积为211.02亩，计税产量162063.36公斤，应当核减农业税14982元（其中农业正税12479元，农业税附加2503元）"的具体要求，也即点明了该文的主旨。在应用文中，这种表现主题的方法主要用在一些叙述性较强且篇幅较长的文章中，总结、调查报告、请示等常用。

五是一线贯题。这种方法也主要在一些叙述性较强且篇幅较长的文书中使用。这类文书，因为篇幅较长，所以全文在外在形式上往往分成几个部分，使用的材料也较多。主题在全文中犹如一条红线，醒目地贯穿于全文的各个部分之中，既使主题得到突出，又使全文的结构显得紧凑，读者阅完全文，对主题的认识、印象也更加深刻。如专题性报告《在洒满阳光和爱的大地上——以胡锦涛同志为总书记的党中央关心汶川特大地震灾后恢复重建纪实》一文[1]，全文分别以"有一种坚定凝聚力

---

[1] 谢登科等：《在洒满阳光和爱的大地上——以胡锦涛同志为总书记的党中央关心汶川特大地震灾后恢复重建纪实》，2011年5月11日，新华网（http://www.jyb.cn）。

量——运筹帷幄科学决策有力指导灾后恢复重建"、"有一种牵挂情暖万家——把灾区群众冷暖挂在心头,以人为本、民生优先贯穿于灾后恢复重建的每一步"、"有一种超越昭示未来——深入贯彻落实科学发展观,在恢复重建中加快转变经济发展方式、增强发展后劲"、"有一种关爱催人奋起——对灾区群众心灵家园的守护激发起自强不息的精神力量,灾区人民走向新生、开启未来"为题,从四个大的方面介绍了汶川大地震灾后恢复重建的情况,很好地突出了以胡锦涛总书记为首的党中央关爱灾区群众、关心灾区恢复重建,而灾区群众在党和全国人民的关怀下自强不息、开启未来的主题。

六是议中剖题。应用文的表达方式主要是叙述、议论和说明。写作中,究竟采用哪种表达方式,是根据不同的文种及内容表述、主题表达而确定的。决定等公文文种、讲话稿等事务应用文,其表达方式多以议论为主。行文中,采用议论的方式,剖析事理,揭示事物的本质和规律,用以统一思想、指导工作,在议论的过程中阐明观点,突出主题。如毛泽东同志在中国人民政治协商会议第一届全国委员会第二次会议上的闭幕词《做一个完全的革命派》(一九五〇年六月二十三日)中的一段:"战争和土改是在新民主主义的历史时期内考验全中国一切人们、一切党派的两个'关'。什么人站在革命人民方面,他就是革命派,什么人站在帝国主义、封建主义、官僚资本主义方面,他就是反革命派。什么人只是口头上站在革命人民方面而在行动上则另是一样,他就是一个口头革命派,如果不但在口头上而且在行动上也站在革命人民方面,他就是一个完全的革命派。"[①] 就是通过议论来阐明主题,是典型的议中剖题。

七是典型显题。表彰性命令(令)、惩罚性或表彰性决定、批评性或表彰性通报、调查报告等,行文中的叙述性较强,其主题不是单靠议论来表现,而主要靠典型人物、典型事例来表现主题,主题往往蕴含在典型材料之中。如批评性通报《×市卫生局关于医生张×滥用麻醉药品造成医疗事故的通报》,就是通过医生张×严重失职造成医疗事故的典型事例,批评个别医务人员玩忽职守的错误行为,并警示全市医疗卫生单位

[①] 《毛泽东选集》第五卷,人民出版社1977年4月第1版,第27页。

的领导和职工以此为，从中吸取教训，增强工作责任感，以防此类事故的再度发生。其主题就蕴含于典型材料之中。运用典型显题之法，重要的是掌握三点：一是慎选材料。材料一定要典型，这是此类文种写作的最基本要求，其事例应让人感到确实值得学习或引以为戒，不能选用的是一些缺乏典型性、代表性的事例。二是尊重事实。对选用的材料不能"小题大做"或"借题发挥"，更不能"改头换面"，那样非但起不到激励、教育或警示作用，甚至会产生负面影响，造成信任危机。三是切中题意。要对典型材料进行反复研究，充分挖掘，以确保切中题意，让典型材料充分发挥其应有的教育、警示作用，而不能"埋没"材料，更不能让主题游离于典型材料之外。

三　严格遵循表达主题的原则

应用文写作有其独有的规律，与此相适应，应用文主题的表达与其他文体主题的表达相比也有其自身的特点。因此，在表达应用文主题的时候，必须遵循以下四大方面的原则。

首先，必须遵循正确性原则。正确，这是对应用文主题的最基本的要求，也是确立应用文主题的首要原则。应用文主题的正确主要包含两层意思。

一是观点必须正确。各类应用文，都是党和国家制定的方针、政策、法规的具体化，是党政机关开展各项工作的依据。因此在写作上首先必须在文章的观点和内容上符合马克思主义的基本立场、观点和方法，符合党和国家的路线、方针、政策，符合国家的法规、法令，符合客观实际。

需要说明的是，要做到正确并不容易，由于观念、水平、方法、角度等的不同，对于同一件事、同一问题的理解，很可能会存有不同甚至是截然相反的观点。这方面，歌剧《白毛女》的创作可给我们以启示：1940年，河北西北部某小村庄得到了解放。该村背靠大山，山上有一座"奶奶庙"，据传该庙经常有白毛仙姑显灵，要求村民每逢初一、十五上供，否则将大难临头。几年来，村人严格照办，后该庙远近闻名，香火不断。八路军解放此村后工作很难开展。一次"村选"，无人与会，区干部和锄奸组长决定捉鬼。某日蹲守至深夜，果然有白影进庙。追到深山，在一深洞里发现了"白毛仙姑"和一个"小白毛"。经了解，所谓的"白毛仙姑"其实是附近村庄的一个姑娘，前些年受地主凌辱后逃至深山，"小白毛"就是她遭受凌辱后所生的孩子。1944年此事传到延安，引起当时文艺工作者的兴趣。但对此事到底值不值得一写，存在很大的分歧。有人认为这只是一个荒诞离奇的神怪故事，没有积极意义，不值一写；有人认为可以一写，以此宣传无神论；也有人认为可以将"反迷信"、"反封建"结合起来写。最后经过反复讨论，从这个材料中提炼出了旧社会把人逼成"鬼"，新社会把"鬼"变成人的主题，创作出了轰动一时的歌剧《白毛女》，从而激发了一大批人民群众的革命热情。

对同一件事理解的不同，反映了人们认识问题的角度是有不同的，也说明了不同的人在对党的路线、方针、政策的理解方面同样是会有不同程度的差别的。如果是从事其他的文章写作，从研究的角度出发，各人有各人的理解，各人有各人的观点，这种情况是可以的，但如果是从事应用文写作，那无论是什么人，无论是什么时候，对党的路线、方针、政策的理解，是不允许有差异性的，都必须统一，都必须正确，都必须符合马克思主义的基本立场、观点和方法，都必须符合客观实际。

二是符合领导意图。大多数的应用文，尤其是公文，都是机关、组织进行日常工作管理的工具，具有领导和指导作用。从实际情况看，执笔人通常都是代领导者立文、立言的。所以，在确立应用文主题的时候，也必须体现、传达、符合领导者的意图，执笔者个人的任何意见、倾向、风格、喜好都必须隐去。当然，领导的意图本身也有一个实事求是和正确的问题。如果是那些脱离实际，要求虚报、谎报的意图始终是应该反对的，而如果个别领导人的意图与马克思主义的基本立场、观点和方法相悖，则肯定必须坚决反对，这是一个原则性的问题。

关于代言人的身份，在应用文写作的具体实践中，细究起来还有一些不同的情况：[①] 有的代言人是被代言人的助手，譬如，秘书代领导写作；有的代言人是被代言人的下属机构，例如以省政府的名义所发的关

[①] 裴显生：《应用写作》（第三版），高等教育出版社2010年版，第16—17页。

于税务税收方面的有关公文，很可能是省政府下属的税务部门起草的；有的是由政府领导签发，以政府的名义发布的，等等。除上述种种之外，还有一种特殊情况，即有的应用文的执笔人本身就是主管领导本人，此时他是否属于代言？严格地说，他还是属于一个代言者，因为他笔下产生的文章，仍然是以党和国家的方针政策为依据，反映出一个领导机关或业务部门的管理思想、政策水平和工作思路，包括领导能力。

其次，必须遵循客观性原则。翻开哲学史我们就会发现，无论是洛克把"客观性"说成是外物存在的属性，还是康德把它说成是先天范畴的普遍性和必然性，或者是黑格尔把它说成是"绝对精神"的本质属性，他们都不否认"客观性"是一种不以人的意志为转移的普遍必然性。所以，在多种著作中，把"客观性"表述为不以人的意志为转移的说法最为流行。

我们在此处谈到的客观性，主要是强调应用文的写作者在表达应用文主题的时候，措辞要严谨，无夸张的、偏离事实的描述和主观评议的成分。文学创作作为人类的一种精神活动，往往要打上作者主观的烙印，更多地具有作者自己的色彩，但应用文作者的写作意图大多数是因客观的现实需要而形成的，是工作、生活的需要促使作者表明自己的某种写作意图。因此，确立应用文的主题必须依材取义，从纯客观的材料中提取，完全尊重客观事实，不带有作者主观的感情色彩；主题与材料必须达到本质意义上的契合，体现出客观性的特征，客观材料显示了什么就提取什么，实际工作需要什么就表达什么，切忌将个人的主观感情强加于客观事实。

再次，必须遵循单一性原则。文学创作可以一文多义，不同的阅读者可以从中领略到不同的主题意义，受到不同的启迪。但应用文则要求主题单一纯粹，一文一主题，即每篇应用文只能表达一个中心意思，无论多少人阅读该文，都只能从该文中阅读出同一个意思，并且，该意思还一定是作者在写作该文时所要表达的意思。倘若在一篇应用文中，一文多意，主题分散，就会使人难以把握，就会达不到写作应用文的目的。因为制作应用文的目的就在于应用，在于解决某一问题或办理某一事项，主题一多，就会使人无所适从。应用文的写作，最忌"多中心"，企图通过一份应用文表达多个意图，实现多个目的，甚至把几个不同类别、不同性质，因而属于不同部门负责的事情集中到一份应用文中去写。这样，多中心实际也就没有了中心，无论谁接到该应用文，都无法办理或贯彻执行，因而影响工作效率。

最后，必须遵循鲜明性原则。应用文主题的表现与文学作品有很大的区别。文学作品表现主题，往往借助"含蓄、象征、暗示、隐晦"的表现手法，让作品的主题从情节中自然流露出来，即恩格斯所说的，倾向性不要直接说出来。而应用文特有的作用决定其表现主题的时候，必须遵循鲜明性的原则，也就是要明确地表达出自己的观点。赞成什么、反对什么，提倡什么、禁止什么，肯定什么、否定什么，都要直截了当地进行表述，让人一目了然、一读即懂。不要含蓄隐晦、吞吞吐吐，使人无所适从。例如某校团委为组织春游活动向工会申请活动经费所写的一份《关于组织春游活动的请示》，文中虽然详细地说明了组织该项活动的目的、时间、地点、活动的具体内容、经费开支情况等，却没有明确提出希望拨款多少的要求，而标题也没有明确反映出申请经费的意思，这就使收文者看不出发文者是在申请经费、要求拨款，而理解为发文者已有这笔经费，只是行文请求批准他们组织这次活动。像这样的应用文，其主旨就是不明确的，更是不鲜明的。如果是"指示性"的应用文，主题不够明确，含含糊糊、模棱两可、似是而非的态度就会让人无所适从，受文者无法照"此"执行，写作目的自然也就落空。

第三节　应用文材料的选择及使用探讨

一篇应用文，不能没有主题，而主题形成以后，又需要依靠材料的支撑，通过材料来表现和突出主题，材料是应用文写作的基本要素之一。同应用文的主题一样，应用文的材料也涉及一般文章写作材料的共性问题和应用文写作材料的特性问题。材料的取舍、详略都要根据主题表达的需要来确定，这是所有文章写作在材料运用上的基本原则，也是应用文写作在材料运用上必须遵循的原则。本篇主要探讨应用文材料获取的主要方式、选择材料的主要方法及使用材料的基本要领。

一　获取材料的主要方式

材料是作者为体现写作主旨,从现实生活和文献资料中搜集到的一切有意义、有价值的生活现象和文字资料。材料是一切文章写作的基础,也是构成应用文的基本要素之一。许多研究文章写作的著名学者都特别强调写文章的关键在于言之有物,有材料的支撑,不能说空话。因此,材料在应用文写作中具有很重要的作用。

材料一般可分为两大类:一类是事实材料,指现实生活中客观存在的事物,如典型事例、基本情况、统计数字、报刊图片等。另一类是理论材料,指原理、观点、定理、定律、格言,以及党的方针、政策和国家的法律、法规等。理论材料必须是经过实践检验和为世人所公认的。

另外还有一些不同角度的划分:从作者获取的途径看,可分为直接材料和间接材料;从材料形成的时间看,可分为历史材料和现实材料;从材料本身的性质看,可分为正面材料和反面材料;从材料的使用价值看,可分为典型材料和一般材料。

材料在应用文写作中占有很重要的地位,怎样才能获取丰富的应用文写作材料呢?方式很多,主要从以下两个方面入手。

第一,深入调研,获取直接材料。作者要深入生活,用心地去观察体验现实生活中的人、事、物,用自己的感官全面细致地了解现实,掌握情况。这类直接来源于生活的第一手材料,最新鲜、最有活力,且富有个性,所以这类材料最有价值,十分重要。获得这类材料的方法就是多看、多听、多体验、多调查研究。

其中,调查研究应该是应用文写作获取直接材料的非常重要的方法。调查研究是调查与研究的结合,这两者既有联系又有区别。调查,是指通过一定的途径,采用一定的方式、方法,了解和掌握现实生活中、实际工作中的各种实际情况,获取第一手资料;研究,则是根据调查所得到的资料,进行科学的分析、综合,从而得出正确的结论。由此可见,调查是研究的前提和基础,研究则是调查的深化和发展,调查研究的过程,正是搜集、积累、分析、整理材料的过程。

就应用文写作而言,调查研究工作主要是围绕着领导的决策进行,为领导的科学决策服务。调查研究的范围，主要是围绕中心工作，为决策提供依据，摸清本单位或所属单位的实际情况，从而制定切实可行的办法，更有效地贯彻、实施上级的有关具有原则性的方针政策；调查突发事件、苗头性和倾向性问题，查清事实真相及其原因，以便领导做出正确处理；为做好日常工作而调查研究，如起草文件、处理信访、事务交涉等。调查研究的方式主要有个别访问、现场考察、开调查会、书面问卷、统计数字等。

第二，广泛阅读，搜集间接材料。应用文的写作者要尽可能多地网罗第二手材料，即间接材料。这种材料来自各种书面文字材料，如书籍、报刊、文件、简报、记录、报表、群众来信，或者是名人名言、专家观点，等等。这些材料广泛、全面，可以弥补个人生活阅历和认识的局限，对于表现主题很有价值，需要大量占有。例如《交通治"堵"，首先要治"乱"》一文，为了证明"要提高交通文明程度"的分论点，就引用了××交通大学运输工程学科博士生导师杨××的话："在着眼于交通硬件增加的同时，应同样重视交通软件的作用，比如交通文明、交通秩序对于交通效率的影响极其明显，应从这方面入手……经过测算，在不同的路口，交通秩序良好于交通混乱的情况下，实际通行效率可以相差几倍，所以治堵必先治乱。"这段话对于证明观点，突出主题就起了很好的作用。

获得这类材料的有效方法是广泛地阅读，不断地积累。对写作者来说，通过阅读不仅可以获得大量有价值的写作材料，很好地表达主题，久而久之，还能帮助写作者提高分析研究问题的能力，提高应用文写作水平，对于文章立意也起着积极的作用。

总之，要写好应用文必须尽一切可用的方法获得一切有价值的材料。对应用文写作者来说，搜集材料的方法主要依靠观察体验、调查研究、查阅资料，简单地说，就是要多看、多听、多读、多记。

二 选择材料的基本方法

文章写作对于事先搜集、积累的材料不是什么都能用的，从文章写作的实际看，最终有些材料进入了文章，有的则被舍弃在了文章之外。

这就涉及选择材料的要求的问题。文章写作时，我们究竟应该选取怎样的材料？总的标准是：有助于表达主题的就选取，否则就舍弃。也就是说，用与不用、舍与不舍，是由写作目的、选题立意来决定的。而对于应用文写作，在坚持这个总标准的基础上，还必须记住应用文写作选材标准的"四字真言"。

一是精。进入应用文写作的材料要精。精，即应该是精美、精当、具有典型意义的材料。这样的材料，既有共性特征又有个性特点，有着广泛代表性和强大说服力，能够准确反映事物的本质，深刻显示事物的规律，最能表现文章的主题。在应用写作中如果用上这样的材料，就能产生以一当十的效果，对文章立意的支持是十分有力的。应用文写作中，有些特殊的文种，比如用于嘉奖先进单位或个人的命令（令），用于表彰性或批评性的决定，用于事故处理或批评坏人坏事的通报，更是需要用具有代表性的典型材料来表达主题。如果这一类文种的材料不精、不典型，那其教育、鼓舞或警诫的效用就会大打折扣。

二是真。进入应用文写作的材料要真。真，即应该是真实、确凿、确实存在于现实生活中的材料。前面在讨论应用文的特征的时候，我们特别强调，真实是应用文写作的生命。试想，如果我们进入应用文写作的材料，用以支撑应用文主题的事例都不真实，那我们所写的应用文怎么真实得起来？因此，写进应用文中的任何材料，都要符合事物的本来面目，哪怕是写进应用文中的任何数据，也不能有丝毫偏差，不能夹杂主观臆测、个人偏见，更不能造假作伪。因为正确的观点、主旨来自真实的材料。材料不真实，立意犹如空中楼阁，缺乏可靠的基础。这既是应用文写作材料选择方面的一个要求，也是各行各业管理工作中必须坚持的一个原则。

三是新。进入应用文写作的材料要新。新，即在精、真的基础上，尽可能选用现实生活中新颖、生动、充满时代气息的新鲜材料、新颖的材料，包括最新的数据等，给人以新鲜感。通常而言，新近发生的事实材料、不是新近发生但鲜为人知的材料、别人用过但自己又能挖出新意的材料、同类材料中最有特色的材料，都属于新鲜材料。新鲜材料之所以有新意，主要是前人未曾发现、未曾使用的，可以开阔人们的眼界、增长人们的知识、提高人们对事物的理解能力，又能满足人们的好奇心，增强读者阅读的兴趣。我们可以从现实生活中发现新材料，还可以用新的观念、新的角度从旧材料即历史材料中发现其新的价值，从而古为今用。新鲜的、有新意的材料往往能让文章平添魅力，给人耳目一新的冲击。当然，我们也可以追求应用文写作材料的新，但切记不能标新立异，不能单纯地为求新而新，而应该以更好地表达主题为目的。

四是实。进入应用文写作的材料要实。实，即充实、翔实，是要求材料具体而不空泛。有了充实、翔实的事实材料，讲道理、摆观点就不会给人以空话连篇、信口开河之感。事实材料越是充分，道理、观点就会越是令人信服；反之，观点的表现就会削弱，甚至如同构造在沙堆瓦砾上的建筑，纵然美轮美奂，却不堪轻轻一击。只有观点而缺少材料的应用文不是成功的。要使材料充实具体，就要根据应用文写作的需要，在选择材料的时候，适度地体现一个"多"字，不管哪种类型的材料都不要轻易放过，有了一定的数量才能保证有相应的质量。大量的、丰富的材料是应用文写作的坚实基础。比如我们要写一篇反映社区建设问题的应用文，在收集、选择材料的时候，我们就要尽可能地搜罗到党和国家、各级政府、本地政府关于社区建设的相关政策，搜罗到民政部门关于社区建设的一些做法和思路，搜罗到发达国家、发展中国家、发达地区关于社区建设的一些经验和教训，也要调查了解社区干部、社区成员关于社区建设的一些建议和意见。只有材料充实、丰富了，我们才能在此基础上写好这篇应用文。

三 使用材料的基本要领

材料的选择要精、真、新、实，是以积累大量的材料为前提的。"巧妇难为无米之炊"，说的是没有材料的困窘，而有了材料之后也不能煮成一锅"大杂烩"了事，真正的巧妇，一定会将手中的材料精心调制，烹制出一桌搭配合理、色香味俱全的佳肴。应用文写作也一样，如果材料使用恰当合理，就能有力地表现主旨，反之，则会削弱主旨。这就涉及材料的使用问题。那么，究竟应该如何使用材料呢？方法多种多样，具体使用也会因人、因文而异，但主要的有两种：调动材料和平衡材料。

（一）调动材料的方法

这主要是指对材料进行先后顺序的安排。在手的材料并不能一拥而上，也不能随意安置，而要根据一定的逻辑关系依次排列，使材料之间形成紧密的关系，就像那些精美的建筑，各部分既相对独立，各有各的用处，而合在一起又是一个完整的整体，各部分相互依托，不可分割，甚至相得益彰。即使只用一个材料，也要考虑先写什么后写什么的问题，即顺序的安排。

例如写一份简单的药品说明书，说明的先后顺序也要有精心的安排，以体现其内在的联系。如果是中成药的说明书，一般正文部分都包括主要成分、功能与主治、用法与用量、注意或禁忌等内容。之所以要先介绍"主要成分"，是因为药品的"主要成分"决定了药品的功能和适用范围，它们之间有较强的因果关系；而"用法与用量"是对一般病人而说的，"注意或禁忌"则是针对用药者中的特殊情况或服用阶段的特殊要求而提出来的，它们之间有一般与特殊的关系。通常，西药的说明书比中成药的说明书更精细、更具体。

可见，对材料的调动是合理使用材料很重要的一个步骤，调动材料就是根据材料之间一定的逻辑关系、材料与主题之间关系的紧密程度对材料进行合理的安排，最终的目的也还是为了更好地表达主题。

（二）平衡材料的要领

平衡材料主要是指对材料进行详略、轻重的处理。应用文写作虽然不同于诗歌、小说等文学创作，特别讲究起、承、转、合，讲究层层铺垫、高潮迭起，但就文章整体而言，应用文也有侧重部分，并不是处处平分秋色，样样平均用力。这就涉及对材料进行详略、轻重的处理。

处理材料的详略、轻重，要求我们从全文着眼，力求全文各部分协调统一。文章的重点部分，无论是叙述还是议论都比较详细、深入些，篇幅也相应要长一些；反过来，则简略、概要些，篇幅自然也就短一些。该详写、重点写的，可以用墨如泼；该略写、简单写的，又要惜墨如金。当然，略写、简写不等于简化、淡化；恰恰相反，它是浓缩，是"简约而不简单"。

材料详略、轻重的处理除了也要遵循表达主题的需要这个原则外，还要视应用文的具体文种而定。有的文种侧重叙述，有的突出议论，有的强调说明。这个时候对不同文种中的相应部分就应该根据需要做出相应的详略、轻重的处理。如介绍某人或某单位先进事迹的文章，就要以叙述为主，在有大量足以令人信服的事实材料的基础上再进行概要评议。这样，叙述部分就需要详写、重写，而议论部分则只需略写、简写，起到画龙点睛的效果。假如全篇长篇大论，侃侃而谈，议详叙弱，甚至以议代叙，就会令人感到空洞，缺乏说服力，此时议论越多，效果就越差，越达不到宣传教育的目的。

说到底，材料的使用问题就是材料的先后顺序安排的问题，就是材料的详略、轻重处理的问题。假如我们从表现主旨的需要出发，对已进行筛选过的材料加以周密调整、精心剪裁、恰当安排，使之秩序井然、详略得当，很好地表现了主题，我们就算是合理有效地使用材料了。

第四节　应用文结构安排的方式与技巧

一篇应用文有了主题、材料，还必须有结构，通过合理的结构对材料进行有机地组合和编排，从而更好地表达写作者的写作意图。这就需要我们强化对应用文主题、材料、结构及其他要素之间紧密关系的认识，了解安排好应用文结构目的就是为了更好地表现主题。在此基础上我们也要充分了解应用文写作结构的总体要求：一是完整性，即文章的各个部分应该齐全，不能有残缺，各部分的内容，应该与整体协调、统一；二是连贯性，即文章前后各部分内容应该保持脉络贯通，不能出现脱节甚至矛盾的现象；三是规范性，即应用文的总体布局、局部布局、格式等，都要符合规范，有利于主题的表达。本节探讨的是应用文结构与一般文章结构的异同、应用文结构总体布局的要领及局部布局的技巧。

一　充分了解应用文结构的特性

应用文的结构，同应用文的主题、材料一样，也涉及一般文章写作的共性问题，但是与应用文的主题、材料相比，应用文结构自身的特性则更为突出。我们在研究应用文结构的时候，对此必须予以充分的重视。

结构是指文章内部的组织和构造,是作者按照主题表达的需要,对材料所进行的有机组合和编排,又称谋篇布局。如果我们把主题称为文章的灵魂,把材料称为文章的血肉,那么,结构就可以称为文章的骨架,三者的有机结合,才能使文章血肉丰满,充满生命力。因此,结构是文章内容的重要表现形式,是作者思路在文章中的具体体现,合理的结构安排一定符合客观事物的构成、发展和人们的认知规律。所以,结构组织得好与坏,对于文章内容的表述、读者接受文章信息的传递和作者观点的表达都有很大的影响。

应用文的整体结构,与一般文章结构有很大的不同,主要涉及两个大的层面。第一个就是格式层面,从份号、密级和保密期限、紧急程度伊始,包括公文的发文机关标志、发文字号、签发人、标题、主送机关、正文、发文机关署名、成文日期、附件、附注等,每一个方面都有相应的规定,都要予以注意,既不能无故残缺,也不能无故增加。这一层面与一般文章结构要求有着很大的差异性。第二个就是正文层面,通常分为开头、主体、结尾三大部分。正文各部分内容根据表达的需要通常会划分一定的段落与层次,各段落与层次往往有过渡与照应,从而形成一个严密、完整的结构体系。这一层面虽说有着与一般文章结构近似或相同的要求,但区别也是显而易见的。

由于应用文的结构与一般文章结构的差异性较大,因此,我们在安排应用文结构的时候,除了要注意一般文章安排结构的要求外,尤其要注意应用文结构安排自身的一些特殊要求,遵循应用文结构安排的原则。概括起来,安排应用文结构的原则主要集中在以下四个方面。

一是必须服务于主题表达的需要。这与一般文章写作结构安排的要求相同。主题是作者的写作目的、意图的体现,结构必须服从于主题的需要,为表现主题、突出主题服务。具体而言,就是怎样安排开头与结尾、怎样划分层次与段落、怎样设置过渡与照应、怎样确定主次与详略,等等,既要围绕主题进行,也要为突出主题服务。这样,才能使文章组成一个严谨周密、内容形式统一的有机整体,从而更好地达到写作的目的。

二是必须完整、匀称、协调。这也与一般文章写作结构安排的要求相似，但应用文有其特殊之处。主要是指文章的各部分要配置齐全，比例协调，详略得当，完整合理，重点突出，同时还要符合应用文格式诸方面的要求。比如，应用文一般有开头、主体、结尾三部分，根据写作的实际需要和主题表达的需要，要对三个部分的比例进行统筹谋划，主体内容要充实，不能虎头蛇尾、尾大不掉或大而不当；对并列内容的处理，也要注意处理好各部分的大致比例，不能长的部分，洋洋洒洒，动辄万言，而短的部分，寥寥数语，草草了事。总之，要保证结构的完整，也要注意其匀称、协调，使全文结构成为一个有机的整体。

三是必须清晰醒目、纲举目张。这与一般文章写作结构安排的要求有较大的区别。与应用文主题的鲜明性原则相适应，绝大多数应用文不要求像文学作品那样行文曲折、波澜起伏、含蓄隐晦，而要求行文直白、清晰醒目、纲举目张，以便读者准确地把握全文的主旨，也便于受文者正确、及时地照章办理。因此，应用文的结构安排常采用写段首撮要、加小标题、分条列项、设置结构层次序数等形式。这在一些法规性文种中表现得最为明显，其他篇幅较长的应用文也常用。

四是必须适应不同文种的要求。这与一般文章写作结构安排的要求也大致相同，但应用文也有其不同的要求。在一般文章写作中，比较普遍地存在文体不同结构模式相异的情况，应用文写作中也存在这种情况。应用文的文种不同，其结构的样式和要求往往也差别较大。我们在安排应用文结构的时候，必须充分适应不同文体对结构的不同要求，体现出不同文体的结构特点。比如一则《关于商请列席飞行改革后勤保障现场会的函》，全文只需讲明商请列席现场会的原因、目的、态度、希望即可，与内容的简明扼要及函这个文种本身的特点相适应，作者在安排其结构时就采用了贯通式的结构模式。

二　准确把握应用文结构的总体布局要领

每一篇应用文都是一个完整的整体，所以我们在安排其结构的时候，首先必须将需要表达的写作意图和已有的材料进行统筹规划，让写作意图有效地统领材料，让材料有力地表现写作意图，安排好其总体布局。应用文结构的总体布局一般分为横式、纵式、纵横式（合式）三种方式。

(一) 横式布局的方法和要领

横式布局也称为并列式布局，即把一组属于不同类别的材料，用"板块"并列的方法来进行组织，安排结构。这种安排结构的方式之下，各部分材料之间是空间转移的平行关系，以此从不同的层面来共同表达同一个主题。

如"工作总结"或"情况介绍"一类的应用文，一般在介绍概况后，往往对成绩或经验、问题或教训、改进措施与办法等进行分门别类地论述，这里所进行的不同的"门"和"类"方方面面的写作就是一种横式的展开，就是应用文写作安排结构时一种横式布局的样式。

再比如"条例"这一文种，就是将受文者必须照办、应该遵守的每一种要求分"条"列"项"地逐步展开，其中的每一"条"就是一个"板块"，通过多个"板块"的并列组合来共同反映发文者对受文者的全部要求。这就是一种典型的横式布局方式。

(二) 纵式布局的方法和要领

纵式布局是按照时间的发展顺序、空间的变换顺序或思维的逻辑顺序来组织材料的一种安排结构的方法。这种方法无论是文学创作、一般文章写作还是应用文写作，用得都比较多。①

按照时间的发展顺序，就是按照事件发生的时间上的先后，由先到后来组织材料，考虑问题，表明观点。比如"简报""通讯"这类以写人写事为主的应用文，一般就是按照"开端—发展—结果"的时间顺序来写。

按照空间的变换顺序，就是把文章中涉及的发生在不同空间里的事件或存在于不同空间里的人物，按照空间变换的顺序来组织材料，考虑问题，表明观点。任何事件都是在一定的空间发生的，任何人物都是在一定的空间生活的，所以，以空间的变换为标志来组织材料、安排结构就成了一种重要的布局方式。

需要强调的是，在具体的应用文写作中，有的单纯以时间的推移为顺序来组织材料，有的则单纯以空间的变换为标志来组织材料，但如果

---

① 陆亚萍等：《应用文写作教程》，复旦大学出版社2008年8月版，第18页。

所记叙的事件比较复杂，单纯用时间或空间为标志不能将事件叙述清楚，就需要将二者结合起来，也就是在组织材料、安排结构的时候，既着眼于时间的推移，也着眼于空间的变换。

按照思维的逻辑顺序，就是按照人们的思维习惯来组织材料，考虑问题，表明观点。反映在应用文写作中，就是按照"现象—本质—后果—解决办法"这样的思路来组织材料，安排结构。比如"调查报告"这个文种，其结构模式就相当典型地反映了人们思维的逻辑顺序。调查报告开头的"调查前言"，一般先简要交代调查的背景、目的、手段、方法等；然后主体部分重点写作调查的内容，通常分为"基本现状""主要问题""原因分析""对策建议"几个部分进行表述；最后在前文充分调查、研究、分析的基础上自然而然地表明观点，得出结论。这种纵式的布局方式，既遵从了人们思维的逻辑顺序，符合人们的思维习惯，也适应人们的阅读心理，同时还避免了作者的主观臆断，增强了文章的说服力。

（三）纵横式布局的方法和要领

顾名思义，纵横式布局就是在同一篇文章中综合运用纵式布局方式和横式布局方式来组织材料、安排结构的布局方式。在运用纵横式布局方式时，往往以某一种布局方式为主，再辅之以另一种布局方式。事实上，在实际工作中，党政机关所撰写的很多应用文，在写作时多采用纵横结合式布局方式，以充分发挥不同布局方式的优势，而尽可能地避免其不足。比如"章程"这一文种，其开头和结尾往往是纵式的，而主体部分则往往主要采用横式的。

应用文都有相对规范、稳定的结构样式，如"合同"就需要将合同的条款按标的、数量、质量、价款等内容分条列项地写清楚；写"通知"往往要按照目的、依据、事项、执行要求的顺序安排结构。当然，有的时候也需要一些灵活的运用。比如有的是比较形象的材料，这个时候就可以用横式空间组合结构的方法；如果有的材料比较抽象，一般来说这个时候就采用逻辑的纵式组合。但这也不是绝对的，材料虽然抽象，但如果是并列关系，就采用横向的结构，如"工作安排"；如果是因果关系，则以采用逻辑的纵式结构居多，如"广告""学术论文"等。

总之，应用文的三种总体布局方式本身并没有高下优劣之分，一篇应用文到底采用什么总体布局方式，还是要从组织材料、表现主题的实际需要出发。同时，尽管我们在研究的时候可以把应用文结构的总体布局方式非常清楚地划分为横式布局方式、纵式布局方式和纵横式布局方式，但在具体的应用文中，它往往表现得错综复杂；而且，我们在实际运用的过程中，也要注意灵活多变，切不可生搬硬套，毕竟文无定法。正如金代学者王若虚所言：或问文章有体乎？曰：无；或问文章无体乎？曰：有。然则果何如？曰：大体须有，定体则无。

三 正确运用应用文结构局部布局的技巧

虽然每一篇应用文都是一个完整的整体，但这个完整的整体是由各个不同的局部有机组成的。所以，我们除了要对应用文的总体布局进行统筹规划外，还要对应用文各个局部的布局也进行周密、细致地考虑，让各个局部契合整体，成为总体布局中的一个有机组成部分，从而共同表现主题。应用文的局部布局技巧主要涉及开头和结尾的写法、层次和段落的划分、过渡和照应的安排等内容。

（一）写作开头与结尾的方法

应用文的开头与结尾同其他文章写作一样，具有十分重要的作用。整体而言，元代文人乔梦符在谈到乐府写作的章法时提出的"凤头""猪肚""豹尾"之喻，对应用文开头与结尾的写作具有同样的借鉴意义，但总的来说，应用文的开头与结尾各有其独特的方法。

首先我们看应用文的开头。应用文的开头，往往影响着全篇的行文方向是否正确、思路是否畅通，也影响着受文者对全文写作意图的准确把握。不同的应用文种因内容的差异其开头当然也不尽相同，但总的来说，应用文写作的开头都要求开门见山，起笔入题，应尽量避免文学类作品那样的"曲径通幽"法。归结起来应用文写作的开头主要包括以下三种。

第一种，开头点明行文目的。开头即表明行文目的、背景、意义。常用"为了""为"等词语领起。经常使用这种方式的有"计划""通知""通告""规章制度""合同"等文种。如农业部曾颁布的《关于切实做好×××年油菜秋冬田间管理工作的紧急通知》的开头："由于油菜籽价格上涨和国家油菜良种补贴等惠农政策的实施，有力地调动了农民发展油菜生产的积极性，今年冬油菜播种面积有望稳定增加。但播栽期间，长江上游地区连续阴雨、长江中游大部分地区长时间干旱，影响了油菜育苗和正常播栽，造成播栽期延迟，苗情长势较差。……为切实抓好油菜的秋冬田间管理，确保生产迅速发展，保证食用植物油的有效供给，特紧急通知如下……"其中，"为切实抓好油菜的秋冬田间管理，确保生产迅速发展，保证食用植物油的有效供给"，就是通知的目的。

第二种，直接援引行文根据。开头援引有关法律法规、上级指示精神或有关单位来文。常用"根据""按照"等词语领起。非常典型的像"批复"这一文种，就常引用来文日期、来文标题和来文的发文字号等作为开头，如"×××年×月×日《关于……的请示》收悉"等。常使用这种方式开头的除"批复"外，还有"函""通告""转发性通知"等文种。

第三种，简要概括基本情况。开头先写出基本情况、基本问题或工作的大致进程及结论，为正文的展开打下基础。如《××学校安全工作总结》一文的开头："××学校位于××县××镇，距县城约18公里。全校在职教职工47人，学生1083人。近几年，××学校针对农村学校离县城较远，学生、家长安全意识不强的现状，把'安全无小事，时刻保安全'作为各项工作的出发点和落脚点，形成了由校长负总责、分管校长具体抓、其他领导配合抓、落实人员专门抓、突出问题重点抓、全体教师共同抓的安全工作格局"，运用的就是这一开头方式。"调查报告"等文种也常用此方式开头。

应用文写作中，开头的写作方式是灵活多样的，不一定局限于以上某一种。使用最多的是既写明写作目的，又指出写作根据的复合式开头方式。有的还可以用提出问题的方式作为开头。[1] 如一份《中国富裕群体的五种消费心态》的调查报告的开头："流动资产超过30万美元的中国富裕群体有多少？中国富裕群体目前普遍存在的5种消费心态是什么？"

---

[1] 陆亚萍等：《应用文写作教程》，复旦大学出版社2008年8月版，第19页。

就是采用了提问式开头。"学术论文"的写作也常用这种开头。

其次我们看应用文的结尾。应用文的结尾是全文的归结和收束。公文的结尾还有一个很重要的作用，就是防止正文之后被私自添加。大多数应用文的结尾有固定的格式。应用文结尾的要求是干脆利落，句完意足，尽量避免"耐人寻味"。一般来说，主要有以下四种。

第一种，概括主旨，总结全文。对全文主题作简要概括，给人以完整的印象。如《国务院办公厅关于××省××市××县擅自停课组织中小学生参加迎送活动的通报》的结尾："中小学生是祖国的未来，他们的学习和活动安排，要有利他们的学习和身心健康。今后各地区、各部门必须严格执行国家的有关法规和规定，不得擅自停课或随意组织中小学生参加各种迎送或'礼仪'活动，如确有必要组织的，须报经省级教育行政部门批准。"除了"通报"，"调查报告"和"总结"等也常用这种方式结尾。

第二种，发出号召，唤起热情。发出号召，表达祝愿，表示信心，以唤起热情。如一份开学典礼上的讲话稿的结尾："我们相信成功一定属于勤奋的人们！同学们，让我们在新的学期里发扬互帮互助、积极主动、探索创新的精神，取得各自满意的成绩。共同畅想我们××学校美好的明天！"就是比较典型的号召式结尾。"总结""决定""会议报告""讲话稿""慰问信""倡议书"等文种多采用这种结尾方式。

第三种，言简意赅，提出要求。一般用固定的期望格式用语结束全文。如"希遵照执行""希参照执行""望认真执行"等。常用于下行文，如"批复""指示""通报""通告"等。

第四种，沿用成例，收束全文。一般用固定的请求格式用语结束全文。如"特此通知""特此函达""特此证明""特此通告""现予公告""特立此据""此令""此呈""此致，敬礼""请批复""当否，请指示""请予接洽""请函复"，等等。本来前面介绍的几种结尾方式中有的也属于比较固定的结尾用语，但应用文在长期的写作过程中，逐渐形成了很大一部分更为大家认同、更为固定的结尾用语，这部分用语不仅非常多，而且我们学会使用后，可以使我们所写的应用文更为规范、简洁，更为符合应用文的语体规律。所以我们把这部分专门归为一类，以示强调，以引起重视。值得特别注意的是，固定式结尾用语众多，究竟用何结束语，一定要根据文种和语境的不同，对号入座，选择最准确、最贴切的用语，切不可张冠李戴，随意选用。

（二）划分段落和层次的方法

应用文的段落和层次与一般文章写作的段落和层次并无太大的不同，所以本部分我们用尽量简洁的笔墨予以介绍。

所谓段落，即文章构成的基本单位，也称之为自然段，以换行、空两格的形式为标志。正确地划分自然段，能使文章层次分明、脉络清楚、易于理解。

划分一篇文章的段落重要的是注意三点：一是一个段落只说明一个意思，不能把互不关联的内容放在同一段落之中；二是一个意思不能分别在两个或两个以上的段落中叙述，一定要在同一个段落中说完，讲究完整性；三是前后段落的内容不能彼此脱节或互不相关，段与段之间要有内在的联系性，要通过恰当的搭配和排列，使段与段之间有一定的连贯性和层次感，体现文章的内在脉络，不能让读者产生东扯西拉的感觉。

所谓层次，是指意义相对独立完整的段落，即意义段；是一篇文章根据客观事物发展的阶段性或者客观矛盾的各个侧面以及人们认识和表达事理的思维过程所划分的各个组成部分。层次常用的表现方式有以下两种。

一是单段式。即一个层次由一个自然段构成。应用文中，不仅有一个层次由一个自然段构成的情况，甚至有不少整篇应用文的正文部分仅用一个自然段来表达的现象。这多见于内容少而单一，无须划分更多段落的应用文。如公文中部分篇幅短小的"函""通知""请示""批复"等文种。

二是多段式。即一个层次由两个或两个以上的自然段构成。这无论是在一般文章写作还是在应用文中都非常多见，主要用于内容较多、篇幅较长的文章。例如《中华人民共和国财政部公告》（2009年第12号）的"公告事项"这个层次，就分别由发行债券的方式、数额、期限、利息支付办法、分销方式五个自然段构成。用这种方式来划分层次，往往能使文章层次清晰，重点分明。

（三）安排过渡与照应的方法

过渡与照应在应用文中所起的作用与在一般文章写作中所起的作用大体相同，但应用文的过渡与照应往往模式性更强，更有规律可循。

过渡是指文章中上下文之间即段落与段落、层次与层次、部分与部分之间的衔接与转换，在文章中起着桥梁和纽带的作用。使用得当，可以承上启下，使文章语意连贯，结构紧凑，增强文章的逻辑性，从而达到全文浑然一体的效果。主要形式有过渡词、过渡句、过渡段。如果上下文之间语意的跳跃性不大，往往使用过渡词即可；如果上下文之间语意的跳跃性较大或很大，则相应的使用过渡句、过渡段予以衔接与转换。

应用文的许多文种在过渡的模式上都有约定俗成的规范。比如，常用的过渡词有：为此、据此、故此、鉴此、因此、综上所述、总而言之、总之，等等。常用的过渡句有："经会议研究决定""为此，特做如下决定""现将有关事项通知如下""现将这起案件的处理情况通报如下"，等等。过渡段则是对上下内容的概括，并且用关联词等把上下两段从内容上连缀起来，使下文不显得突然，常在篇幅较长、内容复杂的应用文中使用。

照应是指文章各部分内容上的互相照顾、呼应。照应得体，可以使应用文结构紧凑，内容完整，脉络清晰，主题集中。

应用文常见的照应方式有三种：一是题文照应，即文章内容和标题的照应。在应用文写作中，不少在标题中出现的中心词，往往又会在正文中反复出现，这就是题文照应。如"通告"这一文种，在正文中就会出现同样的词语，与标题呼应；而"通知"也会在正文中明确出现通知一词，以引起注意。二是首尾照应，即文章的开头与结尾的照应。如"通告"的开头往往有"特通告如下"，结尾则有"特此通告"，这就是一种首尾照应。三是前后照应，即在行文的过程中，内容上前与后、后与前的相互照顾和呼应。这种方式，可以是在文章的前后反复使用相同的词语，也可以采用重复提及的一些事实、细节或者观点来加以照顾和呼应。

第五节　应用文表达的方法及要领研究

表达，是指作者在反映客观事物和表达感情或观点时所使用的语言文字的组合手段，是应用文写作过程中关键的一环，是化"思维"为具体"文章"的过程。作者确定了写作意图、准备好充分的写作材料、对结构框架有了基本的构思以后，要写成符合需要的应用文章，还必须运用合适的表述语体和恰当的表达方式。由于应用文表现的对象、内容、目的、要求等不同于一般的文学类文章，大部分应用文涉及的主要是叙述、议论和说明，因此，本节主要探讨这三种表达方式在应用文中的运用方法和基本要领。

一　应用文的叙述方法和要领

叙述就是对事物的发展、人物的经历以及环境的变迁所做的交代，主要偏重于对人物、事件的动态反映。[1]

应用文写作需要如实地反映现实，解决实际问题，因此，许多文种基本以记事为主。有的以叙述事实作为表达观点的依据，如"通报""调查报告""述职报告""总结""讲话稿""简报"等；有的以叙述事实为依据进行决策和预测，如"经济预测报告""可行性论证"等；有的对事实作如实反映和记载，如"纪要""合同""通报""诉讼公文""感谢信"等。

应用文叙述的写作要领，在实际写作中，因文种的不同而各有差异，但最基本的要领是大致相同的。主要应把握以下三个方面。

一是要素完整，交代明白。所谓明白，主要指叙述涉及的基本要素，比如最基本的三要素：时间、地点和事件，应该清楚完整而不遗漏。应用文注重实用，叙事时只要交代明白、让阅文者清楚来龙去脉即可，不需要事无巨细，尽现笔端，更不需要委婉、曲折、生动。具体写作时，没有交代明白的情况时有发生。如一篇《××厂关于连续发生火灾的批

---

[1]　陆亚萍等：《应用文写作教程》，复旦大学出版社2008年8月版，第21页。

评通报》，在总述了"元月以来，在不到二十天的时间内，我厂连续发生了4起火灾"的情况后，分别交代了第一次、第二次、第三次火灾的具体情况，对第四次火灾的情况却只字不提，而后又谈道"四起火灾，均系有关人员思想麻痹，违反安全防火规则所致"。这就是典型的没有交代明白。

二是紧扣线索，贯通文脉。文章的线索有着串联全文、贯通文脉的作用。叙述若主要是交代人、事的变化，在叙述这一变化时，其基本的线索应该贯通，事情的原因——发展——结果，过程顺序要交代清楚，使读者对其来龙去脉有清晰的了解，不能出现中断甚至前后颠倒的状况。

为了达到紧扣线索、贯通文脉的目的，应用文的叙述一般要注意两点。第一，叙述的线索要单一，基本上严格按照生活的顺序和事件发生发展的过程来展开，必须使读者能以正常的思维顺序来阅读；第二，叙述的方式要简单，主要用顺叙的方式，几乎不用倒叙、插叙、补叙。如果偶尔在"简报"之类的文种中用到其他的叙述方式，在转接处都必须用过渡性、说明性的文字加以衔接，使叙述的线索得以畅通，语意得以连贯。

三是简明扼要，详略得当。在应用文写作中，叙事只是为文章得出正确结论作依据，所叙之事本身并不是全文的核心、重点所在，因而应用文写作的叙述大多采用简明扼要的概括性叙述。如果像记叙文那样详细叙述，反而会冲淡主旨。如一则《××总公司关于表彰营业员×××同志的通报》，在介绍营业员×××的事迹时，这样写道："……××百货商店××路门市部售表柜台前来了一个青年顾客，提出要买一块××牌手表。青年营业员××同志将手表拿出上了几下弦后递给这个顾客，又忙着接待别的顾客。一种强烈的责任促使她随时盯着买表人的动作。忽然，发现那人侧过身子挡住营业员的视线，把表放在耳边装作听表样。这种行为引起了×××同志的警觉，她心想：挑表为什么要侧过身子背对着营业员呢？当他把表交回来的时候，×××同志立即进行了检查，发现弦是满的，表面上有两道划纹。她马上认定新表已被换走，于是当机立断，喊了一声：'你停一下！'那人听到喊声，慌忙向店外跑去。见此情景，×××同志一跃跳到柜台外，用尽力气拼命追赶。刹那间，那家伙穿过胡同，跑出数百米。营业员边追边喊：'抓住他！抓住他！'终于在××分局同志的协助下，将罪犯逮住扭送公安派出所，从其衣袋里搜出换去的新表。"这就是典型的详略不当，失之过详。按照要求，这段文字正确的写法应该是："今年×月×日中午，×××同志在柜台当班，当她发现一块新表被一个男青年顾客换走时，立即大喊对方站住，该青年拔腿就跑。这时，×××同志不顾自己身单力薄，立即奋力赶上，死死揪住该青年不放。在闻讯赶来的××公安分局的同志们帮助下，换回了新表，该青年被扭送归案。"

二　应用文的议论方法和要领

议论就是针对某种现象、某个话题发表观点和看法。作为一种表达方式，议论在生活中有着广泛的运用。议论可以正面提出自己的看法和判断，也可以反驳已有的观点。前者被称为立论，后者被称为驳论。议论的主要目的是通过理论、事实的材料来证明、推理，最终表明自己的观点和态度，有明显的证明性。议论性文章，当然以议论的表达方式为主，而应用文中，也会用到议论的表达方式。

议论表达，往往由三部分组成，即议论的三要素：论点、论据、论证。

论点是作者的观点和主张，是议论的关键。论点是全文的统帅，作为材料的论据的选择、使用和组织，都要以论点为出发点和落脚点。写议论性的文章，第一步就是确立中心论点，有时题目本身就是中心论点；第二步是确定分论点，这是比较重要的步骤，也是一项有难度的工作，一般围绕中心论点，可以分出若干个分论点，每个分论点可自成一段。

一般来说，短小的应用文只有中心论点，没有分论点；篇幅较长、内容较多的应用文，常常会设分论点来分层论述，以支撑总论点。关于应用文论点的基本要求就是鲜明和正确。所谓鲜明，不但指提出的论点要明确不含糊，而且也指要尽可能杜绝产生歧义的多方面理解的可能。所谓的正确，不但是指自己对现实生活的一种理解，同时也意味着对党和政府法律、法规、政策的透彻理解，或者对领导意图的准确把握。在做到这两点的前提下，在涉及部分具体文种时，我们才可以提进一步的要求，比如深刻、新颖等。

　　论据就是使论点得以成立的依据性材料。论点的正确、有力，要依赖于论据的证明。证明论点的论据，包括事实论据和理论论据。事实论据分为历史事实和现今的事实（包括数据）。在证明过程中，一般举两个事实论据，可以安排一个历史事实、一个现今事例；或者一个正面的事例、一个反面的事例，这样说服力更强。在写法上可采用一详一略的方法。而理论论据可以是国家颁布的法律、法规，政府发布的政策、规定，或者是科学原理、定理、公理、定律、名人名言，也可以是谚语、俗语。理论论据可以使文章具有深度，提高文章质量。

　　对于事实论据的要求是真实、典型、确凿、概括。所谓真实，是指论据必须是现实生活中发生过的事件，而不能凭空想象乃至捏造；典型是指有代表性，能以一当十，以少胜多；确凿主要指有关人名、地名、数据等不能有误差；概括则是指议论中的事实论据，基本以概述的方式呈现。

　　理论论据的引用必须符合原意，不能断章取义。这可以从两方面来说明，一是不能割裂原话的完整性，二是要注意原话的语言环境。当然，论据不仅要考虑写什么，还要考虑不写什么，与中心论点无关的东西，一个字也不能写，再精彩的论据也要舍得去除。

　　论证是把论据和论点联系起来的方法，是使用论据证明论点的过程。相对独立存在的论点和论据靠的是论证这一媒介的联系才能形成一篇完整的议论文。无论是立论文还是驳论文，论证的方法主要有归纳论证和演绎论证。

　　归纳论证又称举例论证，即选取典型事实作为论据举例，由个别到普遍，通过归纳推理来证明论点。应用文强调事实，归纳论证使用事实论证居多。演绎论证即引用公认的原理做论据来推论出自己观点的证明方法。

　　此外，还有一些辅助性的论证方法，比如对比论证、类比论证、比喻论证等，这些辅助论证方法，往往是为了增加论证的鲜明性和形象性，并不具有本质的意义。

　　应用文写作也会经常使用议论这一表达方式，但与其他文章样式比，应用文的议论有其鲜明的特点。因此，在应用文中运用议论的表达方式，要把握两大方面的要领。

一是夹叙夹议，叙议紧密结合。应用文一般不直接作立论式或驳论式的议论，其议论常与说明、叙述等方式结合使用。也就是说，应用文往往不单独进行完整的、纯粹的议论，议论常依赖于所叙述的事实和说明的现象，是在事实和现象的基础上进行议论。如《手机市场调查报告》中的一段文字："报告数据显示，未来购买手机第一选择为欧美手机占54.9%，超过样本使用欧美手机42.8%的比例，预计未来欧美手机仍是手机市场的主角。诺基亚的表现突出，有31.3%的消费者将其列为未来购机第一选择。未来购买手机第一选择为日韩台手机的则占31.9%，超过样本使用日韩台手机22.9%的比例。日韩台手机在中国正处于稳步发展中。三星的表现一枝独秀，有26.5%的消费者将其列为未来购机的第一选择。据此，业内人士指出，消费者从购买国外手机的消费习惯中走出来购买国产手机是国产手机的一大胜利，但是如果国产手机忽视质量，消费者将转而再去购买国外品牌，这时企业要将消费者重新拉回来将付出更多的成本。因此，目前国产手机企业处于发展的关键时刻。"这段文字采用的就是比较典型的夹叙夹议的方法，材料具体，剖析深入，说服力强，非常符合应用文表达事理的要求。

二是客观公允，不带主观色彩。在文学作品中，作者常常是寓情于理，带着感情发表议论；在一些边缘文体如杂文中，作者则常常是以嬉笑怒骂、冷嘲热讽的方式发表议论，感情色彩浓烈；应用文中的议论一般不带个人感情色彩，议论时，客观、冷静而公允，这与应用文的作者通常都是代言人的身份紧密相关。比如，国务院发的一则通知中有一段文字就比较典型地体现了应用文议论的特色："实施交通和车辆税费改革，是进一步深化和完善财税体制改革的重要内容，也是社会主义市场经济体制下政府依法行政、依法理财、依法治税的必然要求。通过这项改革，有利于进一步规范政府行为，遏制各种乱收费，从根本上减轻企事业单位和人民群众的负担，合理筹集公路、城市道路、水路维护和建设基金，促进国民经济持续、快速、健康发展。"

三 应用文的说明方法和要领

说明就是用简洁准确的文字对事物、事件等的性质、特点、原理、作用等进行介绍和解说。其主要目的是给人以知、教人以用。说明在应用文的大部分文种中都有着比较充分的运用。"说明书"则通篇使用说明这一表达方式。

说明的方法主要有定义说明、诠释说明、举例说明、比较说明、数字说明、图表说明、分类说明、引用说明等。

定义说明。定义说明是用下定义的方法，对事物的范围、界限和本质特征加以说明。其基本方法是先把这一事物归到所属的一个类别，其以再把该事物与同一类别中其他事物的性质加以区分。比如，我们要对"平板电脑"下一个定义的话，首先把它归到所属的电脑这一类别中，其以再把它与其他电脑加以区分，我们就可以得到"平板电脑"的一个定义是：平板电脑就是下一代移动商务 PC 的代表。从微软提出的平板电脑概念产品上看，平板电脑就是一款无须翻盖、没有键盘、小到足以放入女士手袋，但却功能完整的 PC。定义说明是一种比较严密、科学的说明方法。但在实际生活中，我们有时并不需要对任何事物都用下定义的方式来加以说明，这既过于复杂和困难，也并不总是必要。这样，诠释的方法在许多场合替代了下定义的方式。

诠释说明。诠释说明是根据某种需要对事物进行解释，从而揭示事物的某方面属性或者作用的说明方法，它并不需要把该事物与其他事物作严格的区分。比如有人误把玻璃当镜子照时，我们会做这样的解释：这是玻璃，不可以照的，镜子是可以照的。但我们肯定不会说，镜子是在玻璃上镀上铝的薄膜构成，常采用真空镀膜工艺；玻璃主要是由砂子（化学成分是二氧化硅）、纯碱（化学成分是碳酸钠）、石灰石（化学成分是碳酸钙）等原料熔融而来的。诠释说明可以看作是定义说明的具体化、形象化、简便化。

举例说明。举例说明是通过举出生活中的具体事例来说明某种比较抽象、复杂的现象或者原理的说明方法。举例说明往往具有直接、生动、形象的特点，从而给写作对象具体、清晰的印象。比如，一个故事说，一群大学生说说笑笑跑来问爱因斯坦,什么叫相对论。爱因斯坦回答说:"你坐在一个漂亮姑娘旁边,坐了两个小时,觉得只过了一分钟;如果你挨着一个火炉,只坐了一分钟,却觉得过了两个小时。这就是相对论。"举例说明常常作为其他说明的补充。无论是应用文还是其他文体,运用这一方法需要注意所举事例与被解释对象之间的相似点,否则,不但说不清楚,还可能越说越让人糊涂。

比较说明。比较说明是选择两个或多个有外在或内在联系的事物进行比较,来说明事物的本质、特征的方法。有时是一个事物的先后发展变化相比较,有时则是同类两个事物的一种横向的平行比较。比较包括类比和对比,同类事物的类比是为了说明相同点;不同类事物的对比,是为了突出不同之处。对比的作用是化深奥为浅显、变复杂为简明,可以更清晰、更鲜明地说明事物。例如《雄伟的人民大会堂》一文中,为了说明宴会厅的建筑面积,作者运用了比较的方法:"有五千个席位的宴会厅又是另一番景象。它的面积有七千平方米,比一个足球场还大……"这样一比较,宴会厅到底有多大,我们就有了直观、清晰、鲜明的印象。

数字说明。数字说明是用确凿的数字对事物的特征进行说明的方法。其作用是使说明对象更准确,比文字说明更具体、更有说服力。例如有一篇说明文,为了说明太阳离我们到底有多远、太阳到底有多大,就主要使用了数字说明的方法:"其实,太阳离我们有 1.5 亿公里远,到太阳上去,如果步行,日夜不停地走,差不多要走 3500 年,就是坐飞机,也要飞二十九年;我们看太阳,觉得它并不大,实际上它大得很,130 万个地球才能抵得上一个太阳。"

图表说明。图表说明是用图片或者表格来对说明对象的性质、特点、功能等予以说明的方法。图片说明直观形象,最常应用于产品说明书等一些文种,而表格则便于将一些数据予以汇总,以少的篇幅显示大的信息量。图表说明在许多应用文中被作为文字表述的补充,弥补了单用文字表达的不足,增强了直观性。

分类说明。分类说明是按照一定的标准,把事物分成若干类别加以说明的方法。例如本章为了介绍"说明"这一表达方式,就把说明的主要方法分成"定义说明""诠释说明""举例说明""比较说明""数字说明""图表说明""分类说明""引用说明"八大类别加以说明。分类别的作用是为了更有条理、更清楚地说明事物。但要特别注意的是，给事物分类要有一定的标准，要避免产生重复交叉的现象。

引用说明。引用说明是引用相关的典籍等资料来对说明对象加以说明的方法。引用说明往往是为了使说明的内容更充实且具体，增加说明的丰富性或权威性。引用资料的范围很广，可以是经典著作、名家名言、公式定律、典故谚语等。

说明作为一种客观的表达方式，在应用文写作中也经常使用，有的甚至通篇以说明为主，如"说明文"。应用文在使用这种表达方式的时候，必须从三个方面把握其要领。

一是说叙结合，夹说夹叙。尽管说明书通篇以说明为主，但其他文种的应用文通常是将说明与叙述等表达方式结合使用的，很少像说明书那样，单纯使用说明这一种表达方式，如果没有其他表达方式的恰当配合，就无法圆满地完成向读者介绍事物、解释事理的任务。例如这样一段文字："森林能够有效地涵养水源和防止水土流失。森林凭借庞大的林冠、深厚的枯枝落叶层和发达的根系，能够起到良好的蓄水保土和减轻地表侵蚀作用。据测算，5万亩森林的蓄水量约有一百万立方米。在森林被破坏或无森林的地区，水土流失严重，许多河道和水利设施不断受到泥沙淤积，经常造成水灾。"就比较典型地体现了说叙结合的特点。

二是多法并举，综合运用。在说明方法的使用过程中，应用文常常不拘泥于某一种说明方法的使用，而是多种说明方法同时综合运用，如数字说明和比较说明，定义说明和分类说明等，这样可以把事物说得更具体、准确。有这样一段说明文字："森林是以树木为主体的许许多多生物组成的生物群落。森林里蕴藏着丰富的资源，森林资源按自然属性可划分为生物资源和非生物资源两大类。其中生物资源又可分为植物资源、动物资源和微生物资源三类……非生物资源主要是指支撑森林生物的林地土壤、水分等资源……据有关专家研究，一公顷森林平均每年能吸收700多千克的二氧化碳，可减轻工业酸雨的危害；城市中路旁的林带可以阻挡沙尘，滞尘率高达70%—90%。同时林带还有降低噪声的作用，噪声经过 30 米宽的林带可降低 6—8 分贝。"就综合运用了多种说明方法。

三是严谨准确，客观科学。任何方法的说明都要求客观、科学，强调涉及的时间、空间、数量、范围、程度、特征、性质、程序等，都要准确无误，语言简明，说明严密，拥有科学性和严谨性，对客观事物真实介绍说明，帮助读者对说明对象准确认知。例如《中华人民共和国合同法》对"运输合同"的说明："指承运人将旅客或者货物从起运地点运输到约定地点，旅客、托运人或者收货人支付票款或者运输费用的合同。"① 就非常准确严谨，有助于读者准确了解什么是运输合同及在签订运输合同时把握什么要点、相关方各自应该承担什么责任。

第六节　应用文的语体规律及语言技巧

语言是文章的载体，无论是主题、结构，还是材料、表达，都是通过语言来呈现的，所以，语言对于文章的质量至关重要。应用文的语言有其独有的特色和要求。主题、材料、结构、表达方式和语言是文章的基本要素，在实际写作中它们是互相结合在一起的，不能把其中的任意一个要素作为独立的成分单独抽取出来。我们在"基础理论知识探微"中分别开来逐一介绍，只是一种权宜的策略，而不是表明我们在研究、学习和写作时可以放弃一种整体的观念和立场。本节主要探讨应用文的语体规律、语言技巧和基本特征。

一　准确掌握应用文的语体规律

应用文的书面表达语言是由包含语词、语句和标点符号组成的自然语言和图表等人工语言组成的语言体系。应用文有独特的语体规律。② 具体而言，主要表现在以下三方面。

---

① 《中华人民共和国合同法》第 17 章第 288 条，2018 年 3 月 25 日，中国人才网（http://www.cnrencai.com）。

② 裴显生：《应用写作》（第三版），高等教育出版社 2010 年版，第 43 页。

一是使用社会公认的交流语体。一般文章写作尤其是文学作品用语十分强调个性化，"唯陈言之务去"，甚至违反用语常规，刻意追求个性化的语体风格。而应用文写作以工具性、实用性为其目的，必须以社会公认的交流语体有效地传递信息，避免造成阅读的障碍。因此，应用文的用语，尤其是在公务文书中，一般不用个性化的语言，不用某个地区的方言，不用违反常规的用语句式和冷僻词汇。

二是发展变化的速度相对缓慢。应用文语体，虽然也随着时代的变化而有发展和变革，但与文学语体相比，它的变化速度相对缓慢，呈稳定化发展态势。这主要体现在两方面：第一，应用文中仍保留了一些在文学作品中已几乎不用的文言词汇。"五四"之后，白话逐渐取代了文言，文言就逐渐失去了生命力，不为读者所接受。但在应用文中，因为表达的简洁和庄重的需要，人们依然会部分使用文言词汇，这些词汇仍然显示出语言的生命力。第二，应用文较少吸收外来词汇和网络用语。一般文章写作经常使用一些外来词汇和网络用语，有的甚至将外来语、网络用语直接嵌入文章中，形成一种特定的语言韵味。而应用文在吸收外来语汇、网络用语方面则相对保守和封闭。应用文写作用语的目的主要是表意，追求接受的社会化和简便化，不追求用语的新奇，尤其是党政机关应用文更是如此。

三是模式化的语体特征突出。应用文语体的模式化与应用文文本结构的模式化，有着相辅相成的意义。由于应用文的语体具有社会化和稳定化的特征，在长期的反复实践和"普遍遵从"下，约定俗成，形成了模式化的语体规律。这些语言模式，使作者不仅能很快地掌握应用文的语言，为应用写作提供方便，而且还能适应书写现代化的需要。这一语体规律主要在应用文的起首语、衔接语、结束语等常用的模式语中体现出来。通过这些模式化的语体，有的阐明写作目的、引出行文依据或直接引入话题；有的把特定的内容连贯地衔接起来，以使脉络清晰、结构严谨；有的则收束语意，结束全文。

二　正确运用应用文的语言技巧

应用文的语言技巧虽不如也不要求像文学作品那样丰富多彩，但为了更好地叙说事理、表现主题，也需要运用多种多样的语言技巧，而且，应用文在运用语言技巧时，有自己的特殊性。

（一）有意强化语言的表意功能

语言作为文章的物质材料，其鲜明的特征就是具有表意性。[①] 一般文章写作和应用文写作，虽然都是通过语言所指称的意义来表情达意，传递信息，但由于它们所承担的文章功能、阅读视界各不相同，因而，文学家常有意弱化语言的表意功能，依照一定的审美情趣加工语言，颠倒常规语序，打破语法规范，大量运用修饰语和修辞格，有意拉长语言和意旨的距离，追求语言的含蓄、朦胧，刺激读者在语言的再创造中获得审美的愉悦。

应用文写作以客观、真实、明了地传递信息、满足实务的需要为其追求，因而尽量利用语言本身的表意特征，使用符合规范的书面语，缩短语言和所要表达的内容的距离，有意强化语言的表意功能，使语言符号与指称对象无缝连接。应用文强化语言的表意功能，主要从两方面入手：

一是准确用词。汉语中有许多同义词和近义词，还有一词多义的情况，但在特定的语境中，表达某一概念时往往只有一个词是最贴切的。比如，"爱人""妻子"和"老婆"，在日常用语环境中，是可以相互替代的，但在法律专用文书中，在表述"某一男性的合法配偶"时，一般只能用"妻子"而不能用"爱人""老婆"。因此，在应用文写作中，为了强化语言的表意功能，就要花力气辨析词义，多使用工具书，明确词义所表达的概念的内涵，精选妥帖的词语，尽量使语言表达准确。

二是规范句式。句式是根据句子的不同特点归并出来的句子类型。比如，按字数的多少分，有长句和短句；按语序分，有常式句和变式句；按判断形式分，有肯定句和否定句。一般来说，为了强化语言的表意功能，在应用文写作中，应该尽量选用短句、肯定句、常式句来表达。这样，在严格的语法规范下，就可能尽量避免产生语言歧义。

---

① 裴显生：《应用写作》（第三版），高等教育出版社2010年版，第45页。

（二）综合运用书面辅助语言

应用写作语言体系中，人们经常运用人工书面语言替代或补充自然语言。语言学界一般把人类在历史发展进程中自然形成的语言称为自然语言，把为了特定的需要人为创造的语言称为人工语言。在人工语言中，又分有声的人工语言和无声的人工语言。世界语就属于有声的人工语言，而由图形、表格以及各种符号组成的语言系统则属于无声的人工语言。它们是自然书面语言的辅助工具，因而，又可以被称为"书面辅助语言"。在应用文文本中，两种语言的综合运用，可以使应用文的语言表述更为直观、简明。①

复杂的过程、抽象的事理常可以用图形、表格、符号等简洁而明快地表现出来，这样可以缩短语义和旨意的距离。在应用写作中，运用最多的人工语言是表格和图形。表格和图形的制作要遵循一定的规则。

表格，是按设定的项目，用行列形式建立的信息表，以揭示和反映客观事物或过程的某些规律性的书面材料。根据资料的性质可把表分为数字表、文字表、符号表、图像表四种。在现代应用文写作中运用频率较高的是数字表和文字表。

表格的性质不同，格式也有所不同，但表格也有基本型。数字表格一般由表题、表正文、表备注三部分组成。表题，又称表名，或概括表的主题，或写明填报单位、时间等。表正文，由表头、行题、列题、表格线组成。表备注，又称脚注，位于表正文下方，紧贴框线，从左向右书写，供说明、注释用。

文字表的制作样式相对灵活，表正文部分可按表格的标准样式画制，也可由作者根据所表现的内容自由设计栏目，但必须注意几点：一是一表描述一个主题，不能把各种信息塞入一张表中；二是内容要与标目相符合，标目是内容的概括；三是表格作为人工语言虽然不受自然语言语法规则的限制，但在两种语言混用时，接口要周严，可用"例表×"或"上表说明"来衔接。

运用电脑来写作，制表变得简便得多。如果所用的是 Windows 汉字

---

① 裴显生：《应用写作》（第三版），高等教育出版社 2010 年版，第 45 页。

处理系统，就可以直接在窗口上点击"表格"，在"菜单"上选择"绘制表格"或"插入表格"程序，然后选择行和列。

图形，是用空间造型符号直观地反映事物的属性、抽象的事理、事物的结构和关系的人工语言。在应用文写作中，人们往往借助图形这一形象化的方法，一目了然地揭示出事物的本质和规律。应用文中经常使用的图形主要是各种类型的抽象图，如方框图、曲线图、圆形图等。各种图形的制作方法不尽相同，但基本原则是一致的，即处理好图形和意义的关系，用最简洁的、读者易于理解的图形，最大限度地实现作者的目的。

三 充分认识应用文的语言特征

应用文讲求实用，有其独特的语体规律，也有其区别于一般文章写作的语言技巧，因此，其语言特征十分明显。在应用文写作时，我们对此必须要有充分的认识。应用文的语言特征，总结起来，主要体现在以下方面。

一是自然朴实。文学作品属形象思维范畴，主要用场景渲染、人物描写、心理刻画等手法塑造出活生生的艺术形象来感染读者，即"以情动人"，语言上特别重视积极的修辞手法，特别讲究动词、形容词的锤炼。论文写作属逻辑思维范畴，侧重于对事理的解剖分析、综合归纳、逻辑推论，即"以理服人"，语言上特别重视语法的规范、逻辑的严密和专业术语的准确。

应用文是一种处理公私事务的工具，是用来说明事实、解决实际问题的，侧重于"以事告人"，语言朴实无华、自然通晓。与此相适应，应用文往往直陈直述，不展开论述，不夸张、不掩饰、不虚构；极少使用比喻、比拟、借代、夸张等修辞手法；少用或不用口语词、方言词、土俗俚语、歇后语，多用庄重典雅的书面语言。

二是沿用范式。与前文所论及的应用文"稳定化""模式化"的语体规律相适应，应用文写作很多方面是可以沿用范式的，不仅可以沿用相对稳定的格式，还习惯于使用一些约定俗成、已成定例的用语。应用文的标题、开头、结尾、过渡、转折等处就经常采用相对稳定的模式用语。

例如，公文的标题绝大多数情况下运用的是"关于……"介宾短语；意见、决定、通告、通报等文种的开头常常使用"为了""根据"等用语以引出行文的目的、依据；通知由开头转入正文的时候往往用"现将有关事项通知如下"之类的用语以承上启下；批复的引语常用"……来函收悉"以引进批复的针对文种；报告的结尾多用"特此报告"收束全文，等等。不同的应用文，作者沿袭约定俗成的模式用语，既有助于提高行文的速度，也便于受文者的阅读理解，从而提高办事效率。

三是准确无误。叶圣陶先生在谈公文写作时说："公文必须写得一清二楚、十分明确，句稳词妥，通体通顺，让人家不折不扣地了解你说的是什么。"应用文有很强的政策性、实用性，特别强调用语准确，表意清楚，一是一，二是二，使人一看就懂，一懂就可以执行、答复或办理，不能模棱两可，也不能有再创造的余地。

例如一篇《信用是扩大积累的有力杠杆》的文章，这样解释财政资金与信贷资金的区别："从财政学的观点来说，财政的钱只能一个顶一个用，决不能把拨给张三的钱交给李四支配，反之亦同。信贷资金则不同，张三把一笔钱存入银行，银行把这笔资金贷给李四，李四就取得了对这笔资金的支配权；李四归还贷款后，银行又可以把这笔资金的支配权交给第三者，如此等等。"这就把一个比较专业的术语用通俗的语言表述得清楚明白，准确无误，读者一看就懂。

四是言简意赅。应用文语言简练是高速传递信息的需要，也是节省时间、提高办事效率的需要。列宁曾经再三强调："写报告、文件要像电报那样写得简短"。鲁迅先生在谈到自己的写作体会时也指出，要毫不可惜地删去那些可有可无的字、词、句、段。我们身处信息社会，信息量越来越大，信息的传递速度、处理速度也越来越快，这就信息的度量越来越高密。应用文作为信息传播的重要工具，更是注重反复锤炼语言，做到言简意赅，词约义丰。为了做到这一点，写作应用文可多使用单音节词，酌情使用一些文言词语，并合理使用简称、统称。

如果我们关注北京三次申奥口号的写作，就会对什么是言简意赅、如何做到言简意赅有一个深刻的体会。1991年第一次申奥口号共有7条107字；1992年第二次申奥口号减为6条67字；而2000年第三次申奥口号仅2条18字。第一条"新北京、新奥运",6个字,两个短语;第二条是"绿色奥运、科技奥运、人文奥运",12个字,三个短语。第三次的口号虽简、虽短,但鲜明地突出了北京申奥的新理念,有丰富的内涵,正所谓言简意赅。

五是生动活泼。自然朴实、言简意明、直来直去、明白显露固然是大多数应用文语言的主要特征,但在调查报告、总结、演讲稿、倡议书等应用文种中,也可以适当、有限使用比喻、借代、夸张、排比、拟人等修辞技巧,穿插使用成语、俗语、歇后语等,用生动活泼的语言来表达事理,激起兴趣,感染读者。

例如,有一篇《一个小厂崛起的启示》的调查报告,作者把××省××县发展小企业的经验总结为"五借",即"借鸡下蛋""借巢引凤""借花献佛""借船出海""借题发挥"。采用这样的语言进行归纳总结,既生动形象,又准确贴切,极大地增强了该文的吸引力、感染力。

第二章

常用法定公文写作要领研究

第一节 法定公文写作概说

法定公文，指《条例》所列出的15种党政机关常用的正式公文。法定公文具有法定效力和规范的体式。写作者应在准确运用语言文字表达能力的基础上，辨析不同的法定公文文种，把握各自特殊的规律和要求，领会各自的写作要领，选用合适的文种，遵循相应的行文规则进行写作。本章主要选取15种法定公文中常用的12种公文从不同的角度进行研究，本节则集中探讨法定公文的特征、分类、组成要素及写作的总体要求。

一　法定公文的特征和分类

公文一般指党政机关、社会团体和企事业单位在处理各种公务时使用的书面文字工具。在中国，公文更是党和国家机关在领导党的事业和治理国家的工作中，用以表达意志、传递策令的文字工具和手段。《条例》明确规定"党政机关公文是党政机关在实施领导、履行职能、处理公务过程中形成的具有特定效力和规范体式的文书，是传达贯彻党和国家的方针政策，公布法规和规章，指导、布置和商洽工作，请示和答复问题，报告、通报和交流情况等的重要工具。"[①]

公文有广义和狭义之分。广义的公文，泛指法定机关和组织在处理

[①] 中共中央办公厅、国务院办公厅：《党政机关公文处理工作条例》第1章第3条，2013年2月22日，中央政府门户网站（http//www.gov.cn）。

各种公务活动中形成的所有文书材料。狭义的公文则专指国家有关部门正式规定的公文文种。而法定公文，它的范围是根据《条例》的规定，党政机关使用的 15 种正式文种：决议、决定、命令（令）、公报、公告、通告、意见、通知、通报、报告、请示、批复、议案、函、纪要。这是党政机关在实施领导、履行职能、处理公务过程中形成的具有特定效力和规范体式的文书，是党政机关进行公务活动的重要工具。

（一）法定公文的特征

法定公文在治理国家和推动社会发展过程中具有重要的作用，因此，在其长期的发展和演变过程中，形成了鲜明的特征。概括地讲，其特征主要体现在六大方面。

法定性。法定公文不同于出版物上发表的文章，也不同于一般的图书或资料，它担负着其他任何文体都不能担负而且不允许担负的特殊使命。法定公文是由法定机关或组织制发的，代表着法定机关或组织的意图。所以，在法定机关或组织的权限范围内，具有法定的权威性和约束力。

政策性。政策性是法定公文独具的特性。公文是代表权力发言的，需要准确地传递信息和意志，是处理公务问题的工具，其内容必须符合党和国家的各项方针、政策，不允许任何组织或个人拒不执行或敷衍塞责。唯有如此，才能借助于公文这一有力的工具，把党和国家的方针政策及精神实质切实贯彻、落实到具体工作之中。

实用性。公文是解决公务活动中实际问题的手段之一，是为完成某项工作，或者针对公务活动中的某个问题而制发的。制发公文的目的就是要解决实际问题，推动工作的顺利进行。所以，每一份公文都有其具体的制发目的和公务职能。公文的针对性越强，内容越明确、具体，就越能得到受文机关的重视，实际作用也就越大。

时效性。公文的时效性是与实用性联系在一起的。制发公文是为了处理公务活动中的实际问题，而公务问题的处理必须迅速、及时，所以，对公文的制发和实施通常有着严格的时间要求，其效用也常常是有时间限制的。当然，由于各类公文的内容和用途不同，其时效性的表现形式也不尽相同。主要有两种形式：一是明确宣布被新文件所替代；二是随着形势的变化，时效自然终止。

规范性。在各类文种中，法定公文是"程式化"程度最高的文种之一。为了保证文件的正常运转和明确各个工作环节的职责，维护公文的权威性和严肃性，从文种名称到行文关系，从制发程序到构成体式，国家有关部门均做过严格规定。这是因为，公文不规范，不仅会影响公文的正常运转和效用的切实发挥，也常常会给文书工作带来诸多的麻烦。

特定性。此处所说的特定性，主要涉及作者和阅者。法定公文的作者必须是法定的，是能以自己的名义行使权力和担负义务的组织及其代表人。公文的阅者，从公文起草开始，便已明确对象。特定的作者和阅者，是其他文体所不具备的。

（二）法定公文的分类

从不同的角度，依照不同的标准，可以对法定公文进行不同的分类。按其紧急程度的不同，可以将法定公文分为紧急公文和普通公文，紧急公文还可以分为"特急件"和"急件"两类；按其有无保密要求的不同，可以将公文分为无保密要求的普通文件和有保密要求的文件两类，按照机密等级的不同，还可以将有保密要求的文件分为绝密文件、机密文件和秘密文件三种；按其具体职能的不同，可以将公文分为法规性公文、指挥性公文、报请性公文、知照性公文、联系性公文和实录性公文等。

比较常见的分类方法则是按其行文关系和行文方向的不同，将公文分为上行文、平行文和下行文三种。上行文是指下级机关向所属上级机关呈送的公文，主要有报告、请示等；平行文是指向同级机关或不相隶属机关送交的公文，主要有函等；下行文是指上级机关向下级机关发送的公文，主要有命令（令）、决定、批复等。

二　法定公文的组成要素及制作要求

《条例》规定，党政机关公文的组成要素一般由份号、密级和保密期限、紧急程度、发文机关标志、发文字号、签发人、标题、主送机关、正文、附件说明、发文机关署名、成文日期、印章、附注、附件、抄送机关、印发机关和印发日期、页码等组成。① 其中，有些项目是公文的必备要素，有些则是根据实际情况可以略去的要素。

2012年7月1日起正式实施的《党政机关公文格式》国家标准（GB/T 9704—2012）将版心内的公文格式各要素划分为版头、主体、版记三个部分。② 公文首页红色分隔线以上的部分称为版头；公文首页红色分隔线（不含）以下、公文末页首条分隔线（不含）以上的部分称为主体；公文末页首条分隔线以下、末条分隔线以上的部分称为版记。

（一）版头部分的组成要素及制作要求

版头部分又称眉首部分、文头部分，通常是由份号、密级和保密期限、紧急程度、发文机关标志、发文字号、签发人诸要素组成。③

份号。份号是指将同一文稿印制若干份时，每份公文的顺序编号。如需标注份号，一般用6位3号阿拉伯数字，顶格编排在版心左上角第一行。

密级和保密期限。秘密文件要注明密级和保密期限，密级标识有"绝密"、"机密"和"秘密"三种。如需标注密级和保密期限，一般用3号黑体字，顶格编排在版心左上角第二行；保密期限中的数字用阿拉伯数字标注。

紧急程度。紧急公文要根据紧急程度分别标注"特急"或"急件"的字样。对有紧急程度标识的公文，要作紧急处理；对没有紧急程度标识的公文，则可按一般程序和方式处理。紧急电报应当分别标明"特提""特急""加急"和"平急"。如需标注紧急程度，一般用3号黑体字，顶格编排在版心左上角；如需同时标注份号、密级和保密期限、紧急程度，按照份号、密级和保密期限、紧急程度的顺序自上而下分行排列。

发文机关标志。发文机关标志又称公文版头，由发文机关全称或者规范化简称加"文件"二字组成，如"××市人民政府文件"；某些特定

---

① 中共中央办公厅、国务院办公厅：《党政机关公文处理工作条例》第3章第9条，2013年2月22日，中央政府门户网站（http://www.gov.cn）。

② 同上，第7章第1条。

③ 同上，第7章第2条。

的公文也可以只使用发文机关全称或者规范化简称。

发文机关标志居中排布，上边缘至版心上边缘为35毫米，推荐使用小标宋体字，颜色为红色，以醒目、美观、庄重为原则。

联合行文时，如需同时标注联署发文机关名称，一般应当将主办机关名称排列在前；如有"文件"二字，应当置于发文机关名称右侧，以联署发文机关名称为准上下居中排布。

发文字号。发文字号简称文号，又称公文编号，是发文机关同一年度公文排列的顺序号，由发文机关代字、年份、发文顺序号组成。联合行文时，使用主办机关的发文字号。编排在发文机关标志下空二行位置，居中排布。年份、发文顺序号用阿拉伯数字标注；年份应标全称，用六角括号"〔〕"括入；发文顺序号不加"第"字，不编虚位（即1不编为01），在阿拉伯数字后加"号"字。上行文的发文字号居左空一字编排，与最后一个签发人姓名处在同一行。

签发人。上行文应当标注签发人姓名。由"签发人"三字加全角冒号和签发人姓名组成，居右空一字，编排在发文机关标志下空二行位置。"签发人"三字用3号仿宋体字，签发人姓名用3号楷体字。如有多个签发人，签发人姓名按照发文机关的排列顺序从左到右、自上而下依次均匀编排，一般每行排两个姓名，回行时与上一行第一个签发人姓名对齐。

（二）主体部分的组成要素及制作要求

主体部分又称行文部分，通常由标题、主送机关、正文、附件说明、发文机关署名、成文日期、印章、附件、附注等内容要素组成。[①]

标题。一般用2号小标宋体字，编排于红色分隔线下空二行位置，分一行或多行居中排布；回行时，要做到词意完整，排列对称，长短适宜，间距恰当，标题排列应当使用梯形或菱形。

公文标题一般由发文机关、事由与文种名称三个部分构成，通常称这种完整的公文标题为"完整式"的公文标题。例如《中纪委关于陈××问题的审查报告》，其发文机关是"中共中央纪律检查委员会"，而且为了

[①] 中共中央办公厅、国务院办公厅：《党政机关公文处理工作条例》第7章第3条，2013年2月22日，中央政府门户网站（http：//www.gov.cn）。

简练起见，使用了简称"中纪委"，文种名称为"审查报告"，中间部分为事由。就通常而论，在发文机关与事由之间要加介词"关于"，在事由与文种名称之间要加一个助词"的"。从语法结构上看，公文标题通常是由一个偏正词组构成，以文种名称为中心词，前面加发文机关名称和事由作限制成分。凡是有红色版头的文件，由于版头中业已标明发文机关名称，故在标题中可以省略。除标准的公文标题外，按照惯例还可以有以下四种特殊形式：

一是由发文机关和文种名称，或事由与文种名称两部分组成的公文标题，一般称此种标题为"双项式"标题。例如《中华人民共和国主席令》《向全国进军的命令》《中华人民共和国外交部公告》。

二是由发文机关、被批转（或转发）文件的标题、文种名称三个要素组成的公文标题，一般称这种标题为"转文式"的标题。例如《国务院办公厅转发农业部关于促进饲料业持续健康发展若干意见的通知》。

三是新闻式的公文标题，主要是简报、调查报告和讲话稿等文种有时使用。这类标题表现得很随意，文字比较活泼。有的只有一个标题，有的则有两个标题，即一个正标题，一个副标题。其中正标题一般用来揭示正文的中心内容，副标题则用以说明反映的单位、时间、人物和事件。例如《与时俱进，持之以恒——关于××市健全"三位一体"德育网络情况的调研》《汲取××实践经验，努力构建和谐社会——对××市促进经济社会和谐发展的理论思考》。

四是附加括号式的标题，即在标准式标题的下面正中位置加一个圆括弧，括号内注明某年某月某日某会议讨论通过或批准的字样。这种标题式样适用于：经会议集体讨论通过，且无红色版头又无主送机关标识的决定、决议以及条例、规定、制度、办法等法规性文件，例如《中共中央关于完善社会主义市场经济体制若干问题的决定》（2003年10月14日，中国共产党第十六届中央委员会第三次全体会议通过）。

受文机关。指公文发往的机关，分为主送机关与抄送机关。

主送机关是指负有办文责任的机关，非普发性的下行文以及上行文、平行文，在一般情况下其主送机关只有一个，即这份文件的接受办理者。只有普发性的下行文，才可以有若干个主送机关。准确认定公文的主送机关,是文件发出后能否得到及时贯彻处理的一个关键性问题。主送机关用3号仿宋体字标识,其位置及要求是:"标题之下、正文之上,靠左顶格,后加冒号"。

抄送机关是指需要了解公文内容的机关。对于抄送机关,不论是上级、平级或下级,均称为"抄送"。过去那种分列"抄报"、"抄送"、"抄发"的做法已不复存在。抄送机关的书写位置在公文末页的最下端,靠左空一字格;写抄送机关名称,要按照先上级、后下级、再不相隶属机关的次序排列;在最后一个抄送机关名称后标句号。命令、纪要等文种不使用"主送"与"抄送",统用"分送"代替之。

正文。正文是一份公文具体叙事、明理、提出要求的文字表达部分。公文首页必须显示正文。一般用3号仿宋体字,编排于主送机关名称下一行,每个自然段左空二字,回行顶格。文中结构层次序数依次可以用"一、(一)、1.、(1)"标注;一般第一层用黑体字、第二层用楷体字、第三层和第四层用仿宋体字标注。[①]

公文正文一般由三个部分构成:一是开头部分,其内容或是引据,或是讲明背景、原委,或是概述情况,或是篇前撮要,或是明了目的。二是主体部分,内容或是针对问题进行分析,在分析问题、讲明道理的基础上提出解决问题的办法;或是直陈要求、意见;或是提出主张、列摆措施、讲明办法。三是结尾部分,这部分的用语要适应不同文种的需要,切不可千篇一律。如上行文一般可用"当否,请批示""以上是否可行,请批示"等;下行文一般可用"希即遵照""特此通知""此布""此复""此令"等;平行文则一般可用"为荷""为盼""为要""特此函达""特此函复"等。

附件。附件是公文正文的说明、补充或者参考资料,是公文格式的一个重要组成部分。附件不是每份公文都有,只有内容需要,有不便于写入正文的材料才用附件来处理。如有附件,在正文下空一行左空二字编排"附件"二字,后标全角冒号和附件名称。如有多个附件,使用阿

[①] 中共中央办公厅、国务院办公厅:《党政机关公文处理工作条例》第7章第3条第3款,2013年2月22日,中央政府门户网站(http://www.gov.cn)。

拉伯数字标注附件顺序号（如"附件：1.××××××"）；附件名称后不加标点符号。附件名称较长需回行时，应当与上一行附件名称的首字对齐。

常见的附件有两类：一是用于补充说明或证实公文正文的附件，包括各种形式的说明材料、参考资料、图表、凭据等；二是用于向上级机关报送或向下级机关批发（批转、转发、印发）的附件。前一类附件是真正意义上的附件；后一类附件实际上是主件，是真正意义上的主件，而主件只起报送、发布、按语、转发、函告的作用。

发文机关署名。加盖印章的公文：单一机关行文时，一般在成文日期之上、以成文日期为准居中编排发文机关署名；联合行文时，一般将各发文机关署名按照发文机关顺序整齐排列在相应位置。不加盖印章的公文：单一机关行文时，在正文（或附件说明）下空一行右空二字编排发文机关署名；联合行文时，应当先编排主办机关署名，其余发文机关署名依次向下编排。

成文日期。成文日期即公文生效的日期，也是公文格式的一个重要组成部分。任何一份公文都必须标有制成的具体时间。具体要求是，一般右空四字编排，用阿拉伯数字将年、月、日标全，年份应标全称，月、日不编虚位（即1不编为01）。

成文日期确定的原则是：会议通过的决定、决议等，以会议通过日期为准；领导人签发的公文，以签发日期为准；联合行文，以最后签发机关领导人的签发日期为准；法规性公文以批准日期为准；一般电报、信函等则以实际发出日期为准。

成文日期在公文中的位置有两种安排方式：一是安排在标题之下，年月日用括号括起来，这是经会议集体讨论通过批准而又不以"红头文件"（即带有红色版头的文件）形式发出且无主送标识的公文。二是安排在文件末尾，落款之下。没有落款的公文，日期直接写在正文右下方。成文日期与落款要上下对称，年、月、日的第一个数目字不宜超越落款第一个字。

印章。加盖印章是公文最后生效的标志。单一机关行文时，印章端正、居中下压发文机关署名和成文日期，使发文机关署名和成文日期居印章中心偏下位置，印章顶端应当上距正文（或附件说明）一行之内。联合行文时，一般将各发文机关署名按照发文机关顺序整齐排列在相应位置后，将印章一一对应、端正、居中下压发文机关署名，最后一个印章端正、居中下压发文机关署名和成文日期，印章之间排列整齐、互不相交或相切，每排印章两端不得超出版心，首排印章顶端应当上距正文（或附件说明）一行之内。

附注。附注是对公文中内容和事项的注解和说明。一般是对文件的传达范围、使用方法的规定及对名词术语的解释等。如有附注，居左空两字加圆括号编排在成文日期下一行。

（三）版记部分的组成要素及制作要求

版记部分又称文尾部分，包括抄送、印发机关和印发时间等。[①] 版记应置于公文的最后一页，版记的最后一个要素置于公文的最后一行。

抄送机关。抄送机关是指主送机关之外需要执行或了解公文内容的其他机关。如有抄送机关，一般用4号仿宋体字，在印发机关和印发日期之上一行、左右各空一字编排。"抄送"二字后加全角冒号和抄送机关名称，回行时与冒号后的首字对齐，最后一个抄送机关名称后标句号。如需把主送机关移至版记，除将"抄送"二字改为"主送"外，编排方法同抄送机关。既有主送机关又有抄送机关时，应当将主送机关置于抄送机关之上一行，之间不加分隔线。

印发机关和印发日期。公文的印制工作一般由发文机关的具体办公部门承担。印发时间不同于发文时间，发文时间是指公文的具体开印时间。印发机关和印发日期一般用4号仿宋体字，编排在末条分隔线之上，印发机关左空一字，印发日期右空一字，用阿拉伯数字将年、月、日标全，年份应标全称，月、日不编虚位（即1不编为01），后加"印发"二字。

版记中如有其他要素，应当将其与印发机关和印发日期用一条细分隔线隔开。

反线。版记中各要素之下均应加上一条反线，宽度同版心。

[①] 中共中央办公厅、国务院办公厅：《党政机关公文处理工作条例》第7章第4条，2013年2月22日，中央政府门户网站（http: //www.gov.cn）。

三　写作法定公文的总体要求

公文的写作是一项非常严肃的工作，要写出一份合格的公文，撰写中必须依循两大要求。

（一）结合工作实际，熟悉法律法规

制发公文是为了反映并解决实际工作中出现的问题，政策性又是公文的特征之一。这就要求撰写者必须要熟悉党和国家的方针政策及有关法规、规定的内容。为确保公文内容的客观和处理意见的正确，必须深入实际，调查研究，全面了解情况，实事求是地分析问题，避免盲目行文，错误决策。

（二）遵循行文规则，选用合适文种

公文具有规范性的特征，公文的规范化要求极高，撰写公文必须严格遵循各项行文规则。其中，有些规则是国家有关部门以规定的形式正式颁行的，有些则是在公文的长期应用中约定俗成的。撰写者不能标新立异，自创一格。具体要求有三点：

一是文种选用正确。同种类的公文有着不同的功能特点和适用范围，撰写公文时，文种的选用是非常严格的，误用、混用文种，会使公文的质量和效用受到严重影响。

二是行文关系妥当。按照行文制度，公文的行文关系有上行、下行和平行三种，公文也相应地分为上行文、下行文和平行文三类。行文关系的确定是否妥当，直接关系到文中所反映的公务问题能否得到顺利解决，发文目的能否得以实现。行文关系混乱，会影响工作效率，甚至会贻误工作。

三是制发程序合理。公文的制发过程包括拟稿、审核、签发、复核、缮印、用印、登记、分发等程序。各程序应严格遵循《条例》之规定，符合国家的法律、法规及其他有关规定。拟稿力求表述准确，结构严谨，条理清楚，直述不曲，字词规范，标点正确，篇幅简短。审核的重点是行文方式是否妥当，是否符合行文规则和拟制公文的有关要求，格式是否符合规定等。以本机关名义制发的上行文，应由主要负责人或者主持工作的负责人签发；以本机关名义制发的下行文或平行文，应由主要负责人或主要负责人授权的其他负责人签发。复核的重点是审批、签发手续是否完备，附件材料是否齐全，格式是否统一、规范等。缮印重在印制和校对。加盖发文机关印章的公文方可正式生效。文书档案管理部门应对所发公文的文号、标题、签发人、拟稿部门、密级、紧急时限、收文单位、件数、发出日期等内容进行登记，然后将公文原稿及2—3份公文正本立卷收存。

第二节　决议、决定的特性及重要区别研究

《条例》第八条第（一）项规定，决议适用于会议讨论通过的重大决策事项。《条例》第八条第（二）项规定，决定适用于对重要事项作出决策和部署、奖惩有关单位和人员、变更或者撤销下级机关不适当的决定事项。[①] 这些规定，对决议、决定的适用范围都进行了明确的划分，对我们写好决议、决定，具有很强的指导意义。但在具体的写作实践中，二者又极易混淆。因此，本节着重研究决议、决定这两个文种的特性，尤其是它们的重要区别。

一　决议概说

决议是指党的领导机关就重要事项，经会议讨论通过其决策，并要求进行贯彻执行的重要指导性公文，也是应用文写作重点研究的文体之一。

决议的特点主要体现在两方面：一是权威性。决议是经过党的会议讨论通过才能生效并由党的领导机关发布的，是党的领导机关意志的反映。决议的内容事关重要决策事项，一经公布，相关范围内的党组织、行政机关、人民群众都必须坚决贯彻执行。二是指导性。决议表述的观点和对事项的评价都具有指导意义，是今后一定时期内的行动指南。

从实际情况看，决议的种类主要有三类：第一类是审批性决议。为

[①] 中共中央办公厅、国务院办公厅：《党政机关公文处理工作条例》第8条第1—2款，2013年2月22日，中央政府门户网站（http://www.gov.cn）。

审议批准法律、法规、文件、组织等而公开发布的决议。第二类是方针政策性决议。用以传递党和国家对重大问题的主张或发布重要方针政策而使用的决议。例如，1981年6月27日，党的十一届六中全会通过的《中国共产党中央委员会关于建国以来党的若干历史问题的决议》。第三类是专门问题性决议，集体会议就某一专门性问题做出决定后而发布的决议。例如，《中共××市委关于制定国民经济和社会发展第十×个五年规划的决议》。

二 决定概说

决定是党政机关、社会团体、企事业单位对重要事项或重大行动做出安排时使用的公文。决定在加强领导、统一行动、履行职能、提高管理效率上，起着重大的作用，它是一种重要的带有指挥性和约束性的公文。

决定的特点集中体现在三个方面：一是权威性。决定由上级机关制发，体现上级机关的意志，内容涉及重大事项和重大行动，要求下级机关和有关人员绝对服从和严格贯彻执行。因此，决定具有很强的权威性。二是政策性。决定对重大事项、重大行动做出安排，需要强调其任务意义，详细阐明有关大政方针，指出执行的政策、措施，因而政策性也很强。三是严肃性。决定的内容一般都是重要事项或重大行动，特别是指挥性决定，要求下级机关无条件地执行，内容客观，语气坚决。

从实际运行情况看，决定大致有四种类型：第一类是方针政策性决定。用于发布党和国家的重大方针政策。例如，《中共中央关于完善社会主义市场经济体制若干问题的决定》（2003年10月14日）。第二类是部署指挥性决定。用于对重要工作、重大活动做出安排部署时而使用的决定。它与方针政策性决定的主要区别在于：前者多用于工作的执行，后者多用于工作的决策。例如，《国务院关于加强地质灾害防治工作的决定》（2011年6月13日）。第三类是知照性决定。向人们宣告对某一重要问题的主张、态度或解决结果时使用的决定。例如，《全国人大常委会关于我国加入世贸组织的决定》（2000年8月25日）。第四类是奖惩性决定。用于奖励在社会主义建设中做出贡献的有功集体或人员的决定为嘉奖性决定；对犯有错误而在党纪、政纪、军纪上给以处分者而使用的决定为处分决定。例如，2003年6月30日，中共××市委发布的《关于表彰防治非典型性肺炎工作先进党组织和优秀共产党员的决定》。

三 决议与决定的重要区别

决议、决定这两个文种有其相似的地方，都涉及重大决策、重要事项，但其区别也非常明显。

第一，发布程序不同。决议必须经过法定会议讨论、通过这一程序；决定不一定非要经过这一程序，它既可以是某种会议讨论研究的成果，形成正式文件予以公布，也可由各级领导机关直接制作并予以公布。

第二，作用要求有别。决议一律要求下级机关执行；决定则只有"部署性决定"才要求下级机关执行，"知照性决定"只起告知作用，一般不要求下级机关执行。

第三，具体使用有别。凡做出了非常具体的规定和要求，有关部门必须贯彻执行的，用决定；若只是简要地表示肯定或否定的意见，指导有关部门遵照办理的，用决议。由会议或领导机关直接制定发布行政法规，用决定；由会议审议批准某项议案、重要报告、法规，用决议。授予荣誉称号或给予处分，用决定；审议机构成立或撤销，用决议。

第四，写作方法不同。专门问题性决议、审批性决议一般比较简要、笼统，原则性条文多；方针政策性决议除提出指令性意见外，还要对决议事项本身的有关问题作若干必要的论述或说明。决定则不多做理论上的阐述，着重提出开展某项工作的步骤、措施、要求等，且明确、具体，可以直接成为下级机关行动的准则。

【例文2—1】

关于表彰20××年度优秀集体、
优秀党员及优秀个人的决定

各处、室：

20××年，我单位认真贯彻落实×党委、政府会议精神，按照××

×委的工作部署和要求，加快发展、科学发展的步伐，全力推动单位各项工作，圆满完成了年度目标考核任务。为表彰先进，树立榜样，进一步激励全体职工工作干劲，经××党委及领导班子决定，授予××处等5个集体为"优秀集体"、×××等21名同志为"优秀个人"、×××等7名同志为"优秀党员"称号，并予以表彰。

希望受表彰的先进集体和个人珍惜荣誉、戒骄戒躁，其他同志虚心向受表彰的同志学习，努力工作、创先争优，为推进我单位各项事业的全面发展做出更大的贡献。

附件：20××年度优秀集体、优秀党员及优秀个人名单

××××××局
20××年××月××日

第三节　意见的写作要领研究

《条例》第八条第（七）项规定，意见适用于对重要问题提出见解和处理办法。[①] 这些规定，对意见的适用范围进行了明确的划分，我们在进行意见的写作时，必须严格遵守。同时，意见在实际工作中使用广泛，要写好意见，我们必须对其写作要领进行深入研究。

一　意见概说

新中国成立后很长一段时间，意见并不是正式的公文文种，但工作中一直广泛使用。直到1996年5月3日中共中央办公厅印发的《中国共产党机关公文处理条例》，才首次将意见列入中国共产党机关公文文种。2001年1月1日起施行的《国家行政机关公文处理办法》，则将意见正式列入国家行政机关的公文文种，意见又成为行政机关使用频率较高的法

---

① 中共中央办公厅、国务院办公厅：《党政机关公文处理工作条例》第8条第7款，2013年2月22日，中央政府门户网站（http://www.gov.cn）。

定公文。2012年7月1日起施行的《条例》则将其列为15种党政机关公文正式文种之一。

二　意见的写作要领

意见在实际工作中应用广泛，要把意见写好，重要的是要从两个方面入手。

（一）分清意见的种类，体现不同的要求

按照行文方向的不同，意见可分为三种类别，即下行意见、上行意见、平行意见。每种不同的类别，其写作要求并不相同，这是我们在意见的写作过程中必须特别予以注意的。

下行意见，即上级发给下级的意见。各机关在工作中经常会遇到一些新的情况和问题，需要上级机关及时指导，而指导工作又不能使用刚性很强的"决定"等公文文种，此时，意见就成为上级对下级予以指导的合适文种。下行意见，因为是上级用于指导下级工作的，所以写作时，重要的是意见要具体、方法要实用、指导性要强。

上行意见，即下级报送给上级的意见。下级机关工作中的新情况、新问题、新认识、新思路或新困难主动向上级反映，以取得上级的支持、理解、肯定或帮助。有的上行意见如果对面上的工作有一定的指导意义，上级会批示后作为本机关的意见转发给相关单位参考执行；如果对面上工作没有指导意义的，则按普通文件处理。写作上行意见时，要注意行文的针对性，语言要得体，尤其要注意观点、措施、思路的开创性。

平行意见，即平级或不相隶属单位之间使用的意见。此种意见主要是供对方参考之用。因此，写作平行意见，要注意所写事项与受文单位的职权吻合，不能超出对方的权限，也要注意所写"意见"是否正是受文单位感兴趣的，否则会失去写作意见的效用。

（二）把握意见的写作要领，写出规范的意见

意见这个文种，有其鲜明的特性，更有其特殊的写作要领。写作意见时，除了要根据不同的行文方向写作意见，还要把握意见的写作要领。只有充分把握其写作要领，才能写出符合要求的意见来。综观意见的写

作要领，主要表现在四个方面。

一是行文方向灵活。意见的行文方向比较灵活，既可以作为上行文，也可以作为下行文，又可以作为平行文。不同行文方向的意见，其格式、内容、要求、语言风格等等通常有较大的区别。如下行的意见，其措辞通常是比较严肃的，平行的意见、上行的意见其措辞通常则比较谦逊。把握了意见的这些要领，我们就可以根据实际需要，灵活地、规范地使用这一文种。

二是写作主体广泛。意见广泛适用于各级党政机关、企事业单位和人民团体，对行文机关的属性、级别等没有限制。因此，无论我们身处何种单位，只要工作需要，只要符合行文规则，只要适合使用意见这一文种行文，我们就可以写作意见这一文种。

三是注意工作接续。一个问题解决了，一项工作完成了，有关意见也就自动失效，但有的问题、工作、活动是长期的，有关意见的时效期也就相应很长，因此需要陆续出台补充意见或修改意见，以保证"意见"的统一，保持工作的接续。这就需要我们在写作相关意见时，既要知其来龙去脉，又要知其前因后果。

四是体现不同功能。下行文的意见具有指示、指挥、指导的性质和功能，上行文和平行文的意见则具有参考和协商的功能。我们在写作不同行文方向的意见时，除了要体现其他方面的差别，更要体现各自不同的功能。

【例文2—2】

××局2018年三送工作意见

为进一步做好我局"送政策、送温暖、送服务"工作，制定本意见。

一、指导思想

以"三个代表"和科学发展观为指导，认真贯彻党的十八大精神，落实市、县"三送"工作有关文件会议精神。

二、工作内容

1. 按照常态化、全覆盖的要求结对联系群众户，并掌握联系户的详细情况；2. 按市、县要求认真做好各项"三送"工作；3. 按要求为所联系的农户做好工作，帮助其改善生活，解决困难，提高生活质量，提升生产能力，提高收入水平；4. 围绕所驻村抓好工作，帮助解决困扰村级经济发展的系列问题，提升村级管理水平，发展村级经济，提高"两委"战斗能力；5. 抓好群众反映强烈的普遍性问题，协助解决维稳信访安全工作。

三、工作制度

1. 常驻队员每星期一上午到村，星期五下午回单位，双休日队员排班值日，吃住在村；2. 非常驻队员每周至少下村入户2天；3. 驻村工作队员纳入所驻乡镇日常管理，党组织关系、日常工作安排、年终考核考评在所在乡镇进行，与单位工作彻底脱钩；4. 驻村工作队员在所驻村任职，所任职务按程序进行；5. 实行请销假制度，凭书面请假手续，请假二天以下的，由乡镇党委书记审批，三天以上的由县委"三送"工作领导小组审批。

四、加强领导，夯实队伍

调整充实"三送"工作队，实行"三送"工作局长、书记一起抓，亲自抓，单位主要领导为"第一责任人"负总责，明确分管领导，明确工作队长，明确工作人员，每组明确两名常驻工作队员。

五、落实待遇，严格奖惩

1. 落实工作队员伙食补贴，每月补贴20天，每天补贴20元，每位队员每月补贴400元，由单位每月解决；2. 交通费按实报销；3. 工作队员在局评优评先时，优先考虑，在推荐提拔时优先考虑；4. 被评为县以上先进个人的，由单位给予1000元以上的奖励；5. "三送"工作队员或成员由于工作不力或不在岗的，必须按"×三送办〔2017〕1号"文件处理。

2018年××月××日

第四节 通告、通知、通报写作要领研究

《条例》第八条第（六）项规定，通告适用于在一定范围内公布应当遵守或者周知的事项；①《条例》第八条第（八）项规定，通知适用于发布、传达要求下级机关执行和有关单位周知或者执行的事项，批转、转发公文；《条例》第八条第（九）项规定，通报适用于表彰先进、批评错误、传达重要精神和告知重要情况。② 这些规定，明确而具体，对于我们写好通告、通知、通报，具有重要的指导意义。要写好这三种公文，除了要了解各自的适用范围、基本内涵，更重要的是要掌握各自不同的写作要领。

一 通告写作要领研究

（一）通告概说

通告是党和国家机关、人民团体、企事业单位在一定范围内公布应当遵守或者周知的事项时使用的告知性文种，属于下行公文。

依据通告内容，通告可以分为法规性通告和知照性通告两种。

法规性通告。具有政策性和法律性，用在一定范围内公布应当遵守的事项；是法规性文件中有关规定的具体化，大多由地方政府发布。

知照性通告。用在一定范围内公布应当周知的事项；不具有约束力，旨在让有关单位、相关人员知道有关事项。

（二）通告的写作要领

1. 格式层面的写作要领

通告主要由标题、正文和落款三部分组成。各部分的写作要领如下：

标题。通告的标题有四种构成形式：第一种是由发文机关名称、事由和文种构成；第二种是由发文机关和文种构成；第三种是由事由加文

---

① 中共中央办公厅、国务院办公厅：《党政机关公文处理工作条例》第 8 条第 6 款，2013 年 2 月 22 日，中央政府门户网站（http://www.gov.cn）。

② 同上，第 8 条第 8—9 款。

种构成；第四种是只用文种"通告"作标题，但这种形式通常只是在通告的内容不是十分重要的情况下才会出现。

正文。通告的正文包括开头、主体和结束语三部分。开头主要交代通告的缘由、根据和目的。主体要求明确具体地写出通告的内容、通告事项的要求和实施措施。结束语一般单独设段，用"特此通告"、"此布"等习惯用语作结。

落款。通告的落款应写明发文机关名称和发文时间。在标题中有发文机关名称的，落款处可以省略，只写年、月、日，或将发文时间写在标题下方、正文上方。

2. 内容层面的写作要领

通告具有公开性、广泛性等特征，其使用不限于政府机关，一般单位或有一定指挥权的临时机构也可以使用，但必须依法发布，发文范围不能超过发文机关的权限。在具体写作时，我们要力求从三方面掌握通告的写作要领。

一是体现周知性。通告要求特定范围的人或特定的人群普遍知晓其内容，便于了解有关政策法令，遵守某些规定事项，共同维护社会秩序。因此，写作通告要特别注意其内容确实是特定范围的人或特定的人群需要知晓的事情，也要注意从格式方面和用语方面体现其周知性。例如，因为需要周知，所以通告通常不写主送单位；因为需要周知，所以通告通常大量使用"相关单位"、"有关人员"等用语。

二是用语要严肃。通告常用来颁布地方性的法规，这些法规一经颁布，特定范围内的部门、单位和民众都必须遵守、执行，通常具有一定的法规的性质。因此，写作通告时，语气往往非常严肃、庄重，大量使用"必须"、"不得"、"应该"等用语。

三是具有可操作性。通告是一种直接指向某项事务的文种，其内容一般属于业务方面的问题，且多为局部的、具体的问题，使用频率比较高，通告写出后，相关单位和人员要能照章办理。正因为如此，通告的内容如果涉及一些专业术语、特殊要求，往往需要做出准确无误的解释和说明，以便受文者能够理解并按照相关要求执行。例如下列《××市人民政府关于禁止销售和使用含磷洗涤剂的通告》一文，就对"无磷洗涤剂"进行了专门的说明。

【例文 2—3】

××市人民政府关于禁止销售和使用含磷洗涤剂的通告
×府发〔××××〕××号

为了保护和改善××库区的水环境质量，保障人民身体健康，防止含磷洗涤剂对水体的污染，根据《××市××××库区流域水污染防治条例》及相关的法律法规，市政府决定在全市范围内禁止销售和使用含磷洗涤剂。现将有关事项通告如下：

一、自××××年1月1日起，禁止在本市行政区内销售含磷洗涤剂；本市企业和经营性单位禁止使用含磷洗涤剂，改用无磷洗涤剂。

二、本通告所称无磷洗涤剂，是指织物洗涤剂。……

三、在本市销售的无磷洗涤剂，必须在其产品包装的显著的位置标注"无磷"字样；未按规定标注的，视为含磷洗涤剂。

四、禁止本市广告经营者在本市辖区内发布含磷洗涤剂的广告，新闻媒体不得承接发布含磷洗涤剂的广告。

五、各级工商、质量技术监督行政管理部门根据职责对洗涤剂市场实施监督管理。

六、对违反本通告规定的行为，由环境保护、工商、质量技术监督行政管理部门根据职责，依据《××市长江三峡库区流域水污染防治条例》或有关法律法规规定分别予以处罚。

××市人民政府
××××年×月×日

二 通知写作要领研究

（一）通知概说

通知是公务活动中最常用的一种文体。根据《条例》的规定，通知适用于发布法规和规章，批转下级机关的公文，转发上级机关和不相隶属机关的公文，传达要求下级机关办理或者需要知道的事项，任免人员。

党的机关与国家行政机关不同，公布、印发一些规章性文件是不能使用令这一文种的，通常是使用通知。

按照内容和功用不同，可将通知分为指示性通知，颁布、批转或转发性通知，告知性通知，会议通知和任免通知五种。

指示性通知。用于直接发布行政法规和对下级某项工作的指示、要求。带有强制性、指挥性和决策性。这类通知又称规定性通知或布置性通知，用以传达要求下级机关办理和需要有关单位周知或者执行的事项。

颁布、批转或转发性通知。领导机关用批转、转发的方式发布某些法规，要求下级贯彻执行。批转下级机关送来的工作报告、建议、计划等，以及沟通情况，指导工作。主要有三种：一为颁发、发布或印发型通知，二为转发型通知，三为批转型通知。

告知性通知。多用于上级机关向下级机关宣布某些应知事项，不具有强制性。这类通知是机关日常工作常会用到的公文文种。如设立或撤销机构、迁移办公地点、启用或更换印章、修改行政规章、修正或补充文件内容、调整办公程序等各种事项。

会议通知。会议通知属告知性通知范畴。其用途仅限于通知会议的召开及有关事项。用于对下级或平级。

任免通知。上级机关对任免的人员用通知的形式告知下级机关。确切地说，任免性通知也属告知性通知，因《条例》在规定通知的用途时，把"任免人员"单列为一项，故在此作为通知的一个类别。

（二）通知的写作要领

1. 格式层面的写作要领

通知一般由标题、主送机关、正文和落款四部分组成。各部分的写作要领和要求如下：

标题。标题通常有三种形式，一是由发文机关名称、事由和文种构成；二是由事由和文种构成；三是仅用文种"通知"作标题。

主送机关。大部分通知都有主送机关，但普发性的通知则往往会省略这一部分。因为普发性通知中的事项是通知涉及范围内所有组织、个人都必须了解、知晓、遵守的事项，故按照惯例，可以省略。

正文。由开头、主体和结尾三部分组成。开头主要交代通知的缘由、根据或目的，要求用语简洁、恰当。主体说明通知事项，强调重点突出，层次清晰。结尾提出执行要求，或用固定式用语"特此通知"等收束。在写正文之前，要在标题之下、正文之上顶格写出被通知对象的名称，在名称后加冒号，或将名称以"抄送"形式写于最后一页的最下方。

落款。落款要写出发文机关名称和发文时间。如果在标题中已经出现了机关名称和时间，按照惯例此处可省略。

2. 内容层面的写作要领

通知这一文种的使用频率和范围极广，有其鲜明的特性。要写好通知，我们主要应该从三方面把握其内容层面的写作要领。

一是把握通知广泛性的特点。通知不受发文机关级别高低的限制，不论机关级别高低都可以采用；党政机关可以用，人民团体、企事业单位也可以用。主要用于上级机关对下级机关、组织对所属成员公布相关事项，平等机关之间、不相隶属的机关之间，有时也可使用通知知照有关事项。写作通知时，我们事先必须对通知的这一特性有充分的认知。

二是体现通知指导性的特征。上级机关在向下级机关发布规章、布置安排工作、批转和转发文件时，均需明确阐述处理问题的原则方法和具体措施，说明需要做什么，怎样做，达到什么要求等，以此来指导下级机关工作的开展。因此，写作通知时，无论是阐述处理问题的原则方法和具体措施还是布置什么工作，无论是要求做什么还是要求怎么做，都要明确而具体，不能含糊笼统，要将通知这一文种指导性的特征体现得鲜明而突出。

三是抓住通知时效性的特性。通知是在受文对象对某件事情应知而未知、应办而未办的情况下下达的，事项一般是要求尽快办理、执行或知晓的，不容拖延，否则会失效或误事。有的通知如会议通知，只在指定的一段时间内有效。所以，写作通知，行文一定要及时，要有一个提前量，一定要给受文单位执行、贯彻、落实、办理通知的有关要求留下足够的时间。

【例文 2—4】

中共××县委办公室××县人民政府办公室
关于加强机关值班、加强机关安全保卫工作的通知

办发〔2017〕45 号

各乡镇党委、政府，县直各部、委、局、办、中心：

时至年底，全县各种不稳定因素增加，治安形势比较严峻。加强值班工作，加强安全保卫工作显得尤为重要。然而，近一段时间以来，我县一些单位和乡镇在机关值班和安全保卫方面存在一些问题。有的单位平时不安排值班，公休日、节假日期间更是无人在岗，值班制度形同虚设；有的单位领导不带班，只有一般工作人员守摊子；还有的单位连值班室、值班电话都没有设立，有些单位和乡镇安全保卫工作制度不落实，管理松懈，导致发生入室盗窃的情况时有发生。为了加强相关工作，特通知如下：

一、提高思想认识，加强组织领导。机关值班和安全保卫工作是各级机关搞好自身管理的重要组成部分，是维护机关工作秩序、保持上下联系畅通的必要保证，也关系到整体工作的大局。各级各部门一定要站在讲政治、讲大局、讲稳定的高度，充分认识加强机关值班和安全保卫工作的重要性，真正摆上重要位置，认真研究和及时解决工作中存在的问题。……（略）

二、采取有效措施，落实完善制度。做好机关值班和安全保卫工作，必须配备好值班和安全保卫人员，认真完善和落实各项规章制度，加强管理和检查，形成制度化、经常化的防范机制。结合当前实际，全县各级机关必须做到以下两点。……（略）

三、强化监督检查，严肃追究责任。从现在起，无论是上班期间，还是公休日、节假日，县委、县政府将对值班和安全保卫工作采取电话检查、现场检查等方式进行定期不定期地督查。电话查岗时无人接听，一律视为无人值班；现场检查时要求值班人员在岗，各项制度健全。对

措施落实不到位、不按时值班的单位要进行通报批评。对因误岗、漏岗、工作失误导致出现失盗失火、财物损坏、人身伤害事件的，将按照规定严肃追究有关人员与主要领导的责任。

中共××县委办公室
县人民政府办公室
2017 年×月×日

三　通报写作要领研究

（一）通报概说

通报属知照性公文，是党政机关、社会团体、企事业单位用以表彰先进、批评错误、传达重要精神或通报有关情况的公文。通报可用于表扬好人好事、新风尚；也可用于批评错误，总结教训，告诫人们警惕类似问题的发生；还可用于互通情况，传达重要精神，沟通交流信息，指导推动工作。

通报根据内容的性质，可分为表彰性通报、批评性通报和情况性通报三种。

表彰性通报是用来表彰先进单位和个人，介绍先进经验或事迹，树立典型，号召大家学习的通报；批评性通报是用来批评、处分错误，以示警诫，要求被通报者和大家吸取教训的通报；情况性通报是在一定范围内传达重要情况和动向，以指导面上工作为目的的通报。

（二）通报的写作要领

1. 格式层面的写作要领

通报一般分标题、主送机关、正文、署名和日期四部分。每个部分的写作要领主要是：

标题。大致有三种类型，一是由"发文机关＋关于＋被表彰单位（或个人）＋主要先进事迹＋通报"组成；二是由"发文机关＋关于＋被批评单位（或个人）＋主要错误事实＋通报"组成；三是由"发文机关＋关于＋情况＋通报"组成。

主送机关。通报一般会写上主送机关，但如同通知一样，在用于普发时，有时会省略主送机关。

正文。是通报的主体部分。因通报种类不同，写法也就不同。一般是首先讲述事实，说明情况；其次是分析事实，或表彰先进，或批评错误，或通报情况；最后做出处理，表明态度。

署名和日期。是指在正文右下方签署发文机关名称和日期，并加盖发文机关公章。

2. 内容层面的写作要领

通报在表达手法上是以事明理，在发布形式上主要有"直述"和"转述"两种。写好通报，一般要从四个方面掌握其内容层面的写作要领。

一是注重材料真实。应用文本来就十分强调真实性，通报主要涉及的是事实，无论是正面的还是反面的，要么以正面的事实鼓舞人，要么以反面的事实教育人。如果涉及的事例缺乏真实性，必然无法达到鼓舞或教育人的目的。可以说，真实是通报的生命，通报的任何情况、事实都必须是真实的，不能有差错，更不能编造假材料。因此，撰写通报，对正反两方面的事实都要认真核实，确保通报内容准确无误。

二是写出教育意义。无论是表彰性通报，还是批评性通报，都具有一定的教育意义。因此，写作表彰性通报，就要注意写出人物、事件的独特性，更要概括出人物、事件的意义，以达到鼓舞、激励的目的；写作批评性通报，同样要注意写出人物、事件的独特性，点明对其他单位、相关人员的教育作用，以吸取教训，引以为戒。

三是突出典型作用。一般而言，进入通报写作视野的事例，都应该是具有典型意义的、近期发生的事情，对当前的工作、面上的工作具有指导和促进作用，而非一般性的先进事迹或错误事实。因此，写作通报之前，一定要对涉及的人物、事件反复权衡，再三斟酌，分析判断其教育意义究竟有多大；也要分析研究该人物、事件所显示的意义与当前的中心工作是不是吻合；当然，具体写作的时候，也要将其本来具有的典型意义挖深、挖透、挖到位，并行诸笔端。

四是体现知照特点。所有的通报在一定程度上讲，都有及时传递信息的作用，所通报的事项都有一定的影响，具有知照性的特点，具体写作时，要把这一特点体现出来。至于通报中的情况性通报，因为是在一定范围内传达重要情况和动向以指导面上工作为目的的,因此,其知照性的特点更为突出。写作这类通报时,就要充分考虑通报的必要性,在此基础上注意具体通报事项的条理性,将需要知照的事项交代得清清楚楚、明明白白。

【例文 2—5】

关于表彰 2017 年度台先进工作者和文明家庭的通报

台属各部门:

2017 年,在市委、市政府和市委宣传部坚强领导下,台里确立"新闻立台,活动强台,产业兴台"基本思路,树立"创新、创业、创优"理念,坚持"团队、奉献、实干、进取、自律"建台精神,紧紧围绕市委、市政府工作大局,紧扣……这条主线,为建设开放繁荣秀美幸福新××、唱响主旋律,打好主动仗;推进了全台广播电视深度融合,做到改革与工作两不误、两促进,较好地实现了新台新面貌新发展,圆满而出色地完成了年初工作目标和市委、市政府交办的各项任务。为鼓励先进,树立榜样,经考评考核,台里决定,对下列先进工作者和文明家庭予以通报表彰。

一、先进工作者

×××、×××……

二、文明家庭

×××、×××……

希望受表彰的先进个人发扬成绩,再接再厉,在新的一年里再创佳绩。全台干部职工要树立开放、创新、勤俭,自觉、自信、自强意识,以先进为榜样,爱岗敬业,勤奋工作,开拓进取,创先争优,为全面完成今年各项工作任务,推动宣传、产业又好又快发展做出新的更大的贡献!

××市电视台

2017 年××月××日

第五节　报告、请示、批复写作要领研究

《条例》第八条第（十）项规定，报告适用于向上级机关汇报工作、反映情况、回复上级机关的询问；《条例》第八条第（十一）项规定，请示适用于向上级机关请求指示、批准；《条例》第八条第（十二）项规定，批复适用于答复下级机关请示事项。[①] 我们在进行报告、请示、批复等文种写作时，必须熟知这些规定，也必须掌握其写作要领。

一　报告写作要领研究

（一）报告概说

报告适用于向上级机关汇报工作，反映情况，提出建议，答复上级机关的询问事宜。报告是常用的上行文，在机关、企事业单位中被广泛地运用，作用十分突出。

报告使用频率较高，很多情况下都可以使用这一文种，因此种类较多。通常情况下，按行文的目的与作用不同，将报告分为工作报告、情况报告、呈请性报告、检讨（检查）报告、例行报告、回复性报告、送文送物报告。常用的是工作报告、情况报告和呈请性报告。

工作报告。即用于向上级汇报工作活动情况的报告。侧重于陈述工作的开展情况及主要做法，有时也夹有成功的经验和失败的教训。

工作报告又可分为综合工作报告和专题工作报告两种。综合工作报告涉及面较宽，主要工作范围之内的方方面面通常都要涉及，并有主次之分。如各级人民政府向同级人民代表大会作的政府工作报告，向上级提供的年度、季度、月份工作报告。专题工作报告的涉及面较窄，往往围绕一个主题进行工作汇报。

情况报告。即用于向上级汇报、反映各种社会情况及动态的报告。与工作报告相比，其突出的特点是使用面广、反应迅速，具有较强的信

[①] 中共中央办公厅、国务院办公厅：《党政机关公文处理工作条例》第八条第 10—12 款，2013 年 2 月 22 日，中央政府门户网站（http://www.gov.cn）。

息性，往往成为上级决策的依据；而工作报告的作用侧重于决策的信息反馈性、服务于决策的连续性。

呈请性报告。即呈报上级要求加以批转或批示的报告，基本上都是向上级提出工作意见与建议，故亦称建议性报告。

（二）报告的写作要领

1. 格式层面的写作要领

报告一般由标题和主送机关、正文和落款四部分组成。各部分的写作要领分别是：

标题和主送机关。报告常见的标题有两种形式：一种是由事由和文种组成；一种是由发文机关、事由、文种组成。主送机关要顶格写上受文单位的全称或规范化简称。

正文。包括三部分内容。开头部分简要说明报告的缘由、目的、意义。中间部分是报告的核心部分，陈述报告的主要事项。结尾部分是报告的结束语，一般都是程式性用语，常用"特此报告"等，如果是答复报告多用"专此报告"；递送报告则用"请收阅"等。

落款。包括署名和时间两项内容。标题有发文单位，可不再署名。否则要在正文右下方署上单位名称和年、月、日，并加盖单位公章或主要负责人印章。

2. 内容层面的写作要领

前文已论及，报告是常用的上行文，使用频率高，作用突出。因此，写作报告更要掌握其内容层面的写作要领。综合起来看，报告内容层面的写作要领主要集中在三个方面。

一是注意行文的单向性。报告是下级机关向上级机关汇报工作、反映情况、提出建议时使用的单方向上行文，无须上级机关给予回复。因此，写作报告之前一定要考虑清楚本报告所涉及的事项是不是需要上级机关及时给予答复。如果不需要，当然就可以用报告这一文种行文；如果需要，则只能改用请示的文种行文。否则就会贻误工作，造成损失，甚至要承担相关的行政责任、法律责任。

二是突出文种的汇报性。汇报性是报告这一文种本身具有的最突出的特性，因为报告本来就是用于向上级机关汇报工作、反映情况、提出建议的。因此，写作报告时，下级遵照上级的指示开展了什么工作，怎样开展的，开展工作的基本思路是什么，具体采取了什么措施，取得了哪些成绩，还存在哪些不足，都要根据实际情况有详有略、有针对性地汇报清楚。即便是提出建议的报告，也要注意是在汇报清楚相关情况的基础上，才能进一步提出建议，也就是说，这类报告虽然重在建议，但也必须先简要地把情况汇报清楚再提建议。

三是抓住汇报的事后性。主要是强调大多数报告，均是在某项工作开展了一段时间或完成之后，或在某种情况发生之后，才向上级机关做出汇报。这就要求着重考虑清楚，该事情是不是已有必要向上级报告；如果有必要的话，到底在什么时间节点上报告；当然，更要考虑到不能等时过境迁了才报告。

【例文 2—6】

关于我省清理整顿公司工作的报告

×××：

我省自××年10月清理整顿公司以来，坚持既坚决又稳妥的方针，抓紧清理整顿方案的拟订和实施，积极查处了公司违法违纪案件，努力加强公司的建设和管理，基本完成了党中央、国务院赋予我们的任务，达到了预期的目的，现将这项工作情况报告如下：

一、撤并了一批流通领域的公司，解决了公司过多过滥的问题。（略）

二、查处了公司违法违纪案件，整顿了公司的经营秩序。（略）

三、认真做好撤并公司的各项善后工作。（略）

四、加强了公司管理和法规、制度建设。（略）

××省人民政府

××××年×月×日

二　请示写作要领研究

（一）请示概说

请示是下级机关向上级机关请求决断、指示、批示或批准事项所使用的呈批性公文。下级机关遇到各种无权处理或无力解决的问题，都可以通过向上级机关呈送请示的形式，请求上级机关予以批准或者给予指示，帮助解决问题。

按照请示内容和请示目的的不同，可将请示分为直请性请示和批转性请示两大类。

直请性请示。是指针对工作中出现的具体问题，直接向上级机关申明情况，请求予以答复批准或表明态度并下达处理意见的请示。写此类请示，重点应放在情况的陈述和问题的强调上及意见、办法的说明上。一定要让上级明白，你请示的是什么事情，需要上级做什么或怎么做。

批转性请示。即把有关某一方面的工作意见，以"请示"的形式上报给上级机关，要求批转给相关单位予以办理。

（二）请示的写作要领

1. 格式层面的写作要领

请示由标题、主送机关、正文和落款四部分组成。每个部分的写作要领和注意事项如下：

标题。一般有两种构成形式：一种是由发文机关名称、事由和文种构成；另一种是由事由和文种构成。需要特别注意的是，不能仅用文种"请示"作标题。

主送机关。是指负责受理和答复该文件的机关。每份请示必须有主送机关，只能有一个主送机关，不能多头请示。

正文。一般由开头、主体和结语等部分组成。开头主要交代请示的缘由，是请示事项能否成立的前提条件，也是上级机关批复的根据；主体主要说明请求事项，是向上级机关提出的具体请求，也是陈述缘由的目的所在；结语的习惯用语一般有"当否，请批示"，"妥否，请批复"，"以上请示，请予审批"或"以上请示如无不妥，请批转各地区、各部门研究执行"等等。请示的结尾用语多样，但最合适的只有一个。

落款。一般包括署名和成文时间两项内容。标题写明发文机关的,可不再署名,但需加盖单位公章、标明成文时间。

2. 内容层面的写作要领

要写出一份合格的请示,除了掌握其格式层面的写作要领,还需要掌握其内容层面的写作要领。具体写作时,主要是要对以下方面加以注意。

写出期复性。在法定公文中,请示是为数不多的双向对应的文体,具有较强的期复性。这主要表现在两方面:一是收到下级机关来文后,无论是同意、部分同意还是不同意请示事项,上级机关必须在有效时间内给予明确的答复;二是由于写请示最直接的目的就是得到上级的答复,因此,写作时通常要在文末用固定式的结尾用语如"专此请示,请批复。"等把这一愿望明确地表达出来。

突出单一性。按照《条例》的规定,一份请示,只能就一项工作或一种情况、一个问题做出请示,不得在一份请示中就若干事项请求指示和批准。[①] 如果确有若干事项急需向同一上级机关同时请示,也应分别写出若干份请示,不能一份请示写入几件不同的请示事项,也不能一件请示事项分成几个请示行文。那样的话,既不符合《条例》的规定,也会给上级机关及时批复造成困难,以致贻误工作。

强调针对性。请示这一文种,有非常强的针对性。具体写作时,要考虑清楚,确实是超出了本机关职权、能力、认识范围之外的事情,方能用请示行文。那种动辄请示的做法,表面上看似乎是尊重上级,实际上是把矛盾上交,无形之中也增加了上级机关的工作量,甚至会让上级对本机关、本部门的工作能力造成负面印象。

把握超前性。主要是强调请示必须在事前行文,等上级机关作出答复后才能付诸实施。无论是事中行文还是事后行文,均是不妥的。

体现可行性。这主要是指在具体写作时,希望上级机关予以批准的请示内容,应该是切实可行的,不能超出上级机关的职权范围、审批权

[①] 中共中央办公厅、国务院办公厅:《党政机关公文处理工作条例》第 15 条第 4 款,2013 年 2 月 22 日,中央政府门户网站(http://www.gov.cn)。

限,更不应该夹杂一些不合理的要求。

【例文2—7】

××省经济研究中心关于嘉奖刘××的请示

××省总工会:

我中心是省政府的事业机构,负责全省的经济研究工作。由于中心尚无工会组织,故未能及时参加省总工会的有关活动。近闻总工会正在全省开展评奖活动,故特为我中心刘××同志立功一事请示如下:

刘××,男,××岁,19××年大学毕业,现为副研究员。该同志长期从事农业经济的研究工作,成绩卓著,多次受到领导的好评,并为农业生产创造了显著效益。其所发表的《×××××××》和《××××××》两篇论文分别荣获全国农学会一、二等奖,所出版的《×××××》一书被评为全国科普鼓励奖,其本人已被录入××中青年科学家辞典。

根据"×总发〔20××〕××号"文件精神,刘××同志符合立功条件,望予嘉奖。

妥否,请批示。

××省经济研究中心
××年×月×日

三 批复写作要领研究

(一) 批复概说

批复是上级机关对下级机关呈报的请示给予正式答复的公文。批复的前提是请示,先有下级的请示,后有上级的批复。批复是下行文的一种,与其他下行文一样,其答复和指示下级必须遵照执行,照章办理。

批复的种类主要有两大类。

审批性批复。是上级审核请示中提出的问题之后进行的批示性答复。

如对增设机构、增加编制、添置设备等事项的批复。这类批复要明确表示同意或不同意或部分同意。

转发性批复。转发性批复中所批复的事项既针对请示机关的具体问题，又含着对相关单位的指示性意见，具有普遍的指导意义，上级在批示相关意见或提出相关建议后可同时发给所属下级机关。

（二）批复的写作要领

1. 格式层面的写作要领

批复主要由标题、主送机关、正文、落款四个部分组成，其写作要领和注意事项主要集中在以下方面：

标题。一般由发文机关、事由和"批复"（文种）构成。

主送机关。应该特别注意的是，批复的主送机关单一，只送呈报请示的机关，也即谁呈报的请示，批复的主送机关就是谁。至于转发性批复涉及了呈报请示机关以外的机关，那是因为上级机关已经在请示上作了批示，可视为已经转化成了上级机关的文件，所以，其主送机关可以不仅仅是呈送请示的机关。

正文。开头要写清批复的起因和依据，还要引述请示的行文日期、发文字号和标题，可以引述全部三项内容，也可以只引述其中两项或一项。主体部分要针对请示的内容表明态度，明确答复，如同意请示的内容，写上肯定性意见即可，如果不同意，要在否定性意见后面写明否定的理由或依据。结尾一般以规范性词语"特此批复"、"专此批复"、"此复"等固定用语结束全文。

落款。发文机关、印章和成文日期。

2. 内容层面的写作要领

批复这一文种的篇幅往往短小，看似容易写作。但实际上如果没有掌握其内容层面的写作要领，也很难写出一份合格的批复。写作批复，具体而言，要把握好以下三个方面的写作要领。

一是对象要明确。这主要是强调两个方面：第一，批复是针对下级所呈送请示中某一具体事项而做出的，因此，写作批复时不要涉及所呈请示以外的事情，一事一批复，也不能把同一下级同一时间所呈送的不同请示事项放在同一个批复里予以回复；第二，批复只主送呈报请示的机关，如果需要有其他机关知悉，可用抄送或批转的形式，但需有上级机关批示性的意见。

二是决断要鲜明。这强调的是写作批复时要有根据地、负责任地明确表示出对请示的内容同意与否，态度要鲜明，观点要明确，有鲜明的决断性，体现出权威性和执行性，使下级机关收到来文必须遵照执行，没有讨价还价的余地。同时，根据相关规定，如果对请示的事项持否定意见，一定要将否定的原因、根据、理由等予以简要说明。

三是篇幅宜短小。批复是一事一批，且不需要过多的阐述、说明，更不需要议论，因此篇幅短小。这就要求写作批复时，尽可能使用简洁的语言，表明上级机关的态度即可。另外，批复的篇幅虽然短小，但其格式一样需要遵从规范，标题、主送机关、正文、落款等要素一样需要完备。须知，批复是法定公文，法定公文在格式等诸多方面的要求都是十分严格的。

总而言之，在写作批复时，需要特别予以注意的是：一定要将上级机关的意见表达清楚，但表达清楚即可，不必做具体的分析和详尽的阐述；必须坚持一请示一批复的原则，切忌出现一文多批的现象；批复的意见要简洁，态度要明朗，不能含糊其辞、模棱两可，更不能答非所问。

【例文2—8】

关于××省设立××市的批复
××批〔××××〕××号

××省人民政府：

你省××××年××月××日《关于撤销××县设立××市的请示》收悉。经×××批准，同意撤销××县，设立××市（县级），以原××县的行政区域为××市的行政区域，不增加机构和人员编制，由省直辖。

×××

××××年××月××日

第六节　议案、函、纪要写作要领研究

《条例》第八条第（十三）项规定，议案适用于各级人民政府按照法律程序向同级人民代表大会或者人民代表大会常务委员会提请审议事项；《条例》第八条第（十四）项规定，函适用于不相隶属机关之间商洽工作、询问和答复问题、请求批准和答复审批事项；《条例》第八条第（十五）项规定，纪要适用于记载会议主要情况和议定事项。[①] 这些规定，我们都应该认真研究，仔细体会，用以指导应用文写作实践；在此基础上，我们更应该掌握其写作要领。唯其如此，我们才能写出相应的规范公文。

一　议案写作要领研究

（一）议案概说

议案是各级人民政府按照法律程序向同级人民代表大会或人民代表大会常务委员会提请审议事项的行政公文。与其他文种相比，议案的法定性更强，尤其是在相关程序方面，更是如此。

议案通常分为四大种类。

立法性议案。人民政府撰拟出法律或地方性法规草案，按照相关法律规定，须提请同级人民代表大会或人民代表大会常务委员会审议、通过。如《××市人民政府关于提请审议〈××市乡镇企业条例（草案）〉的议案》。

对外条约性议案。我国领导人与外国领导人草签的关于双边关系的条约，也必须提请审议、通过。如《中华人民共和国蒙古国友好合作关系条约的议案》。

人事机构性议案。国家机关工作人员职务的任免，机构的增加、撤销与合并都必须提请审议。

重大事项性议案。提请审议某些重大事项并请求做出决定的议案。

[①] 中共中央办公厅、国务院办公厅：《党政机关公文处理工作条例》第 8 条第 13—15 款，2013 年 2 月 22 日，中央政府门户网站（http://www.gov.cn）。

(二) 议案的写作要领

1. 格式层面的写作要领

议案由标题、主送机关、正文、落款、附件几部分组成，在格式方面往往有一些特殊的要求，在写作的时候应该特别予以注意。

标题。一种是完整式标题，即三要素俱全的标题。另一种是省略式标题，即事由加文种两要素构成的标题。

主送机关。议案的主送机关是固定的——同级人民代表大会及其常务委员会，可用全称或规范化简称。

正文。开头要写清楚提出方案的缘由、意义和目的，为获得批准奠定基础；主体要写清楚提出审议的具体事项，要求一份议案只能阐述一个事项，解决一个问题，既不能一事几案，也不能一案几事。议案行文要简明扼要，主题要概括集中，写明解决所提问题的途径和办法，不能使用口语或过多的修饰性语言；结尾通常是用一句模式化语言，如"请予审议"、"现提请审议，并请做出批准的决定"等。

落款。根据中国法律规定，议案的落款必须由同级政府行政首长签署，署名前冠以职务，不能盖政府机关的公章，成文时间即行政首长签发的日期。

附件。议案一般带有附件，是提请审议的有关事项的草案或情况说明。附件的标题应注明在正文的下方，落款的左前方。

2. 内容层面的写作要领

议案在格式层面有其特殊的写作要求，在内容层面也有其突出的写作要领，具体写作时，我们除了要把握其写作要求和要领，还要注意议案与提案的区别。

一是突出文种的专用。议案是固定的专用公文，为各级人民政府所专用，其他任何组织（包括政府的部门）或个人都无权使用（这里专指公文范畴的议案）。政府提交的议案也只能由同级的人民代表大会或人大常委会受理。因此，我们在写作议案时，必须正确把握好议案的提请主体是各级人民政府，议案的受文单位是同级人民代表大会或人民代表大会常务委员会。

二是强调内容的提请。议案的内容只有经过人民代表大会或人大常委会审议通过，才能生效，因此每件方案都应写上"现提请审议"的字样。政府方面尤其要写清楚提请的必要性和可行性，不仅写清楚"解决什么"，更要写明"怎样解决"。具体写作时，要做到言之有理，言之有物，符合实际，切实可行，否则不会被通过。

三是注重程序的法定。议案从提出到审议都要按照法律程序进行。议案的提出必须在同级人民代表大会或人大常委会举行期间，否则，不能被列为议案。因此，写作议案，不仅要掌握议案的写作要领，还要熟悉议案相关的法律程序，依法依规办理。

四是分清与提案的区别。清楚了议案的含义、类型，掌握了格式层面及内容层面的写作要领以后，我们还必须了解议案与提案的区别，以便写出更为规范的议案。议案与提案的区别主要在于：提案只是属于会议的日常文件，它代表个人或群众向大会提出要求讨论、审查、转交有关部门的事项，不像议案那样具有十分鲜明的法定性，其作者也不只是限于各级人民政府。

【例文2—9】

关于提请审议任命××县副县长的议案

县人大常委会：

根据《中华人民共和国地方各级人民代表大会和地方各级人民政府组织法》的有关规定，现提请任命×××、×××为县人民政府副县长。请审议决定。

县长：×××（印）
20××年××月××日

二 函写作要领研究

（一）函概说

在党政公文主要文种中，"函"是唯一的一种平行文。它是不相隶属机关之间相互商洽工作、询问和答复问题，以及向有关主管部门请求批准事项或答复审批事项时所使用的公文。

划分函的标准不一样，函的分类也不一样。日常工作中，经常使用的函主要有三种，即：商洽性函、答复性函、请求性函。

商洽性函即用于不同机关之间，请求协助，商洽解决，办理某一问题时所使用的函。答复性函即不同机关之间，互相答复事项，回复相关问题时所使用的函。请求性函则是向无隶属关系的有关主管部门请求批准事项，不同的机关之间请求帮助或配合工作所使用的函。函的用途很广，使用频率很高。

（二）函的写作要领

1. 格式层面的写作要领

函的格式通常由标题、主送机关、正文和结语四部分组成。各个部分的写作要领主要是：

标题。公函的标题一般有两种形式。一是由发文机关名称、事由和文种构成，即完整式标题；二是由事由和文种构成。

主送机关。主送机关是指受文并办理来函事项的机关单位。函的主送机关没有过多行文规则、单位级别等方面的要求。

正文。一般由开头、主体、结尾、结语等部分组成。开头主要说明发函的缘由，一般要求概括交代致函的目的、根据、原因等内容。主体是函的核心内容部分，主要说明致函事项。函的事项部分内容单一，一函一事，行文要直陈其事，无论是商洽工作，询问和答复问题，还是向有关主管部门请求批准事项等，都要用简洁得体的语言把需要告诉对方的问题、意见叙写清楚；如果属于复函，还要注意答复事项的针对性和明确性。结尾一般是用礼貌性语言向对方提出希望，或请对方协助解决某一问题，或请对方及时复函，或请对方提出意见，或请主管部门批准，等等。

结语。通常应根据函询、函告、函商或函复的事项，选择运用不同的结束语。如"特此函询（商）"、"请即复函"、"特此函告"、"特此函复"等。有的函也可以不用结束语，如属便函，可以像普通信件一样，使用"此致，敬礼"。

落款。落款部分一般包括署名和成文时间两项内容。

2. 内容层面的写作要领

函有其自身独有的特性，写作时，我们必须对函的特性充分了解，才能掌握好函这一文种的写作要领，写出符合要求的函。函这一文种内容层面的写作要领主要表现在以下四个方面。

首先是行文广泛。主要表现为其适用的范围相当广泛。在行文方向上，不仅可以在平行机关和不相隶属的机关之间行文，甚至有的时候作为便函也可以在上下级机关之间往来。掌握了函的这一特性，我们就可以灵活使用函这一文种，增加公务联系的便利。

其次是内容多样。函，在适用的内容方面，除了主要用于不相隶属机关互相洽谈工作、询问和答复问题外，也可以向有关主管部门请求批准事项，向上级机关询问具体事项，还可以用于上级机关答复下级机关的询问或请求批准事项，以及上级机关催办下级机关有关事宜，比如要求下级机关函报报表、材料、统计数字等，有时还可用于上级机关对某件原发文件较小的补充或更正，等等。正因为内容多样，我们就要根据不同情况写出规范的函。例如"向有关主管部门请求批准事项"的函，这种函因为涉及"请求批准事项"，按理应该使用"请示"文种，但由于发文单位与受文单位之间平级或不相隶属，按照行文规则，还是用"函"更为规范。

再次是灵活简便。函的篇幅都比较短小，内容单一。尤其是便函，格式上无严格的要求，写法灵活，使用方便。我们在写作时，该遵守行文规则和行文格式的，一定要遵守，但为了便于写作和方便工作，可以灵活处理的，也可以在不违反规定的情况下灵活处理。

最后是用语谦逊。由于函主要是在平行机关和不相隶属的机关之间行文，涉及的又主要是一些商洽、询问和答复事项，因此，函的措辞往往比较礼貌，用语往往都比较谦逊。即使是上级机关写给其下级机关的便函，因为不存在命令、指导、要求、规定等问题，所以用语也没有像其他文种那么严肃。具体写作函这一文种时，我们必须准确把握其用语方面的要领。

【例文 2—10】

关于商请派车运送民工的函

××省交通厅：

为做好今年的春运工作，及时运送在我省工作的外省民工回家过年，我们组织了民工运送专门车队，但由于我们运力不足，车辆不够，估计不能满足民工的要求，特请贵省派出大型客车 20 辆，与我省组成运送民工车队，负责运送贵省在我省工作的民工。

妥否，请尽快函复，以便办理有关手续。

××省交通厅

××××年×月×日

三 纪要写作要领研究

（一）纪要概说

纪要是一种记载、归纳、整理、传达会议情况及议定事项的纪实性公文。它能起到通报会议精神、反映情况、汇报工作、指导工作、交流信息、沟通情况、知照事项的作用。纪要主要用于党政机关、社会团体、企事业单位召开的工作会议、座谈会、研讨会等重要会议。

纪要根据不同的标准通常可有不同的分类。

根据会议性质，可分为办公会议纪要和专项会议纪要。办公会议纪要是各级党政机关、企事业单位、社会团体召开的定期或不定期的工作会议形成的会议纪要。专项会议纪要是为研究专项问题而召开的会议所形成的纪要。

根据会议内容，可分为专题型纪要和综合性纪要。专题型纪要主要反映与会者就会议主要议题，在统一认识的基础上所形成的决定、决议。这种纪要多用于党委会议和机关的行政会议或座谈会、研讨会等。综合性纪要则侧重于全面概述会议基本情况，包括会议的议题、讨论情况、结果等。这种纪要多用于领导集体办公会议等。

(二) 纪要的写作要领

1. 格式层面的写作要领

纪要一般由标题、正文、落款三部分组成。写作各个部分时，需要掌握以下要领。

标题。纪要的标题通常是由会议名称和文种构成。如《××县科技兴农现场经验交流会纪要》《关于改革教学管理体制的会议纪要》等。也有的由发文机关、会议名称和文种构成，如《××职业技术学院校长办公会议纪要》。

纪要的成文时间即会议通过的时间或领导人签发的时间。一般在标题下居中位置用括号注明年、月、日；也有把成文时间写在尾部的署名下面。

正文。正文的结构一般由概述、主体和结尾三部分组成。

概述部分主要概括交代会议的名称、时间、地点、主持人、主要议程、参加人员、会议形式以及会议主要的成果，然后用"现将这次会议研究的几个问题纪要如下"或"现将会议主要精神纪要如下"等过渡语句转入下文。

主体部分是纪要的核心内容，主要记载会议情况和会议结果。写作时要注意紧紧围绕中心议题，把会议的基本精神，特别是会议形成的决定、决议，准确地表达清楚。对于会议上有争议的问题和不同意见，也要如实予以反映。

结尾部分属于选择性项目。一般是向受文单位提出希望和要求。有的则没有这部分，主体内容写完，全文即告结束。

落款。包括署名和成文时间两项内容。署名只用于办公会议纪要，写明召开会议的机关单位名称。一般的纪要则不需要署名，不加盖公章。至于成文时间，如果在首部已注明，可省略。

2. 内容层面的写作要领

写作纪要，涉及其内容层面，主要是要把握纪要写作的三大要领。结合对格式层面写作要领的把握，就能写出一篇合格的纪要。

首先是要体现纪实要求。纪要是根据会议的宗旨、议程、会议记录、会议活动情况等有关材料综合整理出来的公文。因此，写作纪要特别要注意的是，不能篡改会议的基本精神，不能擅自增加或删减会议的内容，不能随便更改与会者议定的事项，不能对会议达成的共识进行修改，也不需要对会议或会议的某项内容进行分析、评论。总之，它要求如实地反映会议的基本情况，哪怕是对会议存在的分歧性意见和没有达成共识的问题等，也要真实、概括地予以展现，不得走样。

其次是要写出概括特性。纪要是根据会议的中心议题、指导思想和议定事项，在会议记录所提供材料的基础上，经过概括、提炼、整理形成的。所以，纪要这一文种要集中地反映会议的精神实质，具有高度的概括性。具体写作时，如果是决议型纪要，主要根据中心议题，着重把会议形成的决定、决议的具体内容表述清楚；如果是综合性纪要，主体内容则侧重于突出会议的指导思想，全面介绍会议的基本情况。

最后是要突出指导功能。纪要其实主要有两项功能，一项是"记载"功能，另一项是"传达"功能，并且通过"记载"去"传达"。它所记载、传达的会议情况和议定事项，是与会者及其组织领导者共同意志的体现，是会议成果的结晶，集中反映了会议的精神实质。纪要涉及的会议，往往都很重要，要么对全局工作具有指导意义，要么对某个专业领域的工作具有很强的指导作用。而会议的这些意义、作用又主要是依靠纪要来反映和体现的，与此相适应，纪要这一文种自然就具有很强的指导性。因此，我们在写作纪要时，能不能体现、突出纪要的指导性，就成了判断我们纪要写得是否成功的一个关键因素。

【例文2—11】

××县人民政府第六次常务会议纪要

时间：××××年×月×日上午8：30至12：00
地点：县政府常务会议室
主持：县长×××

出席：副县长×××、××、××、×××，办公室主任×××

请假：×××（出差）

列席：×××、×××、×××

记录：×××

现将会议讨论及决定的主要事项纪要如下：

一、会议听取了副县长×××关于召开经济工作会议准备的情况汇报，讨论了扩大县属企业自主权的十条规定。会议同意县经济工作会准备情况汇报，并决定于×月×日召开全县经济工作会议。今年各项经济工作指标，要以市经委下达的为准，不再调整县原各公司的主要经济指标。在县经济工作会议上，由县经委与县原各公司签订经济责任书。

二、会议原则同意县民政局关于民政事业费管理使用办法的修订意见。

三、会议同意将县政府办公室提出的转交机关工作作风的规定意见（讨论方案）印发各部门，广泛征求意见，作进一步修改后，以县政府文件印发。

××县人民政府办公室

××××年×月×日

第三章

常用事务文书写作要领研究

第一节 事务文书写作概说

事务文书，是党政机关、社会团体、企事业单位或个人用以反映情况，沟通信息，处理事务而使用的文体。与法定公文相比，事务文书仅在体式的规范、行文的规则和收发的处理程序上略有减弱，而其实用办事功能则更为普遍。事务工作千头万绪，事务文书的种类也复杂多样。本章的第一节主要对事务文书进行概说，其后各篇则选取计划、总结、简报、调查报告、讲话稿、求职信等10种常用事务文书对其写作要领进行重点研究，还选取了事务文书中条据类、告示类、书信类共计10余种文体进行简要探讨。

一 事务文书的特征

事务文书是党政机关、社会团体、企事业单位及个人在处理日常事务时，用来沟通信息、总结得失、研究问题、指导工作、规范行为的常用性文体。以实用、办事为目的，强调日常性。事务文书虽不是《条例》中法定的机关公文，但在日常工作和生活中被广泛使用，属于广义的公务文书。

事务文书有其自身的特征，主要体现在四个方面。

一是对象具体。事务文书虽然不像法定公文那样，必须写明负有公文处理责任的主送机关，但其写作对象也是十分明确的。一份事务文书是为哪些人撰写的，要求哪些人了解并使用，都是很具体的。所以事务文书的撰写者,首先必须对写作对象的范围和特点要有充分的了解。

二是格式固定。事务文书的格式,虽然不像法定公文有着非常严格的规定,但在长期的实践过程中,各种事务文书也大都形成了比较固定的惯用模式。各种事务文书的构成要素和安排以及各构成要素的写法,通常是有一定的规则的。在写作中依循这些规则,才能写出合乎规范、便于使用的事务文书。

三是讲求实用。各类事务文书都是为解决问题、处理事务而撰写的,撰写事务文书要以能够满足实际需要为原则。观点的确立、材料的使用既要切合实际,又要具体扎实;写作形式的运用,也要讲求实际效果,要有利于文书的处理和文书内容的落实。

四是注重时效。同法定公文一样,事务文书也是非常讲求时效性的。一项工作的完成,一个问题的解决,大都有一定的时间要求,为完成工作或解决问题而撰写的事务文书,只有在限定的时间内及时完成,才能发挥应有的作用。比如,工作计划必须在工作开展之前写出,否则它就会失去意义;工作总结则必须在某项工作结束之后马上写出,否则其价值就会大大降低。

二 事务文书的分类

事务文书按照不同的标准,可以划分为不同的类型。按其适用范围,大致可以划分为以下六类。

计划安排类。计划安排类文书是单位或个人对将要进行的工作和活动所做的设计和部署,通常根据内容所涉及的时间长短、实施步骤的详略及成熟程度,将其写成书面材料。计划又有其不同的名称。常见的有规划、纲要、要点、方案、设想、安排、打算等。

总结报告类。总结报告类文书是单位或个人用来对已经完成的工作或发生的事项进行回顾、分析、调查、研究,从中得出经验教训和具有普遍指导意义的结论性认识。此类文书包括总结、述职报告、调查报告等。

简报信息类。简报信息类文书是单位内部使用的一种简要的工作报告或情况报道,主要用来反映情况、沟通信息、交流经验。常见的有工作简报、会议简报、内部参考、信息快报及大事记等。

规章制度类。规章制度类文书是机关、团体、企事业单位为保障劳动、生产、学习等活动的正常开展，在不违背国家法律、法规的基础上，根据自己的职权范围而制订的具有约束性和规范性的文书。常有规则、章程、制度、条例、职责、办法、细则等。

会议文书类。会议文书类是以记录、反映会议情况为主要内容的文书资料。除会议记录、会议议程外，还包括讲话稿、发言稿、开幕词、闭幕词等。

日常生活类。日常生活类文书是人们在日常生活中用来处理个人事务的文书。此类文书种类较多，包括申请、书信、借条、收据、请柬、启事、海报、检讨、求职信、自荐书、个人简历、辞职信等。

作为机关、单位内部文件的事务文书，具有多样化的形式和类别。本章主要对最为常用的计划、总结、会议记录、简报、简历、求职信及常用的规章制度等进行研究。

三 事务文书写作的总体要求

如同法定公文的写作一样，事务文书的写作也是一项非常严肃的工作，要写出一份合格的事务文书，应力求做到以下三点。

一是领会党和国家的方针政策，了解相关的法律法规。为确保事务文书所反映的内容客观、真实，撰写者要领会党和国家的方针政策，了解相关的法律法规。这样才能体现出相关事务文书的政策性及可行性，避免在处理日常事务中出现差错。

二是把握事务性工作规律，真实反映现实生活。事务工作千头万绪，撰写事务文书应把握其规律，一切从实际出发，实事求是，反映现实，总结经验，揭示问题，为本单位、本部门决策者提供指导。这样的事务文书才具有实际价值和应用意义。

三是遵循写作规则，选用合适文种。事务文书种类繁多，不同的种类有其不同的写作规则，撰写中虽不像法定公文那样对规范化要求极高，但在长期的应用中，事务文书同样有其约定俗成的规则，从文种的选择、格式的要求，到遣词造句等各方面，都不能标新立异。

第二节　计划、总结写作要领研究

计划是某一个单位、部门或个人，对在一定时期内所要做的工作或所要完成的特定目标及任务，预先加以书面化、条理化和具体化的一种常用的事务文书；总结则是对前段社会实践活动进行全面回顾、检查、分析、评判，从理论认识的高度概括经验教训，以明确努力方向，指导今后工作的一种事务文书。计划和总结都是党政机关、企事业单位、社会团体广泛使用的常用文体，研究和掌握其写作要领十分必要。

一　计划写作要领研究

（一）计划概说

计划在实际工作中使用频率很高，无论何种性质的组织都会经常涉及计划写作。但计划实际上是一个统称，常用的如规划、部署、安排、打算、方案、工作纲要、工作意见等，都属于计划范畴，只不过规划、部署、安排、方案等较为具体，约束力更大，规定性也更强。

根据不同的划分标准，计划可以分为若干不同的类型。

按照目的这一标准可以分为工作计划、学习计划、经济计划等。工作计划是单位、部门或个人为完成预定工作目标和任务而制订的计划，如《××局××××年××工作计划》；学习计划是单位、部门或个人为完成预定学习目标和任务而制订的计划，如《××大学关于深入学习×××的部署》；经济计划是有关单位、部门为安排生产任务、销售任务或实现经济效益而制定的计划，如《××公司××××年营销计划》。

按照内容的标准可以分为综合计划、单项计划等。综合计划是单位、部门对各项工作做出的全面部署和安排，如《××大学××××年工作计划》；单项计划是机关单位对某项具体工作做出的专题性部署和安排。如：《××市科协××××实施方案》。

按照时效的标准可以分为长期计划、中期计划、短期计划等。长期计划也叫长远规划或长期规划，时效一般在五年以上，属于宏观性、纲领性的计划，如《××市"十×五"计划暨××××年发展规划》；中期计划的时效一般在三年以上、五年以下，比长期计划更加具体，常用于宏观管理和某些周期较长的工作安排，如《××公司××××××发展计划》《××县三年扶贫攻坚计划》；短期计划又可分为年度计划、季度计划、月度计划等，是最常用的计划，具有很强的规定性和操作性，如《××厂×××年生产计划》《××县地税局第×季度税收计划》。

（二）计划的写作要领

1. 格式层面的写作要领

计划的格式一般由标题、正文、落款三部分组成。我们必须掌握好每个部分的写作要领。

标题。计划标题的制作可分为全称式标题、简称式标题和文章式标题三大类。究竟采用何种标题，通常要根据计划的不同类型而定。

全称式标题包括制订计划的机关或单位名称、计划的适用时限、计划的内容及计划的种类四项，如《××市"十×五"期间经济和社会发展规划》。

简称式标题包括计划的适用时期、计划的内容和计划的种类三项，如《××××年××大学党组理论学习计划》。

文章式标题一般按计划的主题或要达到的目标拟定，多用于政府及主管部门做工作报告使用，如《团结起来，为实现××省"十三五"规划而奋斗》。

写作计划需要特别注意的是，未定稿的计划，必须在标题后或下一行用括号注明"草案"、"未定稿"、"讨论稿"、"送审稿"等字样。

正文。正文是计划的主干和核心。一般包括目的、依据、目标、任务、措施、步骤、希望等部分。

目的和依据是计划的前言，也是计划的纲领。一般不设小标题，篇幅不宜太长，通常用简明扼要的语言说明制订计划的指导思想及目的、上级的有关指示和要求。同时，可适当分析前期计划的执行情况、总的任务和要求，以及说明将要制订计划的条件和依据等。

目标和任务是明确"做什么"、"做到什么程度"，这部分是计划的核心。可设小标题，也可用序数分条列项，具体写明计划的目标、任务和各项主要指标。行文要求条理清晰、层次分明，根据目标、任务、指标的地位和关系，分出轻重、主次、详略。特别是常规性、综合性计划，更要注意突出重点和特点，避免出现眉毛胡子一把抓的毛病。

措施和步骤是具体回答"怎么做""什么时候完成"。说明实现计划的各种措施和步骤安排，即如何执行计划、如何分工配合、如何检查考核等。可分条列项，逐一表述。这部分要注意可操作性，力求措施实在，职责分明，安排具体，以便执行和检查。要避免用原则和一般要求代替措施和步骤。

提出希望是计划的结语。一般用一个段落，篇幅不宜太长，言简意赅地提出执行本计划的希望、要求和注意事项等，体现出针对性和鼓动性，以激发执行者的热情和信心。有的计划没有结语，目标任务、措施步骤写完就结束全文。具体写作，既有一定之规，也可灵活掌握。

落款。落款包括制定单位名称或个人姓名、计划定稿的日期。需要上报的计划，特别是经济计划，通常还需要加盖印章。有的计划没有落款，而把署名和日期放在标题之下。

2. 内容层面的写作要领

计划具有预见性、具体性、时效性、指导性的特性，写作时，能不能体现计划的这些特性，如何体现计划的这些特性，能不能把握其写作要领，往往关系到计划写作的成败。计划内容层面的写作要领主要体现在以下四个方面。

一是着眼预见性。计划是着眼于未来的，是对实现目标的预定，是对工作进程的预见，其预见是一种科学的预测，是建立在事实和有关情报、信息的基础之上的。写作计划时，如果不能反映计划的预见性，肯定不是一份好的计划。

二是把握具体性。计划的具体性体现在一份计划不仅要提出整体的工作思路，更要提出具体的工作步骤、措施、方法以及目标。涉及的内容，凡是能具体化的都应该具体化，凡是能够量化的，都应予以量化，以便于计划的执行和落实，写作计划，能不能体现其具体性，往往关系到计划的执行效果。当然，计划毕竟产生于某项工作开始之前，在执行的过程中有时会遇到一些难以预见的制约因素，所以计划一方面是具体的，另一方面也是灵活的。因此，写作计划时，除了要把握其具体性，也要注意其灵活性的一面。

三是强调时效性。计划的时效性是指某项具体工作，从其开始到结束的时间。因此，计划具有非常明确、具体的时效，超出其有效时限，计划的约束力就将消失。但在实际工作中，由于各种情况纷繁复杂，所以有时难免会出现在时限内无法完成既定计划，工作却又不能终止的情况，这就是常说的计划没有变化快。此时，往往会产生跨时段的补充或后续计划。这是我们在写作计划时必须事先予以周密考虑的。

四是突出指导性。指导性是计划的根本特性，包含着规定和约束的功能，这一特性主要是由计划的写作目的决定的，制订计划的主要目的就在于使有关人员在执行计划、开展工作时有所参照、有所依据，以避免工作的随意性、盲目性。因此，我们写作计划，就要为计划提出科学的、合理的、具体的、可行的工作目标、步骤、措施、方法，以利于对后续的相关工作提供切实的指导。我们所写的计划，如果没有突出这一特性，计划将变得毫无意义。

(三) 写好计划的具体方法

要写好计划，除了要掌握上述格式层面的写作要领、内容层面的写作要领，还有一些具体的写作方法可供借鉴。计划的具体写作方法大致有以下三种：

目的和依据表述法。制订计划，首先要让执行者明确计划的目的和依据，使执行者知道为什么要制订这份计划以及根据什么制订这份计划。因此，起草计划时，通常在开头就要对计划的目的和依据进行表述。表述时一般用"为了……""根据……"之类的词语引出目的和依据。这种写法由于符合人们阅读计划的习惯，已成为计划写作约定俗成的写作基本模式。按照这样的基本模式来表述，可节约起草者和阅读者思考的时间。需要注意的是，计划的目的和依据本身应该是具体的、特定的，与计划的主题和主要内容应该是直接相关的，而不应是千篇一律的套话、空话。

指标表述法。任何计划都应有指标，这样才能提供执行和检查的依据。在指标的表述方面，要把全局的需要同本单位的实际情况结合起来，要体现计划的特点，做到明确、具体、恰当。所谓明确，是指计划一经制订，便具有指导和约束作用，要求人们在预定的期限内完成。故起草计划时，要明白地告诉人们"做什么"。所谓具体，是指在说明任务指标时，把要做的事情写得实实在在，书写要统一规范，使人们对统计数据或图示所反映的具体内容一目了然，便于人们依照施行。所谓恰当，是指起草计划时，要从定性和定量两方面对指标做出恰当的表述，在计划的实施过程中，常常会有一些不可预见的因素出现，故在起草制订计划时，要充分考虑到可行性和量力性原则，把指标定在一个恰当、合理、符合实际情况的高度，有些指标在表述时要留有余地，要恰当地使用量词，准确地表述数和量的增减变化情况。

措施和步骤表述法。计划中提出的措施和步骤，关系到计划的执行和确保计划完成的手段与方法，对于执行者具有很强的指导意义。在表述时必须注意三点：一是突出重点。保证计划顺利执行的措施是多方面的，其中肯定有影响重大的主要措施；计划的执行往往要经历多个步骤，其中肯定有关键步骤。所以，在提出措施、拟定步骤时一定要突出重点、兼顾一般，要本着先主后次的原则，在起草和制订计划时，重要的先说，次要的后说。二是周密完善。实现计划的措施和步骤涉及范围广泛，形式多种多样，且各项措施往往互相联系、互为条件，结合在一起方可产生作用；此外，各个步骤还会有逻辑上的关联。因此，起草和制订计划时，一方面要多角度、多层次地考虑各种措施、各个步骤的特有作用，另一方面也要充分考虑各项措施的配套实施、各个步骤配合进行所带来的综合效应，做到周密完善。三是操作性强。计划中提出的措施和步骤，是供遵照执行的，因此，一定要具备可操作性。不同的单位、不同的部门、不同的计划，要有不同的表述。如表述太过于笼统，计划就无异于一纸空文，计划的实现也必将落空。

【例文 3—1】

审计局法制宣传教育的工作计划

20××年，我局法制宣传教育工作将深入学习领会科学发展观精神，按照区委×届×次党代会精神，以推进社会主义和谐社会建设为立足点和目标，紧紧围绕"高起点、外向型、国际化"发展思路，深入开展学法用法工作，提高全体干部的法律意识和法律素质，更好地发挥法制宣传教育在倡导法治，促进和谐方面的积极作用。

……（略）

一、把认真学习贯彻党的十七大精神作为法制宣传教育工作首要政治任务抓好抓实。党的十七大提出，深入开展法制宣传教育，弘扬法治精神，形成自觉学法守法用法的社会氛围。这就为法制宣传教育工作指明了方向，提出了新的任务和更高的要求。我局要按照普法工作的要求，深入开展法制宣传教育，把十七大精神落实在普法依法治理的各方面、全过程。

二、切实加强宪法和重点法律法规宣传。突出学习宣传宪法，牢固树立宪法意识，维护宪法权威。紧紧围绕促进经济又好又快发展、促进改善民生、促进社会和谐、促进人的全面发展，广泛宣传有关经济、政治、文化、社会发展以及与人民群众生产生活密切相关的法律法规，积极宣传新颁布法律法规。……（略）

三、以提高依法执政意识为重点，推进领导干部的法制宣传教育。丰富领导干部学法内容，坚持领导干部法制讲座，理论中心组学法等制度，重在提高领导干部依法执政的能力。……（略）

四、积极推进法制宣传教育形式创新，着力提高宣传教育的实效性。抓好两大法制宣传阵地……（略）

五、认真总结经验，围绕审计项目质量控制的实际情况，落实优秀审计项目的推荐工作。参加市审计局优秀项目的评选活动；参加各项审计培训，及时了解审计工作存在的不足，促进提高审计质量，推进审计工作水平再上新的台阶。

六、强化审计复核制度。20××年，我局将按照科学规范、提高效率、开拓创新的思路，推动复核工作的科学化、规范化、信息化，进一步提高复核工作的质量和效率。严格复核为科学管理、综合分析、项目考核提供客观公正的依据。

××市审计局
××××年×月×日

二 总结写作要领研究

（一）总结概说

总结的写作过程，既是对自身社会实践活动的回顾过程，又是人们思想认识提高的过程。通过总结，人们可以把零散、肤浅的感性认识上升为系统、深刻的理性认识，从而得出科学的结论，以便发扬成绩，克服缺点，吸取经验教训，使今后的工作少走弯路，多出成果。总结还可以作为先进经验被上级推广开来，为其他单位所汲取、借鉴，进一步推动面上工作的顺利开展。

根据不同的分类标准，总结可分为不同的类型。按范围分类，有班组总结、单位总结、行业总结、地区总结等，当然也有个人总结；按内容分类，有工作总结、教学总结、学习总结、科研总结、思想总结、项目总结等；按时间分类，有月份总结、季度总结、半年总结、年度总结、一年以上时期的总结等；按性质分类，有全面总结、专题总结等。

（二）总结的写作要领

1. 格式层面的写作要领

总结一般由标题、正文、结尾和落款构成，要写好总结，首先就要把握好格式层面的写作要领。

标题。总结的标题有多种形式，最常见的一种形式是由单位名称、时间、主要内容、文种组成，如《××市教育委员会××××年工作总结》《××厂××××年上半年工作总结》。有的总结标题中不出现单位名称，如《××××活动总结》《××××年教学工作总结》。有的总结标题只是对内容的概括，并不标明"总结"字样，但一看内容就知道是总结，如《一学年的教育及教学》等。还有的总结采用双标题。正标题点明文章的主旨或重心，副标题具体说明文章的内容和文种，如《构建市场新机制——××××的实践与总结》《加强师德修养，树立教育新风——××大学××学院开展××活动的经验》。

正文。正文一般包括引言、主体和结语几个部分，分别写入基本情况、成绩与经验及问题与教训、今后的意见等几方面内容。

引言主要用来概述基本情况。包括单位名称、工作性质、主要任务、时代背景、指导思想，以及总结的目的、主要内容提示等。

主体是总结的核心部分，内容包括成绩和做法、经验和教训、今后打算等方面。这部分通常篇幅长、内容多，特别要注意做到层次分明、条理清楚。主体部分常见的结构形态有三种。第一种是纵式结构。按照事物或实践活动的过程安排内容。写作时，常把总结所包括的时间划分为几个阶段，按时间顺序分别叙述每个阶段的成绩、做法、经验、体会。这种写法的好处是事物发展或社会活动的全过程清楚明白。第二种是横式结构。按事实性质和规律的不同，分门别类地依次展开内容，使各层之间呈现相互并列的态势。这种写法的优点是各层次的内容鲜明集中。第三种是纵横式结构。安排内容时，既考虑到时间的先后顺序，体现事物的发展过程，又注意内容的逻辑联系，从几个方面总结出经验教训。这种写法，多数先采用纵式结构，写事物发展的各个阶段的情况或问题，然后用横式结构总结经验或教训。

结尾。结尾是正文的收束，应在总结经验教训的基础上，提出今后的方向、任务和措施，表明决心，展望前景。这段内容应与开头相照应，篇幅不应过长。有些总结如果在主体部分已将这些内容表达过了，就不必再写结尾，以免画蛇添足。

落款。总结的落款同计划落款的写法、要求完全相同。

2. 内容层面的写作要领

总结也是一种独立的、常用的文体。写作总结，必须把握的内容层面的写作要领主要体现在四大方面。

主体是自指。总结是对自身实践进行回顾的产物，它以自身工作实践为材料，采用的是第一人称写法，其中的成绩、做法、经验、教训等，其主体都是自指的。写作总结，其主体如果不是自指，那就不是总结，而是别的文体了。因此，动笔之前，首先就得清楚，总结的主体是自指的。

表述须客观。总结是对前段社会实践活动进行全面回顾、检查的文种，这决定了总结的表述必须客观。因此，写作总结，必须以自身的实践活动为依据，所列举的事例和数据都必须真实可靠，确凿无误，不能有任何夸大、缩小、随意杜撰、歪曲事实的做法，否则，会使总结失去应有的价值。这一点，看似容易，做到却难。它需要写作者具有实事求是的态度，对总结涉及的各种材料有完整而准确的把握，也需要写作者具备较强的文字表达能力。

重点是回顾。总结与计划正好相反。计划是预想未来，对将要开展的工作进行科学合理的安排；总结是回顾过去，对前一段的工作进行实事求是的检验，但目的还是为做好下一段工作服务。所以总结和计划这两种文体的关系是十分密切的：一方面，计划是总结的参照和依据；另一方面，总结又是制订下一步工作计划的重要参考。当然，总结在强调回顾的同时，在结尾部分，根据写作的需要，也可以用适当的笔墨展望未来，对今后的工作做一定的设想，但这不影响总结整体上重在回顾。

重心是经验。凡是正确的实践活动，总会产生物质和精神两个方面的成果。所以，作为精神成果的经验教训，从某种意义上来说，比物质成果更宝贵。写作总结的根本目的，就在于对过去的工作、学习进行科学而系统的梳理和归纳，得出有益的经验和教训，以对今后的社会实践发挥重要的指导作用。这就要求我们在写作总结时，必须按照实践是检验真理的唯一标准的原则，去正确地反映客观事物的本来面目，找出正反两方面的经验，得出规律性的认识，突出总结的经验性，牢牢把握总结的重心是提炼经验这一写作要领，这样才能达到总结写作的目的，也才能把总结写好。

（三）写好总结的注意事项

由于总结的写作过程，既是对自身社会实践活动的回顾过程，又是人们思想认识提高的过程，所以，要写好总结，还必须着重强调以下四点：

一是充分占有材料，实事求是地反映情况。为保证总结的观点正确、内容充实，充分占有材料，全面掌握情况，是写总结的首要前提。写总结是为了使人了解真实的工作情况，如果总结的内容含有虚假的成分，总结就失去了应有的意义。要总结的内容真实，必须做到反映成绩不夸大其词，总结经验不随意拔高，指出问题不敷衍了事，申明教训不浮于表面。

二是善于分析材料，得出规律性的认识。撰写总结，需要充分占有材料，全面掌握情况，但仅仅占有材料还是远远不够的。在占有材料的基础上，还必须深入分析，探求规律，得出规律性的认识。这是写好总结的关键。如果像记流水账一样地罗列材料，或一味地就事论事，对过去的工作没有规律性的认识，写出的总结不可能会对今后的工作有太大的指导意义。

三是合理取舍内容，贵在突出重点。总结往往要反映几个方面的内容，但写各项内容不能平均使用笔墨，而要有所侧重。要根据具体的写作目的和工作状况的特点取舍内容，确定重点，避免采用面面俱到、泛泛而谈的写作方式。另外，为使总结的内容翔实具体，在写作时通常要用实例说明问题，有时还会用到大量的数据。使用实例和数据，在确保其真实性的前提下还要讲求典型性，要把最能说明问题的典型实例和关键数据写入总结，避免以偏概全，得出片面的结论。

四是深入研究问题，凝练总结特色。写总结不能千篇一律，贵在写出独特的东西。首先从内容方面来看，无论是写成绩，还是写问题，无论是写经验，还是写教训，都要带有一定的个性色彩，要把真正属于自己的东西反映出来；其次从形式方面来看，总结的写作虽然有自己的一定之规，但总结的结构、语言、表达方式等方面的多种多样、多姿多彩还是为写出有特色的总结提供了很大的发挥空间，我们完全可以在不违反写作原则的情况下追求结构、语言、表达方式等方面的新颖。如果一篇总结经改头换面、加工处理，便可用到任何一个单位、任何一个部门或任何一个年度，那肯定可以说是一篇不合格的总结。

【例文 3—2】

20××年综合治理工作总结

今年以来，在市政法委领导和综治委的具体指导下，以"××××"

思想为指针，深入贯彻落实市政法工作会议精神，坚持"稳定压倒一切"的方针，"严打"整治斗争，强化治安管理防范意识，充分发挥综治领导小组的作用。在全局同志们共同努力下，机关整体工作运行稳定，从无任何案件发生，确保了局机关的一方平安。总结今年来的工作，我局重点抓了以下几个方面：

一、加强领导，"两手"都要硬

今年，认真落实综合治理的各项规定，营造了良好的机关环境。坚持"两手抓"两手硬的作风，无论业务工作再忙，也保持定期召开局综治领导小组会议，专题研究治安防范工作，并及时解决工作中存在的问题。同时逢会必讲综合治理工作重要性，做到警钟长鸣。使综治工作形成一把手亲自抓，分管副职具体管，两名主任及时促，全局上下共同努力的良好局面。在具体工作中，坚持做到以下几点。……（略）

二、完善落实各项规章制度，强化宣传教育工作

一是在原有工作基础上，继续完善各项规章制度，除制定有普法教育、平安建设、安全保卫等制度外，又核查了综治人员基本情况表，重点要害部位登记和责任分工表、科室安全设备用电制度及安全员工作职责等。……（略）

三、加强基础建设，管好重点部位

在局机关的重点部位基础设施管理上，加强措施和力度，严格落实责任制，一是对档案室等要害重点部位加强安全防范和保护措施，继续实行三铁一柜，发现隐患，及时处理，杜绝和防止了责任性事故及灾害性事故的发生。……（略）

四、抓好重点治理工作，保持长治久安

首先坚持预防为主，教育疏导，依法治理，防止激化的原则，杜绝了所有因矛盾激化而酿成的恶性或群体性案件。其次是工作的治理中本着一手抓预防，一手抓处理、标本兼治的方针，处理好信访人访案件，不断地提高每个工作人员的预防、消化矛盾的能力。……（略）

五、日常综治工作落实到位，措施得力

根据市日常综治工作会议指示，局领导高度重视，及时落实到位，制定应急情况处理方案，做好基本保障工作。由于措施得力，截

至目前，各项工作井然有序，为全面做好综治工作奠定了坚实基础。……（略）

××市教育局

××××年×月×日

第三节　简报、调查报告写作要领研究

简报是机关、团体、企事业单位内部，或是某项中心工作、某次重要会议中，用以沟通信息、交流经验、反映情况、指导工作的一种期刊式常用文书；调查报告则是针对某一现象、某一事件或某一问题进行深入细致的调查，在调查研究的基础上撰写的，能反映客观事实的书面报告。简报和调查报告也是党政机关、企事业单位、社会团体都广泛使用的常用文体，要写出规范的简报和调查报告，也需要对其写作要领有所研究，仅就调查报告而言，还需要掌握其写作的基本程序。

一　简报写作要领研究

（一）简报概说

简报是统称，其具体名称较多，常见的有"××简报""××简讯""××信息""××动态""××通讯"及"内部参考""情况反映"等。简报能迅速及时地反映实际工作中出现的各种问题和情况，所以，简报的汇报性、交流性、指导性等作用非常突出。

简报可以有多种分类标准。如果按其内容分类，大致可分为三种。

综合简报。综合简报是反映本部门、本系统各方面工作情况和问题的简报，也称情况简报或动态简报。它报道的内容主要是本部门、本系统管辖范围内发生的重大问题、事件及其处理结果。这种简报一般是定期或不定期地编发，用以指导、推动本部门、本系统的工作。

专题简报。专题简报是将某项专门工作的动态、进展、经验、问题等向上级部门汇报，或向有关部门通报情况，或下发所属基层单位借以推动工作。这种简报报道的事件相对集中，都是围绕某一项专门工作或中心工作来编写的。

会议简报。会议简报是专门报送、交流有关重要会议内容、筹备和进展情况，反映与会者意见和建议的简报。分为综合简报和进程简报两种。前者是整个会议编一期简报，在会议后期发送；后者是编发多期简报，一般重大的，时间较长的会议都编发进程简报，即在每个小阶段编发一期，有时天天编发，供与会者互通情报、交流经验。

实际工作中，有时也根据简报的文体性质和文稿来源分类。如果按此分类，简报的体式则大致可以分为报道体、汇编体、总结体、转引体四种。

报道体。即简明、及时、准确地叙述、报告部门、行业、系统、领域内发生的最新情况、最新动态。其文体十分类似动态消息、动态信息。

汇编体。即在众多稿源基础上剪辑、整理而成的类似综合消息的简报文体，其涉及面广、信息量大，能起到点面结合，反映全局性、整体性情况的作用。

总结体。即一般意义的总结，其文章内容具有典型性，具有推广价值，编入简报能发挥其指导一般的作用，而且信息传播的速度非常快。

转引体。即将其他单位、领域、行业具有参考借鉴意义的材料完整或片段地摘编转引，以对本单位、行业、领域的工作予以指导。

（二）简报的写作要领

1. 格式层面的写作要领

我们在编写简报的时候，首先要清楚，从简报的结构版面和编排格式看，简报主要由报头、文稿、报尾三部分组成，每个部分都有其写作要领。

报头。简报首页上端 1/3 处用分割线将报头与文稿部分分开，报头由四个必备要素构成。一是简报名称，一般套红，居中，字体稍大印刷；二是期数，印于简报名称正下方；三是编印机关，一般为制发简报单位的办公部门或中心工作领导小组，或者是会议的秘书处（组），要求用全称或规范化简称，印于分隔线左上方；四是编印日期，印于分隔线右上方，要求年、月、日齐全，并使用阿拉伯数字。

除以上四个要素，视简报内容、保密要求，还可以增加简报编号、密级（或使用范围和要求）等要素，如需增加，不可缺漏，须以严谨的工作态度对待。

文稿。文稿一般由按语、标题、目录、正文四大部分组成。

按语是代简报编制机关立言，是对文稿及使用做出说明、评价，如说明材料来源、转引目的、转发范围，表明对简报内容的倾向性意见及表示对所提问题引起讨论研究的希望等。按语的位置在报头下，标题前，可视需要而使用，并非每篇必有，一般在转引体、总结体及重要的报道体、汇编体简报文章前才配用按语。按语可分三种类型：一是题解性按语，它类似前言，主要对文稿的产生过程、作者情况、主体内容作简要介绍；二是提示性按语，侧重于对简报内容的理解揭示或是针对当前实践中应注意事项作有针对性的提醒；三是批示性按语，往往援引领导人原话或上级机关指示，结合简报内容，对实际工作提出批示性意见。

标题在简报中根据简报的体式有不同写法。动态性较强的内容多采用单行式新闻标题，简洁明快地交代事实、揭示主题；在总结体简报和其他体式简报中，一般使用文章化标题居多。

目录在简报中不是必备要素。简报文稿通常是一期一篇，根据需要也可以是一期为一组性质接近的文章。如果是一期一篇，则无须目录；如果是一组文章，则须在报头下设计"目录"一栏，将各篇文章标题先印于此，然后依次刊出每篇文章。

正文则因简报的体式各异，正文格式往往相去甚远。报道体、汇编体类文章、消息内容往往前有导语，后有主体、背景等；总结体可完整地将"总结"刊于简报；转引体则因所引文章不同，正文或许是片断章节，也可能是整篇文稿。总之，正文部分到底如何安排，应视实际需要而定。

报尾。在简报末页下1/3处用分隔线与文稿部分分开，分隔线下与之平行的另一横线间内标明本期简报的"抄送"单位名称，右侧注明本期印数。

2. 内容层面的写作要领

简报因为要能迅速及时地反映实际工作中出现的各种问题和情况，因此，要写好一篇简报，主要是要求掌握其内容层面的三大写作要领。

一是篇幅要简短。简报最明显的特征就是简短。简短，既指内容的简要，也指篇幅的短小。不仅是指文字少，篇幅短，主要还在于追求用尽可能少量的文字概括出尽可能丰富的事实的精髓及意义，简要而不疏漏，短小而事丰，使人在短时间内，能迅速及时地了解和掌握更多的情况，获知更多的信息。这就需要写作者掌握大量的材料，在大量材料的基础上去精选；也需要写作者具备非常强的概括能力，对需要报道的材料由表及里，去粗取精。

二是编发要迅速。无论何种简报，都要追求速度，讲究时效。发现问题快、写得快、编得快、印得快、发得快，这是简报的突出特征。唯其如此，才能让有关方面及时迅速地了解情况，总结经验，制定出相应的对策；才能加快信息传播速度，及时地解决新的问题。因此，简报的写作，考验的不仅仅是写作者写作能力的问题，更考验写作者眼光的敏锐、思维的敏捷、反应的快速、写作的效率。

三是内容要新鲜。内容的新鲜是简报写作的价值所在，也是简报的重要特征。简报的目的就是为了让有关部门及时了解新动态、新信息、新经验、新情况、新举措、新精神，以便尽快把握全局、制定对策、展开行动、指导工作。如果简报反映的都是人尽皆知、老生常谈的内容，那就失去了编发简报的意义和作用。简报只有努力反映新情况、新动向、新问题、新经验、新观点、新精神，才能引起读者的关注，才能迅速、及时地推动工作的开展。因此，简报的写作者不仅要有丰富的知识积累、深厚的文化积淀，更要有广阔的视野、敏锐的洞察力。

【例文3—3】

情况简报

第××期（总第××期）

××政府办公厅编　　××年××月××日

维护校园安全　呵护祖国花朵
——××市××小学幼儿园安全工作情况

编者按：短短一个多月，全国各地接连发生了5起校园血案。"孩子是祖国的未来，家庭的希望。"维护校园安全稳定成为目前我国政府的一项重要工作。

5月份以来，××市教育部门高度重视加强校园内外安保工作，经过学校、警方、家长和学生等各方面的积极配合，本市小学幼儿园的安全工作在安全思想教育、安保人员培训与配置、硬件配套设施等方面都得到了较大改善。

一、安全思想教育方面

××市各区（市）县陆续召开校园安全工作会，强调学生安全。学习传达中央和省委、省政府、公安部领导指示精神，深入分析当前我市校园及周边社会治安稳定形势，安排部署学校、幼儿园及周边治安整治专项行动，切实维护校园安全稳定。在××区教育局召开的校园安全工作会上提出学校应该坚持"课后一分钟安全教育"，规定全区学校要利用晨会、班会等时间对全体师们进行安全常识和自护自救等安全教育培训。……（略）

二、安保人员培训与配置方面

××市多所小学、幼儿园的保安、教师、学生参加了由各辖区公安机关主办的"校园安全演练活动"。培训保安擒敌技能、为学校保卫人员发放安保器材以及组织师生与家长共同参与安全培训。……（略）

三、硬件配套设施方面

××市将投入700万元为小学幼儿园建"校园天网"，在每所学校都建立起校园安全监管网络系统。××区教育局相关负责人表示，目前××区正在幼儿园和中小学布点调研，制定安保方案，根据校园布局在视线死角和重要聚集场所都将安装摄像头监控校园安全。

目前，学校重点要害部门的物防措施落实率达到100%，市教育局也督促学校新增配备警棍1860余根，防刺手套199双，喷雾剂128支，对讲机371个。……（略）

二　调查报告写作要领研究

（一）调查报告概说

调查报告是调查与分析、实践与理论、客观与主观相结合的应用性事务文体。别称有考察报告、调研报告等。

根据内容性质的标准，调查报告通常可以分为专题型、综合型、理论研究型、实际建议型、历史情况型、现实情况型六种。

专题型。专题型是针对某个事情或问题撰写的调查报告。它能及时揭露现实生活中的矛盾，反映群众的意见和要求，研究急需解决的具体的实际问题，并根据调查的结果提出处理意见，或者对策，或是建议。

综合型。综合型是以综合调查众多的对象及其基本情况为内容的报告。具有全面、系统、深入和篇幅较长的特点。它与专题调查报告的主要区别点就在于它的综合性上。使读者可以从报告中看到事物相对完整的"鸟瞰图"。

理论研究型。理论研究型是以学术研究为目的而撰写的报告，它以收集、分类、整理资料并提出问题、报告结论为特点，大多发表在学术刊物上，或载于学术著作中。

实际建议型。实际建议型是由于实际工作需要而写的调查报告，其主要内容是为预测、决策、制定政策、处理问题等进行调查所获得的材料及有关的建议。

历史情况型。历史情况型是根据需要以历史情况对象进行调查而形成的调查报告。可以供人们了解某一事物或问题的历史资料和历史真相。

现实情况型。现实情况型是以正在发生、发展的一些现实生活为对象进行调查后所形成的调查报告。通过它了解和认识某些事物和问题的客观现实情况，作为其他认识活动的依据或参考。

（二）调查报告的写作要领

1. 格式层面的写作要领

调查报告的内容大体有标题、导语、概况介绍、资料统计、理性分析、总结和结论或对策建议，以及所附的材料等。根据内容所形成的结构，其格式主要包括标题、导语、正文、结尾和落款。我们在写作调查报告时，必须掌握其格式层面的写作要领。

标题。调查报告的标题有单标题和双标题两类。单标题就是只有一个标题。其中又有公文式标题和文章式标题两种。公文式标题由"制文单位＋事由＋文种"构成，或者是"事由＋文种"构成，如《××大学学生消费情况的调查报告》。文章式标题，如《重视边远山区教育，增加师资经费投入》。双标题就是有两个标题，即一个正题、一个副题，如《青山绿水就是金山银山——××乡封山育林调查报告》。

导语。导语又称引言，是调查报告的前言，简洁明了地介绍有关调查的情况，或提出全文的引子，为正文写作做好铺垫。常见的导语有三种：一是简介式导语，对调查的课题、对象、时间、地点、方式、经过等作简明的介绍；二是概括式导语，对调查报告的内容（包括课题、对象、调查内容、调查结果和分析的结论等）做概括的说明；三是交代式导语，对课题产生的由来做简明的介绍和说明。

正文。正文是调查报告的主体。主要是对调查得来的事实和有关材料进行叙述，对所作出的分析、综合进行议论，对调查研究的结果和结论进行说明。

不同类型的调查报告其正文的结构往往有不同的模式。根据逻辑关系安排材料的模式有：纵式结构、横式结构、纵横式结构。这三种结构，以采用纵横式结构为多，因为一篇调查报告所涉及的内容往往很丰富，仅仅依靠纵式或横式难以组织好材料，表达好事理。按照内容表达的层次组成的模式有："情况—成果—问题—建议"式结构，多用于反映基本情况的调查报告；"成果—具体做法—经验"式结构，多用于介绍经验的调查报告；"问题—原因—意见或建议"式结构，多用于揭露问题的调查报告；"事件过程—事件性质结论—处理意见"式结构，多用于揭示案件是非的调查报告。无论哪种结构模式，其本身并无高下优劣之分，主要看所采用的模式与我们所写的调查报告的类型合不合适，能不能很好地反映调查报告的主旨。

结尾。结尾的内容大多是调查者对问题的看法和建议，是分析问题和解决问题的必然结果。主要有补充式、深化式、建议式、激发式等结尾。当然，有的调查报告也可自然收束，不要结尾。

落款。落款主要写明调查者的单位名称、个人姓名、完稿时间。如果标题下面已注明调查者，落款时可省略。

2. 内容层面的写作要领

要写好调查报告，除了要掌握其格式层面的写作要领，还需要掌握其内容层面的写作要领。内容层面的写作要领主要是要求在写作时体现其较强的针对性，注重其材料的丰富性，反映认识的规律性。

一是体现较强的针对性。调查报告是某一工作情况、某一社会问题、某一成功经验，引起了有关部门的注意，为了进一步把握详情，才需要有人专门对其进行调查、研究，并向有关部门提供报告。可见，调查报告是一种针对性很强的文体。我们在写作时，要紧紧抓住工作中的重点问题、难点问题或社会上的热点问题、焦点问题，充分体现调查报告的针对性。

二是注重材料的丰富性。调查报告需要列举大量的相关事例、统计数字和各方意见，在此基础上提出作者自己的观点。在调查报告的写作中，大部分的文字都是在列举事实，这样才能使调查报告具有一种"事实胜于雄辩"的强大说服力。因此，写作调查报告，首先必须花大力气调查，获取尽可能丰富的材料，包括正面的、反面的；理论的、事实的；历史的、现实的；等等。

三是反映认识的规律性。调查报告确切地说应该叫作调查研究报告，其价值不仅仅在于调查和报告，更重要的是在于研究。研究的过程就是找出规律性的东西，研究的结果就是得出规律性的认识，并把这些规律性认识提供给读者。规律性认识是在分析、研究大量事实的基础上得出的，又是大量事实的理论归纳和升华。只列举种种现象，而缺少理论归纳和升华的调查报告是肤浅的，对实际工作也是没有什么指导意义的。这是我们在写作调查报告时的重点，无疑也是难点。作为调查报告的写作者，不仅需要很强的调查、研究、分析、归纳的能力，很强的写作能力，更需要时刻把握时代的脉搏，具备高深的理论素养。不然，很难写出高质量的调查报告。

（三）调查报告写作的基本程序

写作调查报告，除了要掌握其格式层面、内容层面的写作要领，也要熟知其写作的基本程序。要写出一篇好的调查报告，一般要经过以下程序。

第一步是确定主题。主题是调查报告的灵魂，对调查报告写作的成败具有决定性的意义。因此，确定主题应该注意的是：报告的主题必须与调查主题一致；如果原定的选题跟调查和分析的结果不一致，就要尊重事实，根据调查和分析的结果，重新调整主题；主题宜小，且须集中，即使是偏大的主题，也宜大题小做，笔墨集中；必须与标题显示的主旨协调一致，避免文题不符。

第二步是撰写提纲。调查报告的提纲主要有三种：观点式提纲，即将调查者在调查研究中形成的观点按逻辑关系逐一列写出来；条目式提纲，即按层次意义表达上的章、节、目，逐一写成提纲；观点、条目式提纲，即将上述两种提纲结合起来制作提纲。这几种列写提纲的方式，本身不存在孰优孰劣的问题，关键要看所使用的提纲模式，能不能很好地组织调查报告的材料，能不能很好地反映调查报告的主题。能把材料组织好、能很好地反映主题，就是一份好的提纲。

第三步是取舍材料。写作调查报告，动笔之前，获取的材料往往非常多，真正动笔的时候，肯定要对所获取的材料进行取舍。通常的做法是，先选取与主题有关的材料，舍弃与主题无关的材料，使主题集中、鲜明、突出；然后经过甄别，尽可能选用典型的材料，不仅使每一材料都能有用，而且能以一当十。

第四步是起草报告。这是调查报告写作的行文阶段。要根据已经确定的主题、拟定的提纲和选好的材料，有条不紊地行文。在写的过程中，要从实际需要出发灵活地、准确地划分层次和段落、安排过渡和照应，还要精心组织语言、准确使用标点符号和表达方法。

第五步是反复修改。文章写得多的人，都有一个共同体会：文章不是写出来的，而是改出来的。因此，调查报告起草好以后，必须反复、认真地予以修改。主要是对调查报告的主题、材料、结构、语言文字乃至标点符号进行增、删、改、调，该强化的部分要强化，该剪除的病枝、弱枝要剪除，目的在于突出主干。

【例文 3—4】

大学生消费调查报告

一、前言

消费，是生活方式研究的重要组成部分。大学生，作为一个特殊的消费群体，在当前的经济生活，尤其是在引领消费时尚、改善消费构成方面起着不可替代的作用。同时，他们的消费现状、消费特点在一定程度上折射出当前大学生的生活状态和价值取向。……（略）

二、基本情况

此次调查的界定总体为××机电高等专科学校全体在校学生。为了更好地细分目标群体，将访问对象分为大一、大二、大三和校门口商贩的形式。本次调查共发放调查问卷200份，其中收回有效问卷185份，有效回收率为92.5%。问卷发放时间为2017年10月14日至20日，在收回的有效问卷中大一学生为70人，大二学生65人，大三学生50人。其中男女比例11:4。

三、调查现象分析

总体状况当前××大学生的消费构成主要分为：基本生活费（衣、食、住、行），学习消费（学费、书籍杂费、考证费、电脑等），休闲娱乐消费（休闲、健身、旅游、娱乐等）以及人际交往消费（人情往来、恋爱）等四大方面。

消费支出	食物支出	衣物支出	休闲支出	学习支出	其他支出
整体看各部分占总支出比重	41.0%	35.5%	4.3%	6.1%	13.1%
大一	42.0%	37.0%	4.1%	5.0%	11.9%
大二	40.9%	33.5%	4.5%	6.3%	14.8%
大三	40.1%	36.0%	4.3%	6.0%	13.6%

由上表我们可以看出：当前××机电高等专科学校在校大学生的消费内容主要集中在食物支出和衣物支出两大方面，其中食物支出占41.0%，衣物支出占35.5%。休闲支出占4.3%，与学习相关的各方面支出占6.1%。由此可知：

1. 在消费结构上用于学习的消费比重呈扩大趋势。当前的大学生们用于满足基本生存需要的消费比重有所下降，而用于改善学习的消费比重在提高，用于满足精神文化需要的消费开始上升。由上表知大一、大二、大三的学生在学习方面的费用逐渐提高，以追求自己的理想和目标。

2. 用于进行体育锻炼和保健的支出正在上升。健康消费和精神文化消费正逐渐成为主要的消费内容，而传统的物质消费（吃穿住行）或生存型消费也日益朝着更加营养，更加注重品位的方向发展。

3. 消费呈现多层次化。对于他们每个月所能得到的总生活费（不包括自己的课外收入），40.0%的学生集中在350—500元，500—650元的约为21.3%，高消费群体（800元以上）为10.2%，低消费群体（200元以下）为9.1%，低消费群体的比重与高消费群体的比重相当。这在一定程度上说明了目前的社会分配逐渐趋于两极化。……（略）

四、调查结果分析

（一）当前大学生们总的消费理念呈现的特点

1. 个性与模仿同在。多元化发展源于个性化的彰显。现在的青年已开始追求时尚化和风格化，而大学生恰好正处于追求个性发展，自我意识增强，乐于接受新鲜事物的年龄阶段。面对五彩缤纷的消费市场，大学生的消费心理趋于理性化转变，在消费行为中开始表现出较为成熟的价值取向。……（略）

2. 多样与实用并存。大众文化消费市场，是影响大学生消费文化多样性的重要因素。大学生多样化消费的特点根源于大学生多元化价值目标的存在。……（略）

3. 消费差异日趋明显。一是来自农村的学生的消费构成相对简单、总体消费水平也较低。二是来自城市的学生的总体消费水平要相对高于农村的学生，同时，消费构成也相对多样化。这在很大程度上说明了经济发达与否，不仅影响着当前大学生的消费水平，也影响着当前大学生们的消费构成和消费理念。

（二）部分学生消费误区

1. 个性自觉引起的消费自主心理导致学生消费的盲目性

调查数据表明，35.2%的学生存在生活费超支的现象，甚至一学期的生活费被两三个月花光的情况也屡见不鲜。这在一定程度上说明了在个人理财方面，当前的大学生是较为冲动和盲目的。而当生活费透支时，只有不到一成（8.1%）的同学愿意张口向父母索取。20.9%的同学愿意借同学或朋友的。大部分（61.0%）的同学更愿意节约开支及自己打工

赚取。……（略）

2. 部分学生存在攀比、奢侈和求异心理

在个人消费品购买选择上：67.1%的学生更注意性价比。此类大学生对购物地点多不太在意，也乐于去旧货市场或路边的地摊小店淘金。主要考虑是否喜欢的占到18.0%，也有9.0%的学生是非名牌不买。在这些学生的心目中，广告的作用是非同一般的。……（略）

五、有关大学生消费的几点建议

针对目前高校中普遍存在的盲目消费、攀比消费、赶潮消费、"面子"消费等高消费甚至浪费的不良现象，我们提出六点建议：

1. 我们应加强合理储蓄观念。

……（略）

6. 在校园内形成良好的消费舆论，把大学生消费行为引向正确的方向。

第四节　会议记录、会议综述写作要领研究

会议记录即会议笔录，是由会议组织者指定专人，如实、准确地记录会议的组织情况和会议内容的一种应用性事务文体；会议综述则是对某一重要会议全面综合的报道。会议记录和会议综述同样是党政机关、企事业单位、社会团体都广泛使用的常用文体。本节除了着重研究二者的写作要领之外，还从多个角度探讨了会议记录与纪要的区别。

一　会议记录写作要领研究

会议记录经常用于比较重要的会议或正式的会议。会议记录要求真实、全面、客观地反映会议的本来面貌，对未来工作具有依据、素材和备忘作用。会议记录的使用频率非常高，无论是什么级别的单位，稍微重要一点的会议通常都要求做好笔录，以留存备查。

（一）会议记录的写作要领

1. 格式层面的写作要领

顾名思义，会议记录其实不是"写"，主要的只是"记"，但会议记

录也有其格式层面的要求。从会议记录的格式看，一般的会议记录通常由标题、会议组织概况、会议内容、结尾组成，对其各部分的写作要领我们也需要掌握。

标题。标题由会议名称加文种名称组成，如"××会议记录"。如果使用的是专用的会议记录本，"记录"二字可省略，只写会议名称即可。

会议组织概况。主要包括会议时间、地点、出席人、列席人、主持人、缺席人、记录人等。会议时间，要写明年、月、日、上午、下午或晚上，有的还需要写明×时×分至×时×分；会议地点，要写明详细地点，如"××会议室"、"××礼堂"、"××现场"等。出席人，根据会议的性质、规模和重要程度的不同，出席人一项的详略也会有所不同，有时可以只显示身份和人数，如"各乡镇党委支书记和直属党支部书记31人"、"全体与会代表"等。如果出席人身份复杂，比如既有上级领导，又有本单位各部门的主要领导，还有各种有关人员，最好将主要人员的职务、姓名一一列出，其他有关人员则分类列出。列席人，包括列席人的身份、姓名，可参照出席人的记录方法。缺席人，如有重要人物缺席，必须做出记录；主持人，主持人的姓名、职务，如"学校党委书记×××"。记录人，包括记录人的姓名、部门和身份，如×××（××办公室秘书）。

会议内容。根据会议的进展，会议内容没有具体的固定模式，一般主要包含：会议的议题、宗旨、目的；会议议程；会议报告和讲话；会议讨论和发言；会议的表决情况；会议决定和决议；会议的遗留问题；等等。

上述是一般会议都有的项目，但侧重点会有所不同，先后次序也会有所差别。总之，按照会议召开时的实际情况，依序、如实记录即可。

结尾。可将主持人宣布的散会一项记入，也可以将散会一项略去不记。但重要的会议通常需要记入，以示慎重。

最后，由主持人和记录人对记录进行认真校核后，分别签上姓名，以示对此负责。

2. 内容层面的写作要领

会议记录尽管主要的只是"记"，但作为一个独立的文种，它同样具有自身独有的写作要领。制作会议记录时，充分把握这些要领，正是我们写好会议记录的关键所在。整体而言，写好会议记录，要做到以下三点：

一是突出真实客观。会议记录的执笔者与其他文章的写作者有一个非常重要的区别，那就是他只有记录权而没有改造权。会议是怎样召开的就记录成怎样，与会者发言时说了些什么就记下些什么，发言的顺序是怎样的就记录成怎样的，记录者不能进行加工、提炼，不能增添、删减，更不能移花接木、张冠李戴。

二是强调原汁原味。真实客观的不一定就是原汁原味的，而会议记录在强调真实客观的基础上更强调的是对会议情况和内容记录的原汁原味。所谓原汁原味，就是未经整理、未经加工、未经综合、未经提炼。在这一点上，它跟会议简报、会议纪要有着很大的不同。会议简报和会议纪要也是真实客观的，但不是原汁原味的。虽然在主要情况、内容、观点上可能没有太大差别，但在表现形态上，会议记录跟会议简报以及会议纪要的差异显然非常大。由于会议记录特别强调原汁原味，因此，记录的时候，一旦发现记录的内容与会议情况、与会者的发言有出入，需要有所修改，修改者一定要在修改处签字注明，如果是特别重要的修改，还需要会议的组织者或涉及的发言者在修改处签字，以示负责。这也是保证会议记录原汁原味的一个很重要的环节。

三是注重完整无缺。会议记录对会议的时间、地点、出席人员、主持人、议程等基本情况，对领导讲话、与会者的发言、讨论和争议、形成的决议和决定等内容，都要完整无缺的记录下来，越是重要的会议越是要注意记录的完整性，对记录的内容、要素等一般没有选择的余地，是怎样就怎样记，是多少就记多少。

（二）会议记录与纪要的区别

在掌握会议记录格式层面与内容层面写作要领的基础上，我们还需要充分了解会议记录与纪要的区别，二者的区别主要表现在六个方面：

一是二者的文种属性不同。会议记录是会议情况、讨论发言的实录，属于事务文书一类；纪要只涉及要点，属于法定正式公文一类。

二是二者的功能作用不同。会议记录一般不公开，无须传达或传阅，有的还需要保密，主要只是用作会议资料，存档备查；纪要通常需要传送到相关单位，在一定范围内传达、传阅，并要求贯彻执行。有的纪要中的内容如果涉及面更广，还需要在一定的媒体广为刊播。当然，在这方面，二者最大的不同还是在于纪要具有法定的效力，而会议记录没有。

三是二者的载体样式不同。纪要作为一种法定公文，其载体当然是具有法定效力的正式文件；而会议记录的载体是会议记录簿。

四是二者的称谓用语不同。纪要通常采用第三人称的写法，以介绍和叙述情况为主；会议记录中，通常没有统一的称谓用语，发言者怎么说的就怎么记，会议怎么定的就怎么写，贵在"原汁原味"不走样。

五是二者的适用对象不同。作为法定公文的纪要，具有传达告知功能，因而有明确的读者对象和适用范围；作为历史资料的会议记录，不允许公开发布，只是有条件地供需要查阅者查阅利用。

六是二者的分类方法不同。会议记录通常只是按照会议名称来分类，往往以会议召开的时间顺序编号入档，而且对会议记录的分类主要只是出于档案管理的需要。纪要的种类则相对比较多，纪要的分类，有助于撰写者把握文体特点，突出内容重点，找准写作角度；也有助于阅文者把握内容要点，便于学习、理解，贯彻落实。

【例文3—5】

××市××开发区管委会办公会议记录

时间：××年×月×日上午

地点：管委会会议室

主持人：李××（管委会主任）

出席者：杨××（管委会副主任）、周××（管委会副主任管城建）、李××（市建委副主任）、肖××（市工商局副局长）、陈××（市建委城建科科长）及建委、工商局有关科室宣传人员。街道居委会负责人。

列席者：管委会全体干部

记录：邹××（管委会办公室秘书）

讨论议题：

1. 如何整顿城市市场秩序。

2. 如何制止违章建筑、维护市容市貌。

主任报告城市现状：我区过去在开发区党委领导下，各职能单位同心协力、齐抓共管，在创建文明卫生城市方面取得了一定成绩，相应的城市市场秩序有一定进步，市容街道也较可观。可近几个月来，市场秩序倒退了，街道上小商贩逐渐多起来，水果摊、菜担、小百货满街乱摆……

讨论发言（按发言顺序记录）

肖××（市工商局副局长）：个体商贩不按规定到指定市场经营，管理不得力、处理不坚决，我们有责任……

罗××（工商局市管科科长）：市场是到了非整不可的地步了。我们的方针、办法都有了，过去实行过，都是行之有效的，现在的问题是要有人抓，敢于抓落到实处……

秦××（居委会主任）：整顿市场纪律我们居委会也有责任。我们一定发动群众配合好，制止乱摆摊，乱叫卖的现象。

李××（建委副主任）：去年上半年创建文明卫生城市时，市里出了个7号文件，其中规定施工单位不能乱摆战场。工棚、工场不得临街设置，更不准侵占人行道。沿街面施工要有安全防护措施……

陈××：对犯规者一是教育，二是严格处理。"不教而杀谓之虐"，我们先宣传教育，如果施工单位仍我行我素不执行，那时按文件严格处理，他们也就无话可说。

周××：城市管理我们都有文件、有办法，现在是贵在执行，职能部门是主力军，着重抓，其他部门配合抓。居委会把居民特别是"执勤老人"（退休职工）都发动起来，按7号文件办事，我们市区就会文明、清洁，面貌改观……

与会人员经过充分讨论、协商，一致决定：

1. 由工商局牵头，居委会和其他部门配合，第一周宣传、第二周行动，监督实施，做到坐商归店，摊贩归点，农贸归市，彻底改变市场秩乱状况。

2. 由管委会牵头，城建委等单位配合对全区建筑工地进行一次检查。然后召开一次施工单位会议，对违章建筑、违章工场限期改正。一个月内改变面貌。过时不改者，坚决照章处理。

散会（×时×分）

主持人（签名）

记录人（签名）

××××年×月×日

二　会议综述写作要领研究

（一）会议综述概说

作为对某一重要会议全面综合报道的会议综述，其内容往往非常丰富，主要包括：会议召开的背景和原因，开会的时间、地点和规模，出席会议的对象和重要人物，会议的主要议题和议程，会议做出的决议或决定，会议所取得的成果和存在的问题，会议的重要意义及影响，公众对于会议的反映和看法等。

（二）会议综述的写作要领

1. 格式层面的写作要领

会议综述一般由标题、前言、正文和结尾四个部分构成，每个部分的写作都需要掌握一定的要领。

标题。标题是会议综述的重要组成部分。应以准确、凝练的文字，概括地反映会议的主题，使读者一目了然。

前言。会议综述的前言类似消息的导语，主要介绍会议的主办单位，召开会议的时间、地点，参加人员，出席会议的人数，讨论的问题等，也可以介绍相应的会议背景材料，说明讨论的意义。总而言之，前言部分应紧承标题，紧扣主旨，总览全文，并力求做到言简意赅，简明扼要。

正文。正文部分是会议综述的主体。主要是对会议做实事求是的、客观的情况报道，如会议的主要议题和议程，会议做出的决议或决定，重要与会人员的发言，会议期间开展的主要活动，等等。

结尾。结尾是会议综述的自然收束。一般介绍会议所取得的成果和存在的问题，会议的重要意义及影响，公众对于会议的看法，等等。为求简练，有的会议综述不加结语。

2. 内容层面的写作要领

会议综述所涉及的会议往往比较重要，其内容通常也非常丰富，要写好一篇会议综述，并非易事。但只要我们紧紧抓住了会议综述的写作要领，就抓住了会议综述写作的关键，通常就能写好会议综述。总的来看，会议综述内容层面的写作要领主要集中在三个方面。

一是要善于综合。顾名思义，会议综述就是对会议进行综合述说。这主要体现在对有关会议必须经过分析综合，对其宗旨、议题、精神等做出整体、全面、系统的介绍，也体现在对每位重要与会者的观点进行综合、归纳，分别做出简要的评介。综合时，重要的是要把与会者的观点予以精准的概括，关键的是要把多位与会者的观点进行正确的归类。至于以何种方式归类，比较稳妥的方法是根据研讨的小组来划分，也可以根据会议的主题来划分，当然还可以根据与会者的排位顺序等来划分。这一部分是会议综述的主体，全文的重要内容都集中在这部分，具体写作时，需要我们付出更多心血。

二是要体现客观。这主要是强调对有关会议的描述必须客观真实，实事求是，撰写者不能进行带有主观色彩的评论甚或提出自以为是的建议，所以，会议综述一般是强调"述"，只述不论。特别是一些重要的国际学术研讨会，或者是一些高端的、专题性非常强的论坛，通常是重要人物、名家学者云集，作为会议综述的执笔者，自然就不能直接点评他们的观点，既不适合，也没必要。

三是要表述周全。这主要是强调写作会议综述时，一方面要把重要与会者的观点适当的多交代一些字数，次要的可以适当少交代一点字数；另一方面也要注意，最好每位与会者都能提到，漏掉谁都不好。因为从实际情况看，许多与会者非常在意自己的名字、观点在没在综述里出现，也非常在意出现时的位置和字数。因此，下笔之前，要考虑周详，草成之后，还要反复核对，切不可大意。

【例文 3—6】

××××××会议综述

××年×月×日，由××大学中国社会史研究中心、历史学院联合主办的"××××××"学术研讨会在××大学召开，来自……等数十家高等院校、科研机构的40多名学者参加了这次会议，提交论文和主题发言20多篇。从强烈的现实关怀出发，将"三农"问题置于历史的视野中进行理性的反思，是本次会议讨论的中心议题与特色。现将与会学者的主要观点择要介绍。

一、20世纪90年代中期以来，农村经济体制改革带来的农业发展势头开始陷入僵局，农民的收入停滞不前甚至出现负增长。如何改善农民现状，提高农民的生活水平，成为解决"三农"问题的重中之重。……××大学冯××教授提交了论文《从古代十一税讨论当代农民的土地所有权》，他从强烈的现实关怀出发，探讨了历史上赋税征收的对象——农民与土地所有权的关系以及赋与役的关系。……（略）

土地问题是造成"三农"之痛的症结所在，抓住了这个症结就是找到了"三农"问题的突破口，××师范大学的王××教授在其提交的论文《促进土地制度改革，适应生产力的发展》一文中，对近代以来各种土地制度的改革思想、方案作了比较研究……（略）

二、长期以来，史学界围绕着施坚雅的市场理论所提出的六边形区域抽象模型，展开激烈的争论，至今余波未平。来自××研究院的史××研究员在所提交的论文《对施坚雅市场理论的若干思考》，从运输成本、生产及土地潜力开发、市场、社区理论等方面重新解读中国农村的模式建构，对施氏理论也提出了不同看法。……（略）

在农业的现代化过程中，农村市场化是农业现代化的必要前提，其在市场经济体制建设中具有重要作用，同时又有着相当的难度。为此，必须处理好国家、市场与农民的关系。××大学的丁××教授在其《中国农业现代化之路再探讨——国家、市场与农民》一文中，阐明了国家、

市场与农民关系的具体内容。……（略）

三、解决"三农"问题关键之一是解决农村城市化问题，其中，农村劳动力的转移是核心问题。今后20—30年我国农村经济的最大课题也正是如何将巨大的农村剩余劳动力压力转变成人力资源优势，这一课题的解决也需要从历史的发展中寻找线索。××社会科学院张××研究员在其提交的论文《城市发展与农民进城》中，考察了近代以来城市移民的特征与农民城市化的制约因素。……（略）

农民"离村"，是民国时期最引人瞩目的社会问题之一，在当时就已经成为学界媒体关注的焦点。20世纪80年代以来，随着社会史研究的推进，这一现象再次纳入研究者的视野。来自××师范大学的学者王××在提交的论文《民国时期农民离村问题解决途径的现代反思》中，将民国时期的农民"离村"与现在的民工潮在比较的视野中加以分析，认为民工潮集中体现着三农问题，农民离村问题长期困扰着国家与社会。如何使之走上合理有序的轨道，不但是历史问题，更是现实问题。……（略）

四、目前中国农民缺乏自己的民间组织，使得很多问题都难以解决。如农民缺乏代表自己的组织，很多权益则无法保护；没有合作组织，造成贷款困难；更重要的是没有民间组织，乡村文化习俗无法得以传承，乡村社会无法良好运行。××大学的张×教授在其提交的论文《私塾的衰落与乡村话语权的消灭》中，以乡村私塾的作用为例，强调培育民间组织的重要性。……（略）

本次学术讨论会时间虽短，但论题明确，现实针对性强。与会学者怀着高度的历史责任感和使命感，就目前"三农"问题所涉及诸多难题如土地产权、赋税改革、农村金融问题、农民城市化、民工潮、村民自治、民间组织以及乡村传统文化等各抒己见，展开激烈交锋，力求从历史的视野中追根溯源，为解决现实的困惑寻求历史的理论依据。……（略）

在历史领域中探讨"三农问题"，其深度和广度急需拓展，这无疑为今后乡村史研究的不断深入标明了方向。

第五节　讲话稿写作要领研究

讲话稿亦称发言稿，是指在各种会议或集会上，讲话者为了表示自己的主张、见解，交流思想、进行宣传或开展工作时经常运用的一种事务文体。讲话稿更是各级党政机关、企事业单位、社会团体都广泛使用的一种常用文体。本节除了聚焦讲话稿的写作要领以外，还着重探讨了讲话稿写作的注意事项。

讲话稿一般是专门就某方面的工作、问题等发表意见，阐述观点，提出主张的文稿。因此，讲话稿往往内容集中，中心突出，对所涉及的工作、问题易讲深讲透，在实际工作和日常生活中使用的频率极高。讲话稿包含的种类较广，通常有讲演稿、演说稿、谈话稿、报告稿，以及各类开幕词、闭幕词、欢迎词等。限于篇幅，这里主要研究领导讲话稿的写作要领。

一　讲话稿的写作要领

（一）格式层面的写作要领

讲话稿主要由标题、签署、称呼、正文等部分组成。要写好讲话稿，首先就要掌握其格式层面每个部分的写作要领。

标题。讲话稿的标题有多种写法。一是由单位名称或讲话人、事由、文种组成；二是由事由加文种组成；三是根据讲话的内容确定讲话稿的标题，让人一听就知道讲话的主题，即所谓标题示题；四是正副标题式，即正标题揭示主旨，副标题指明范围、在什么会议上的讲话等。究竟选用何种形式的标题，一般根据会议的类型、讲话稿的主题或执笔者的写作习惯等方面的情况予以综合考虑。

签署。讲话稿的签署往往是在标题下方注明讲话人的姓名及讲话的日期，也可将讲话的日期写在文末，通常并无硬性的规定。

称呼。讲话稿的称呼最重要的是要注意泛指性、次第性等。泛指性是指称呼要有包容性，能将与会人员全部归纳到不同的称呼类别中去，身份特殊的重要与会者，还需要单独予以强调。次第性是指称呼要按主次排列，至于排列主次的方法，讲话稿涉及的会议的类型不一样，排列的方法通常也不一样，此处很难一一列出。但最简单、最常用也是最重要的方法，就是按照与会者的身份地位排列。

正文。由开头、主体、结尾组成。开头简明扼要阐明讲话主题，或交代讲话背景，或提出问题，引起注意。主体关键在于突出重点、要点，或分析问题，解决问题，或总结经验教训，或安排新的工作项目等等；主体部分要围绕讲话稿的主题有条理地展开，做到言之有物，言之有理，还要做到言之有序。结尾是对讲话稿全文的总结概括，与此同时，可提出要求、希望等，但要言简意赅，更要有针对性，切不可大而无当，听起来似乎句句是真理，实际上句句是空话。

（二）内容层面的写作要领

不同类型的讲话稿其内容层面的写作要领往往也有较大的差异性。写作领导讲话稿，从内容层面而言最重要的是要把握其三个方面的写作要领。

第一，体现领导权威。领导讲话稿往往是在重要场合所做的不同于一般的演讲和发言，目的是贯彻指示精神和会议精神，落实会议决定，对今后的工作提出指导性意见等。因此，写作领导讲话稿，就需要在字里行间体现出一定的领导的权威，这既是讲话稿写作的要求，也是工作的需要。能否在讲话稿中恰当的体现领导的权威，往往也是对作者写作经验和水平的一种检验。

第二，反映思想水平。领导讲话往往需要具有一定的理论高度，具有一定的思想水平。如果没有一定的理论高度和思想水平，不仅领导很可能不愿意讲，而且也失去了写作领导讲话稿的意义，因为如果领导的讲话与一般人的讲话没有什么区别，也就没有必要由领导去讲了。具体而言，就是要以正确的理论为指针，阐述所进行的工作的意义，但又不能就事论事，不能数萝卜下窖，而要有所总结，有所概括，有所提炼，并上升到一定的理论高度，体现出思想性。这需要领导讲话稿的执笔者具有相当高的理论素养和思想水平。

第三，发挥鼓动作用。领导讲话稿要体现出领导的权威、反映出领导的思想水平这是主要的，但也要注意其鼓动性，发挥鼓动作用，做到能够调动听众的情绪，能够鼓动听众以饱满的热情投入到工作、学习等各项活动中去。有的领导非常善于也非常乐意演说、鼓动，在为其写作讲话稿时，尤其要注意扬其所长，投其所好，适当注意发挥其讲话稿的鼓动作用。

二　讲话稿写作的注意事项

领导讲话稿在党政机关、企事业单位、人民团体的日常工作中、各种会议中经常使用，要想把领导讲话稿写好，具体写作时执笔者尤其要注意两大方面的问题。

第一，尽量避免雷同。讲话的场合多种多样，讲话人也各有不同。避免讲话内容的雷同，是执笔者应预先考虑且要有所准备的。怎样反映出讲话者思想的不同之处、表达习惯的不同之处、身份地位的不同之处、行业领域的不同之处，这是写好领导讲话稿的关键，也是能否紧紧抓住听众的注意力，起到好的讲话效果的关键。

要想避免雷同，可着重注意四点：一是注意讲话人的身份。根据讲话人身份及参与的会议、活动的主旨去阐发观点，展开议论，形成"一家之言"。二是注意变换议题的角度。适当变换议题的角度，用独特的视角来看待问题，阐明观点，可给听众耳目一新的感觉，也可给听众新的启发。三是注意选择有新意的材料。选择富有新意的材料来说明问题，可不同程度地满足人们审美活动和求异思维的需要，使听众开阔视野，回味无穷。四是注意听众对象。俗话说，到什么山上唱什么歌，写作领导讲话稿也是这样，针对不同的听众，也要使用不同风格的讲话稿。

第二，注意调动情绪。讲话应考虑如何调节听众的情绪。乏味的讲话，会使听众感到疲惫，注意力也不会集中。讲话稿中有针对性地、适当地添加一些围绕讲话主旨的"调味品"，可在一定程度上调动听众的情绪，吸引听众的注意力，讲话也能收到良好的效果。这就需要讲话稿的写作者对讲话的听众有充分的了解，知悉他们的喜好。当然，也需要讲话稿的写作者平时多注意搜集材料，关注社会，深入生活。

【例文 3—7】

×××市长在生态市建设动员大会上的讲话

开头（略）

一、回顾历史，总结经验，充分肯定生态经济示范区建设取得的巨大成就

（一）可持续发展的思想深入人心。通过广泛宣传和深入发动，全市上下认真学习生态经济知识，不断探索生态经济建设模式，开创了发展生态经济的良好局面。可持续发展的思想，已家喻户晓。

（二）五大生态工程建设成效显著。生态农业方面，完成了大面积中低产田改造，建立了粮、油、棉、茶、果、林等各类生态示范基地，实施了水资源综合治理工程，推进了生态渔业名牌战略项目和生态畜牧业基地建设。……（略）

（三）生态环境进一步优化。全市森林覆盖率达到57%，各类保护区面积达到国土面积的12.54%，工业企业基本完成达标排放任务，水土流失得到有效控制，点源污染的治理力度不断加大，面源污染的防治措施也在同步跟进。

（四）经济和社会事业全面发展。我们始终坚持可持续发展战略，走发展生态经济之路，使城乡面貌日新月异，居民收入稳步增长，国民经济和各项社会事业全面发展。……（略）

——抓领导，提供组织保证。市、县区都成立了以党委、政府主要负责同志挂帅的领导小组，并选派优秀年轻干部分别到县区、乡镇挂职任生态经济专职负责人，为生态经济示范区建设增添了强有力的领导力量。

——抓宣传，夯实思想基础。几年来，我们持续不断地开展生态经济建设宣传活动，特别是在北京举办了××国家生态经济示范区新闻发布会、在××召开了第一届国际绿色化学会议和第一届××生态经济论坛，为生态经济示范区建设奠定了坚实的理论基础和思想基础。

——抓规划，加强建设指导。中国××大学和原××州行署共同编制的《××国家生态经济示范区总体规划》以及各县区编制的规划，有力地指导了示范区建设。

——抓制度，强化政策支持。我们先后出台了《关于全面推进实施〈中国21世纪议程〉试点，加快建设国家生态经济示范区的决定》、《关于贯彻〈全国生态环境保护纲要〉的实施意见》和《××市国家生态经济示范区建设目标责任制考核办法》等文件，为生态经济示范区建设提供了制度保障。

——抓培训，开发专业人才。我市充分利用好联合国开发计划署能力建设项目资金，培训机关工作人员2000多人次，并定期在地方党校开展可持续发展理论知识专题教育。……（略）

——抓示范，实行典型带动。多年来我们培育具有良好经济效益和生态效益的示范点70多个，投入20多亿元资金建设了一大批具有示范意义的生态项目；多渠道筹措资金，重点扶持示范点和示范项目，以典型引路、全面推进的方式抓示范区建设。

——抓科技，硬化技术支撑。围绕示范区建设，我市组织实施重点科研项目21项，其中国家火炬计划5项、国家星火计划2项，列入国家火炬计划的××州有色"年产10万吨氧气底吹法炼"项目获专项贷款1.7亿元。新技术、新工艺的运用，有力地推进了示范区建设。

——抓联动，整体协调推进。各级各部门围绕生态经济建设的总体目标，结合实际，制定规划，落实政策，强化措施，积极推进。各有关部门先后组织实施了生态家园富民工程、生态接口技术推广工程、农业科技示范工程、退耕还林工程、生态经果林开发工程、生态网络建设工程、万里绿色长廊工程、江河治理和小流域水土保持工程等。

二、认清形势，正视差距，切实增强生态市建设的紧迫感和责任感

生态兴则文明兴，生态衰则文明衰。开展生态市建设，是落实科学发展观，实现人与自然和谐相处的客观要求，是坚持以人为本，实践"三个代表"重要思想的具体体现。……（略）

三、明确目标，突出重点，以科学的发展观指导和推进生态市建设

生态市建设总的指导思想。……（略）

生态市建设总体目标。……（略）

生态市建设的阶段性任务。……（略）

生态市建设，重点要建立和完善五大体系。……（略）

生态市建设，关键在于第一阶段。当前，我们要着重抓好五方面工作：……（略）

有关部门要尽快拿出修编后的《××生态市建设总体规划》，完善《××生态市建设目标责任制考核办法》，使生态市建设有章可循。

第六节　简历、求职信写作要领研究

简历是用以说明个人情况、求学经历、工作经历的一种常用事务文体；求职信则是指求职者向用人单位介绍自己的情况，展示个人能力和素质，以谋求某一职务或岗位的专用书信，亦称自荐信。在社会经济飞速发展、人才流动异常活跃的当今时代，简历和求职信的使用非常普遍。本节在着重研究二者写作要领的基础上，还结合写作和工作实际，探讨了简历写作的注意事项。

一　简历写作要领研究

简历多用于求职信的附件，或在一定的场合、一定的会议上介绍某重要与会人员时所用。因此，简历写得好不好，通常事关重大，简历的写作者绝不可掉以轻心。

（一）简历的写作要领

1. 格式层面的写作要领

真正说起来，简历没有特别固定的格式，可以是表格形式，也可以是其他形式。但简历通常有大致相同的要素，每个要素需要通过一定的格式将其有机地组织起来，使之成为一份组织有序、要素完整的简历。简历涉及的要素一般包括个人基本资料、学历、工作经历、特长、能力、兴趣爱好等。

个人资料。一般包括姓名、性别、籍贯、年龄、联系电话等。这部分内容重要的是要交代得清楚明白，准确无误。

学习经历。主要写本人的最后学历，高学历者（硕士、博士）可从大学写起，也可以从中专或大专写起。这部分内容最重要的是突出重点，实事求是。

工作经历。根据个人工作情况不同而重点突出地说明工作的具体内容与经历，一般是按照年代的顺序依次写出。在每一项工作经历中先写工作期限，接着是工作单位和职务，最好还要有证明人。倘若是求职，应重点突出与求职目标相关的工作经历，写出最主要、最有说服力的工作经历和最能证明自己能力的相关成绩；倘若是刚毕业的大学生，则可以写勤工助学、课外活动、义务工作、参加各种各样的团体组织、实习经历和实习单位的评价等。这部分内容要写得详细些，强调自己在社团中、在活动中做了哪些工作，发挥了什么作用，取得了什么样的成绩。

特长、能力、兴趣、爱好。这部分内容不可泛泛而谈，应视个人实际情况恰如其分地、有重点地加以介绍。

2. 内容层面的写作要领

简历虽然没有固定格式方面的约束，但要想写好一份简历，也还是要掌握其内容层面的写作要领的。具体而言，写作简历，一定要写出简历的简、实、活。

简，主要是指必须用最精炼的文字、最概括的语言、尽可能简短的篇幅表述清楚自己人生中最重要的经历及不同阶段所做的最有价值的事情。简而言之，简历的文字虽简洁、篇幅虽短小，但内容一定要精彩，反映的事情一定要典型，能让阅文者对简历拥有者的人生过往有一个大致的、清晰的了解，能留下深刻的印象。

实，主要是指所写经历一定要实事求是，不能为了精彩、典型、出众、印象深刻而夸大其词。简历是自己亲身经历的缩影，每一笔都应该是个人在人生阅历中无可更改、实实在在的文字记录。切不可为了一些不当目的而对自己的经历添油加醋，更不可无中生有。这只是写作水平的问题，而是文风、人品的问题。

活，主要是指简历可以自己撰写，也可以由他人代笔；也指简历的撰写格式和语言风格可灵活多样。如果是由他人代笔，也要把自己的主要经历详细、如实地向代写者交代清楚，成文后还要对简历涉及的各项要素、主要事实等认真检查、核实,确保完整无遗、准确无误。

(二) 简历写作的注意事项

简历写作,事关重大。要把简历写好,固然要掌握其格式层面、内容层面的写作要领,但有些事情也需要特别注意。因为写作简历犯错误很容易,要想挽回影响和损失却很难,特别是在简历已被招聘单位看到以后。为了避免或减少出现错误,对于初写者来说,尤其需要在以下五个方面予以特别注意。

一是要尽可能避免出现字词、语法错误。写作简历时很容易出现这类错误,而一旦出现这类错误,轻者会让招聘者无法准确理解应聘者的本意,重者会让招聘者对应聘者产生误解、误读,造成误会,甚至会因此而直接对应聘者产生这样的印象:对自己的事情都不认真负责,肯定没有责任心;或者因此认为,这人连简单的简历都写不好,那还能指望他干什么?因此,简历在写好以后,投送出去之前,一定要字斟句酌,反复推敲,消除字词、语法直至标点符号等方面的错误。一定要认识到,字词、语法错误事情可能很小,但在简历中出现,影响的事情可能很大。

二是要尽可能使细节丰满。这是最容易被初写简历者忽略的问题。我们试比较两种不同的写法:第一种,我曾在一家培训机构工作。第二种,我曾在一家培训机构工作,利用自己的人脉和勤奋一年为单位多招收两百多名学员,使该单位年增收益近百万元。二者都表述了同样的经历,但是充满重要细节的第二种写法无疑更能吸引招聘者的眼球。因此,我们在写作简历的时候,一定要了解清楚,招聘者需要详细知道的不仅仅只是应聘者以前都做了些什么,更重要的是想知道做到了什么程度,取得了一些什么样的成绩,对要应聘的岗位到底有多熟悉,预计今后对招聘单位能做出多大的贡献。那怎么让招聘者知道这些呢?写出丰满的细节。当然,必须注意突出重点,行文简洁,绝不可事无巨细,洋洋洒洒。

三是要尽可能写出简历的个性。从实际情况看,只要求职者试图炮制一份万能简历,投递给所有的招聘单位,其大部分结果都是简历被招聘者扔进废纸篓。每一个招聘单位都希望应聘者专门为他们准备一份简历。他们期望应聘者明确无误地展现:为什么适合招聘的职位,将如何去适应这个职位,在这个特殊的团体里,应聘者能发挥什么作用、做出什么贡献。

四是应尽可能突出责任感。这是许多初写简历者容易疏忽的一个方面。比如,应聘者这样写:参加社会实践活动,在福利院照顾孤寡老人;在兼职单位负责整理部门文件。这就是典型的简单罗列工作,没有突出工作职责,没有突出应聘者责任感的模式。其实,用人单位大都关心的不是这些,他们很可能期望是在简历里看到的是这样充满责任感的叙述:帮助孤寡老人洗晒被褥,还帮助他们制订了多项日常娱乐活动计划;在兼职单位汇总、整理多年来累积的有价值的文件,以方便每个需要的人员查询。

五是要尽量避免拖得过长或压缩得太短。前文已论及,简历贵简,一般而言,行文简洁,篇幅不长。但从实际情况看,简历篇幅的长短其实并无一定之规,因为无论是招聘者还是应聘者,他们各自都有不同的偏好和期望,尤其是简历的作者,有的经历丰富,有的相对简单。我们在这里再次论及简历篇幅长和短的问题,主要是强调,应聘者在制作简历时,既没必要把实际只需一页纸的简历刻意地凑成好几页,也没必要把实际需要好几页纸的简历刻意地压缩成一页纸。一般情况下,在保证突出重点和具有细节的基础上,最好能把篇幅控制在两页纸以内。因为,过长的简历,招聘者往往没时间也没耐心去看。

【例文 3—8】

简　历

◆个人资料:

姓名:××　民族:××　政治面貌:××　性别:×　学历:××　年龄:××

毕业院校　××　系别:××　专业:××　籍贯:××　健康状况:××

◆ 知识结构：

主修课：××　专业课程：××　选修课：××　实习：××

◆ 专业技能：

接受过全方位的大学基础教育，受到良好的专业训练和能力的培养，在地震、电法等领域，有扎实的理论基础和实践经验，有较强的野外实践和研究分析能力。

◆ 外语水平：

××年通过国家大学英语四级考试。××年通过国家大学英语六级考试。有较强的阅读、写作能力。

◆ 计算机水平：

熟悉 DOS、Windows2000 操作系统和 Office98、Internet 互联网的基本操作，掌握 FORTRAN、Quick－Basic、C 等语言。

◆ 主要社会工作：

小学：劳动委员、班长。

中学：班长、校学生会主席、校足球队队长。

大学：班长、系学生会主席、校足球队队长，校旗班班长。

◆ 兴趣与特长：

☆喜爱文体活动、热爱自然科学。

☆小学至中学期间曾进行过专业单簧管训练、校乐团成员，参加过多次重大演出。

☆中学期间，曾是校生物课外活动小组和地理课外活动小组骨干，参加过多次野外实践和室内实践活动。

☆喜爱足球运动，曾担任中学校队、大学系队、校队队长，并率队参加多次比赛。曾获××市足球联赛（中学组）"最佳射手"称号并参加过98嘉士伯北京市大学生足球联赛。

◆ 个人荣誉：

中学：×××优秀学生。×××优秀团员、三好学生、优秀干部。×××英语竞赛三等奖。

大学：校优秀学生干部××年度三等奖学金与××年度二等奖学金。

◆ 主要优点：

★有较强的组织能力、活动策划能力和公关能力，如：在大学期间曾多次领导组织大型体育赛事、文艺演出，并取得良好效果。

★有较强的语言表达能力，如：小学至今，曾多次作为班、系、校等单位代表，在大型活动中发言。

★有较强的团队精神，如：在同学中，有良好的人际关系；在同学中有较高的威信；善于协同作战。

◆ 自我评价

活泼开朗、乐观向上、兴趣广泛、适应力强、勤奋好学、脚踏实地、认真负责、坚忍不拔、吃苦耐劳、勇于迎接新挑战。

◆ 求职意向

可胜任应用××及相关领域的生产、科研工作。也可以从事贸易、营销、管理及活动策划、宣传等方面工作。

◆联系方式：××××××

二 求职信写作要领研究

求职信是求职者在求职的道路上迈出的第一步，也是关键的一步。既是求职人求职不可缺少的书面文字材料，也是用人单位对其进行考核并做出是否录用的重要依据。因此，写出一篇合格并富有特色的求职信，无疑事关重大。

（一）求职信格式层面的写作要领

求职信一般由标题、称谓、正文、结尾语、落款、附件六部分组成。要写好求职信，首先必须从格式层面掌握其写作要领。

标题。标题一般直接标明文种，如"求职信""求职书"，位置居中，与版心上边缘应空两行，与正文可空一行。

称谓。在标题下一行顶格书写。收信对象如果是单位或部门，可直接写单位或部门的名称，如："××公司""××学校人事处"；收信对象如果是单位联系人或单位、部门负责人，则写上姓名、尊称或职务名称，如："××先生""××女士""××经理""××处长"等。有时，还可以在称谓前面加上表示尊敬的词语，如："尊敬的××先生"。

正文。正文是求职信的重点，在正文中，要恰如其分地介绍自己的求职条件。一般包括四方面内容。一是求职的缘由。可开门见山说明求职的缘由，即为什么要向该用人单位求职，以及通过何种途径获得该用人单位的招聘信息，并根据用人单位所需和自己所长，提出所要应聘的具体岗位名称和职务。切忌同时要求多种不相干的职务。二是自荐人的基本条件。主要包括姓名、性别、年龄、籍贯、政治面貌、文化程度、职业等要素，要如实写清楚。特别要着重介绍自己的知识结构、业务能力、实践经历、工作成绩、基本素质、兴趣爱好等内容。自荐人的基本条件是决定求职者成败的关键，因此，这部分要写得既充分又具体，真正做到恰如其分。通常可采用"简历"式的写法，将自己在不同时期的工作或学习情况，特别是所取得的成绩，反映出来，尤其要注意对自身所具有的才能和专长的展示。通过展示，充分反映出自荐人胜任某项工作的能力，从而令单位或部门信服。三是被聘后的打算。这部分要用简明扼要的语言写明被录用以后应当如何去做。求职者应对自己所求职位有一定的了解，并可假设已被聘任，对应聘岗位提出自己的设想、目标及实现的具体措施。目标体现要明确，措施要有可行性。四是请求语。请求语是以诚恳的态度提出求职者的愿望和要求。如希望对方给予回信的愿望以及能有一个面谈的机会，等等。

结束语。一般求职信以表示敬意或祝愿的话作为结束。通常是另起一行空两格写"此致"，再转行顶格写"敬礼"，也可用其他表示谦敬的用语结尾。

落款。在结尾语右下方写上姓名，可以用"敬上"或"谨上"等词，以示礼貌和谦逊。姓名下面写日期。

附件。附件是随求职信附上的有关重要资料，如：简历表、学历证书、资格证书、技术等级证书、获奖证书以及能证明自己优势的有关材料。附件要有较强的说服力和凭证性。此外，还要注明求职人的通信地址、邮编和电话号码等信息，以便于对方联系。

（二）求职信内容层面的写作要领

写作求职信，掌握格式层面的写作要领是基础，在此基础上，还要掌握求职信内容层面的写作要领。求职信这一文种的内容层面的写作要领主要集中在三个方面。

首先是写清求职缘由。写求职信是为了找到理想的工作，因此，总会有一定的缘由。陈述缘由时，关键是要对自己选定的求职单位有所了解，如单位的性质、市场定位、发展方向、对人员的要求，等等。同时，也要对自身的条件有所比较，要根据实际情况，针对拟求职单位对人才的需求情况和条件写，针对读信人的心理写。只有这样，送出去的求职信才有可能得到对方的重视，才有可能求职成功。

其次是注意用语得体。求职信的作者与求职信的阅者绝大多数情况下是素不相识的，求职者希望得到读信人的信赖，获得读信人的好感，引起读信人的重视，进而达到被录用的目的，非常重要的一点就是用语要得体。这就需要在遣词用句时，在求职信的字里行间，把握用语的分寸，不能让人感到唐突、冒昧，要谦恭有礼。一份好的求职信，必须给人的整体感觉是：自谦而不妄自菲薄，自信而不妄自尊大，表现、突出自己而又全面客观、恰如其分。

最后是突出竞争优势。求职就是竞争，竞争就要有优势。自己有没有优势，求职信中能不能突出自己的优势，就成了决定求职成败的关键。可注意两点：在内容上，尽可能地展示自己与众不同的竞争条件，突出重点，兼顾一般；在形式上，体现个人风格，如遣词造句上的清新脱俗，表达方式上的图文并茂，等等。这样才能在同类求职信中展现个性，引起重视，获得青睐，使读信人怦然心动，最终也才能脱颖而出。

【例文 3—9】

求 职 信

尊敬的领导：

您好！

我是一名即将毕业的××市××大学计算机专业的学生。在即将毕业之际，诚向贵公司求职。

在校四年，我学习刻苦，成绩优异，专业基础扎实。在软件方面，系统掌握了 C 语言、数据结构、Power Builder、数据库原理、汇编语言、软件工程等，并对面向对象的 DELPHI 和 VC 等 Windows 编程有一定了解；我还自学了 VB、VF 编程及网页制作，现已能独立编写专业的数据库管理系统。在硬件方面，通过参与单片机设计、组装收音机、网络工程的规划与管理及组建等实践活动，我已熟练掌握了计算机的工作原理及计算机网络原理技术。

贵公司作为××市同行业中的佼佼者，自我选择计算机专业伊始，一直渴望有朝一日能成为贵公司的一员。若能有幸加盟，我完全可以胜任软件开发方面的工作。

"顺兮、逆兮，无阻我飞扬"是我的座右铭；"如临深渊，如履薄冰"是我的工作态度；"真诚，守信"是我的最大特点。头脑聪明、思维敏捷、为人实诚、基础扎实的我，相信是您最佳的选择。

请您给我一次机会，我必将还您以夺目的光彩！

感谢您耐心地阅读完了我的求职信。如需要详细资料，请随时与我联系。联系方式（略）

敬候佳音！

求职人：×××
××××年××月××日

第七节　规章制度写作要领研究

规章制度是国家机关、社会团体、企事业单位为了管理的需要，根据国家法律、法规和本单位的职权、职责范围制定的一种要求全体相关成员共同遵守的规范或约束人们行为的规则、章程、制度等文书的总称。在实际工作中，规章制度的使用频率较高。规章制度如果细分，则种类繁多，写法不一。本节择其格式与内容层面的写作要领予以研究，并结合实际，对其写作的具体要求做了针对性的探讨。

一 规章制度概说

规章制度的种类较多，名称也各异，常见的有以下九种。

章程。章程是指由各政党、社会团体制定的规定本组织宗旨、性质、任务、机构、成员的权利和义务等内部原则和事务的文书，如《××协会章程》。按照相关规定，国家机关及其职能部门和事业单位不制定章程。

条例。条例是指由国家机关制定或批准用于对某一方面工作做全面、系统、原则性规定的文书。也用于对实施和执行某一政策、法律、法令进行补充规定，如《取水许可和水资源费征收管理条例》。国务院办公厅规定：国务院各部门和地方人民政府制定的行政法规不得使用"条例"一词。这样，条例就主要成为党中央制定的党规和国务院制定的行政法规的名称。法律性条例则须经全国人大及其常委会通过。

规定。规定是指由国家机关、团体、企事业单位制定的对某项工作或某方面的行为提出具体管理规范的文书。它比条例更具针对性，对管理对象的规范和约束更具体化，如《价格违法行为行政处罚规定》。

办法。办法是指为处理某项工作或解决某方面问题而制定的原则和办法。它既有指导原则，又比条例、规定更具体，因此较适合各机关、团体、企事业单位使用，如《民办教育管理办法》。

规则。规则是指由国家机关、团体、企事业单位制定，用于管理具体事务或维护公众利益而制定的文书。多侧重于对某项活动、工作、行为做出规范和纪律要求，如《图书馆阅览规则》。

细则。细则是指由地方各级党、政、军机关制定，用于对某个政策或法规性文件作具体补充、解释的文书。它是依据一定的法规和规章制度制定的，属派生性文件，具有明显的依附性、衔接性、延续性，其内容也相对具体、周全、详细，便于执行和实施，如《商标法实施细则》。

制度。制度是指由政党、国家机关、团体、企事业单位制定，用于要求有关人员共同遵守的行为准则，如《办公室管理制度》。

守则。守则是指由国家机关、团体、企事业单位制定，用于规范特定群体道德和行为规范的文书，如《大学生守则》。

公约。公约是某一社会组织或群体在自觉自愿的基础上，经过充分的讨论，达成一致意见后制定的行为准则和道德规范，如《小区卫生公约》。

二　规章制度的写作要领

（一）格式层面的写作要领

规章制度一般由标题、题注、正文、落款构成。仅从格式层面而言，各部分的写作要领具体如下。

标题。规章制度的标题一般由制文单位、内容、文种三要素构成，但种类不同，标题的写法也不尽相同。常见的有：完全式，即"单位（地域）+内容+文种"三要素俱全，如《××公司财务管理制度》；也可像公文标题那样在制文单位和内容之间用介词"关于"构成介词结构，以增强标题的严肃性，如《×××关于×××的规定》。省略式，即由"内容+文种"或"单位+文种"两要素构成，如《××××协会章程》。另外，规章制度如果是暂行或试行的，应在标题中注明，如《××××保护暂行条例》；或者是在标题后或标题下标明"试行"等字样，并用小括号括住。

题注。指在标题之下加注说明发布规章制度的机关和发布时间，经过会议讨论通过的，还应注明通过会议的名称和时间，如《××××××学会章程》（××学会第×次代表大会××年×月×日通过）。

正文。正文由引言、主体、结尾三部分组成。引言，用简洁的文字写明制定文件的依据、目的、宗旨、背景、基本原则、意义、要求等，以确保文件的法律效力。主体，主体部分是规章制度的核心，具体叙述所制定法规文件的基本内容，要求层次清楚、条理清晰、用语准确，常可根据内容长短采用不同的表述形式：一是章条式，对文件内容分章分条，即"总则——分则——附则"式。总则，相当于正文的前言；分则是正文的主体；附则相当于结尾。二是条贯式，文件正文从头到尾按条排列，条下分款，分款单独编次，不与上条分款连续。三是总冒分条式，主体前加写开头，总说制文目的和根据，主体各项规定分条表述，即"引言——主体——结语"式。

结尾。结尾是规章制度的最后部分，主要对所制文件的制定权、修订权、解释权等进行补充说明。该有的一定要有，不能遗漏；不该有的可省略。至于哪些该有哪些不该有，主要根据所写规章制度的类型、写作的实际需要确定。

落款。一般在正文右下角处标明单位名称和制定日期，若标题已有单位名称，则只具发文年、月、日即可。

（二）内容层面的写作要领

规章制度的写作是一项非常严肃的工作，需要我们有非常严谨的写作态度。在准确掌握其格式层面写作要领的基础上，也要充分掌握其在内容层面的写作要领。规章制度内容层面的写作要领主要体现在五个方面。

一是熟悉相关法规。规章制度有的本身就是法规，但它与其他相关法律、法规有着紧密的联系；有的虽然不是法规，但它往往是某些相关法律、法规的细化或延伸。因此，制定规章制度，必须熟悉相关的法律法规，规章制度里的所有内容要符合其他相关法律的要求，不能相冲突，更不能相矛盾。

二是要有严谨的态度。规章制度的制定必须严肃、认真，必须要有严谨的态度。在制定的过程中，应该广泛调查，认真分析，充分研究，多讨论，多修改，防止偏颇疏漏，避免矛盾；制定后要保持相对稳定，内容既要具体，易于操作，又要合情、合理。

三是注意语言的准确。规章制度作为人们行事的依据和标准，要起到规范行为的作用，就必须准确、鲜明、严密，不可含糊其辞，更不能漏洞百出。因此，在写作时要做到用词准确，条文清晰，内容明确，便于执行者理解和操作，尽量避免具体条款含义复杂，理解困难。所以，写作时对其用语必须字斟句酌，反复推敲。

四是重视表达的明晰。规章制度要发挥其规范作用，必须考虑全面、周到，使制定的文件语言严密，文理通顺，逻辑性强，使人无懈可击。该做什么，不该做什么，如何做，若有违反又该怎样处理，都要表达得清楚明白，不能让人产生歧义。同时，章、条、款的设置也一定要条分缕析，合理规范，清晰醒目。当然，要做到表达明晰，写作时也要注意突出重点。不同的规章制度可有不同的中心和侧重点，可有针对性地对某方面的问题做出要求和规范。

五是方便于照章执行。规章制度是切实可行的法规性文件，一经公布、生效，有关组织和个人必须认真遵守，严格执行；如有违反，是要照章处理的。因此，在写作的过程中，就要写清如何处理，不能仅仅强调应该怎么做而忽略了一旦没有这么做将会怎么办。这就需要在制定规章制度时，除要符合国家的方针、政策、法律、法规外，还要从实际出发，结合具体情况制定出准确、规范、有可行性的条款和约定，否则将无法发挥其管理、指导、规范等作用，甚至会影响执行效果。

【例文3—10】

×××科技有限公司员工考勤制度

为进一步增强全体员工劳动纪律观念，健全正常的工作秩序，提高工作效率，根据有关文件规定，结合单位实际，特制定本制度。

一、考勤内容

（一）出勤登记。员工出勤以签到形式反映。员工正常上下班均应自觉签到，严禁代签。对于迟到、早退、出差（开会、学习等）、病假（产假、哺乳假等）、探亲假、事假、年休假、调休、旷工等由各部门如实做好登记，并于次月3日前报办公室。

（二）请假手续。职工因病、事、婚、丧、探亲、产假、哺乳假、年休以及调休等需休假的，均需事先办理请假手续，需续假者应另办理续假手续（遇紧急情况应在上班半小时内报告并事后补办手续）。不办理请假手续或请假期满无特殊原因逾期不归者作旷工处理。

1. 病假：……（略）

2. 事假：……（略）

3. 年休假：……（略）

4. 婚假、妊娠假、产假、护理假、哺乳假、节育假、丧假、探亲假等，均先由本人书面申请，部门负责人和总经理批准，到办公室办理手续后休假。

二、各类假期标准

（一）婚假：法定婚假3天。男女双方符合晚婚条件者（到单位开婚姻介绍信时男方满25周岁，女方满23周岁）增加12天（包括双休日）。

（二）妊娠假：妊娠7个月以上的女职工，经本人申请，由领导批准后，可请假休息到分娩。

（三）产假：产前检查按出勤处理。产假90天，难产或多胞胎的产假可增加15天（最早可于分娩前15天请产假）。……（略）

（四）护理假：符合晚婚晚育的，在女方产假期间，男方可享受护理假5天。

（五）哺乳假：符合计划生育规定分娩，产假期满后抚育婴儿有困难的，经本人申请，领导批准，可请哺乳假。……（略）

（六）节育假：女方绝育可休息30天，并给男方护理假5天。男方绝育可休息7天，并给女方护理假3天。符合计划生育规定，女方放环可休息三天。

（七）丧假：父母、公婆、岳父母死亡，可请丧假3天。

（八）探亲假：符合探亲条件者可享受以下假期（均包括双休日）：探望配偶每年一次30天；未婚职工探望父母亲每年一次20天；已婚职工探望父母四年一次20天。

（九）年休假：

1. 条件：凡参加工作满1年以上，且已转正的在职人员可享受年休假。

2. 假期：工作已满1年不满10年的，年休假5天；已满10年不满20年的，年休假10天；满20年的，年休假15天。国家法定休假日、休息日不计入年休假的假期。

3. 年休假期间视同上班，工资、福利、奖金照发。

……（略）

三、上下班规定

（一）总则

1. 进入办公室必须着装整洁。

2. 在办公室自觉讲普通话，禁止喧哗、说笑、打闹，说粗话、脏话。

……（略）

（二）严格作息制度。办公室工作人员要按规定时间上下班，不得无故迟到、早退、擅离职守；公司人员自觉遵守作息时间，工作时间禁止一切娱乐活动。

1. 上班时间每周五个工作日，周六、周日休息，每天工作8小时，必要时自觉加班。

2. 上午工作时间段为8：30—12：00；下午工作时间段为13：00—17：30

……（略）

（三）考勤、卫生制度

1. 考勤

（1）建立考勤制度，实行不定时查岗，工作人员需到办公室考勤签到，办公室按时收存签到表，考勤结果每月公布一次。

……（略）

2. 卫生

（1）工作人员要自觉维护办公室清洁卫生，做到场净室洁，无杂物垃圾，物品摆放整齐、有序，并落实到个人。

（2）每天上班前5分钟为室内卫生打扫时间。

四、会议与培训管理

1. 总经理办公会议每月召开一次，总经理、副总经理、各部门经理、办公室人员参加，必要时总经理可批准其他人员列席会议。

2. 会议时间原则上定于每月3日，可由总经理决定是否延期。

3. 专题会议只在必要时召开，由部门经理以上人员发起，由相关人员参加，会议时间根据实际工作需要确定，会议议题须事先经总经理同意。

五．外勤岗位职责

1. 认真学习并自觉遵守公司各项规章制度。

……（略）

六、本制度之未尽事宜，由办公室相关负责人给予解释，具有最终调处权。

七、本制度于颁布之日起施行。

××××公司
××××年×月×日

第八节　其他常用事务文书写作要领概略

常用事务文书，除第二节至第七节已经涉及的计划、总结、简报、调查报告、会议记录、会议综述、讲话稿、简历、求职信、规章制度外，还有很多种类。本节我们选择在实际工作和日常生活中经常使用的部分种类，分为条据类、告示类、书信类对其写作要领作简要研究和探讨。

一　条据类事务文书写作要领概略

单位或个人因买卖、借物等关系给对方的一种作为凭证或说明的具有固定格式的应用文叫条据。按其性质和作用的不同，又可以分为凭证类条据和说明类条据两种。

（一）凭证类条据

凭证类条据包括收条、领条、借条等。

1. 收条。收条也叫收据，是收到别人的钱款或财物时写给归还人、赠送人或代送人、代还人作为已收到凭证的条据。

收到的物品和钱款要在收条中具体写明：如果是归还人、赠送人委托他人代送，除了写明归还人、赠送人外，还要在收条中写明代送、代还人的姓名，以示慎重。借物归还的，收到归还物时，应将借条退还给借方或代还人，也可以在收条中一并写清。

2. 领条。领条是向他人或单位领取物品或钱款时所出具、已收到钱物的凭据。领条和收条有共同的地方，它们都是作为收到钱款或物品的凭证。但领条是具条人亲自去取、去领而收到东西时所用的。如果是他人送来或归还的东西，一般不出具领条而应出具收条。

3. 借条。借条也叫借据,是借到别人的钱款或财物时,由借方写给被借方作为借到钱物和日后归还凭证的条据。

借条的内容要具体写明所借钱物的名称、种类、数量等,如所借的是钱,金额要写到元、角、分,而且金额一定要大写。借条的落款要写明归还的具体日期,如果出借方允许,也可以写大致的归还日期或不写归还日期。有的借条中对所借钱物的原因写得很具体,有的就写得比较简略。但总的来讲,要特别注意以下问题:

标题一定要写"借条"二字,切莫被别人故意误写成"欠条",特别注意:虽然都是钱在别人那,但在法律上结果却是完全不同的。

一定写明"今借到＊＊＊现金＊＊＊元,注明大写＊＊＊圆整"。特别注意:核实大小写相一致,如果大小写数额不一致,司法实践中会以大写金额为准。

一定写正确出借人姓名,身份证号码,同时一定要写明借款人的姓名和身份证号码,以避免发生纠纷时再去核实借款人身份是否重名等问题。

如果不能确定要求借款人什么时候归还,建议出借人不写归还日期,这样时效上可以保证20年,而不会由于一时忘记导致时效超过不能收回。懂得法律的人都知道,写上归还日期与不写归还日期差别不大。

如果要求给利息,一定要写明,法律规定:不明确约定支付利息的,归还时要求利息的是不予支持的。

借条最好是在A4纸上先将借款人的身份证正、反面复印在纸张的右下方,然后在上端书写借条,另外,注意:签字后最好请他或(她)以右手大拇指(中国无论是法院或律师等司法实践中都是严格执行右手大拇指)按指印。

(二) 说明类条据

说明类条据包括请假条、留言条等。

1. 请假条。请假条是因病或因故不能按时正常工作、上学读书或参加约定的活动,向有关人员或负责人说明情况和请求准予告假的条据。

请假条既要说明情况和原因,也要请求准予告假,所以要写明简要的情况和缘由,还要略用恭敬语请求对方谅解和允许。

2. 留言条。在日常交流中，没有见到对方，但有些话要向对方说，有些事要托对方办，只好写张条子留给对方，这种简要说明条子就叫留言条。因此留言条应写清楚留言的原因和具体要求，或另约拜访的时间、地点，或留下自己的联系方式。

二　告示类事务文书写作要领概略

单位或个人向公众告知情况、请求协助、介绍有关产品或服务信息的一类应用文均属告示类应用文，主要包括启事、海报等。

（一）启事

"启"，是告知、陈述的意思，"事"，指事情。启事是机关、团体、个人有事需要公开说明或希望公众予以协助、办理、帮助、参与的应用文字。启事一般张贴在公共场所或刊登在报刊上，也有的在广播、电视中播出。启事的种类较多，常见的有：寻找类启事，如寻人、寻物等启事；告知类启事，如开业、停业、迁址、更名等启事；征招类启事；如招聘、招生、招标、招商、征婚等启事。启事主要是要将所启之"事"交代得清楚明白、简明扼要。

（二）海报

海报是向广大人民群众报道或介绍有关戏剧、电影、体育比赛或机关、团体、单位举办报告会、展览会、学术讲座、大型文娱活动的招贴文字。海报的形式和种类很多，主要有戏剧海报、电影海报、体育海报、报告会海报、活动海报等。海报写作的重点主要是要将涉及的各要素交代完整，不能有遗漏。

三　书信类事务文书写作要领概略

书信是机关、团体、企事业单位或个人用于交流思想、表达情感、社交礼仪、联系工作、商洽事务、传递信息时经常使用的具有一定格式的文章。主要包括介绍信、证明信、申请书、倡议书等。

（一）介绍信

介绍信，是介绍本单位派出人员前往有关部门商洽事情、联系工作或者参观学习、出席会议时所写的一种专用书信，通常具有介绍和证明的双重作用。

持信人可凭此同有关机构或个人联系、商洽某些事项；收信机构和个人则可从中了解来人的姓名、身份、政治面貌以及要办什么事情、有什么具体要求和希望等。因此，介绍信主要写清各种要素、所办事项、要求希望即可。

（二）证明信

证明信亦称证明，是以机关、团体、个人的名义证明某人的身份、经历或者证明有关事件的真实情况的专用书信。证明信对了解和考察有关人员和事件的真实情况，有重要的证明、参考作用。写作证明信，除了要求格式规范，措辞严谨，还特别强调据实证明，否则要承担相应的法律后果。

（三）申请书

申请书是个人或集体向组织表达愿望、向上级领导或有关部门提出某种要求而撰写的一种专用书信。有申请参加某个组织的，或申请参加某项工作的；或请求解决某一实际问题的，等等。申请书是个人、下级对组织或对上级、机关团体、单位请求的一种手段。其格式同其他专用书信大体相同，通常包括标题、正文、落款三大部分。写清申请事由，真实表达愿望是申请书写作的重点。

（四）表扬信

表扬信是以集体或个人的名义对某些单位、个人的先进思想、模范事迹表示赞扬的专用书信。其表达形式，通常是寄送给受表扬的单位，重要的、有社会价值的，甚至可以在报刊发表，也可以用大纸抄出在公共场所张贴。表扬信对于形成良好的社会风尚具有重要的作用。要写好表扬信，重点在于突出表扬的事迹、原因及意义。

（五）感谢信

感谢信是对单位或个人给予的关怀、帮助、支持、祝贺或勉励等表示感谢的一种书信。使用范围较广，如感谢相助、感谢捐赠等。其感谢方式有单位给单位的、单位给个人的、个人给单位的、个人给个人的。感谢信可以张贴，也可以邮寄给报社、杂志社刊登或通过电台、电视播出。感谢信要求写清感谢的对象、原因，要有真情实感。

（六）倡议书

倡议书是机关、单位、团体，或某个会议的代表、某一群体，为开展或推动某项活动或事业，向社会或有关方面首先公开提出、带有号召性的一种文体。其类型有个人发起和集体发起两种。倡议书没有任何强制性，但有着特殊的价值和作用；目的是希望别人能够响应，在更大范围内调动积极性和创造性，推动倡议活动或事业的发展。格式一般由标题、称呼、正文和落款四部分组成。倡议书除了要突出倡议的原因、理由以外，往往非常强调语言的鼓动性，以调动读者附和倡议的热情并采取相应的行动。

第四章

常用商务文书写作要领研究

第一节 商务文书写作概说

商务文书属专业类文书，作为应用文的一个分支，无论在内容或要求上，同法定公文或事务文书相比，既有相近之处又有若干不同，从撰写的目的和解决问题的作用而言，既讲求务实，更讲究可行和绩效。同事务文书一样，商务文书的种类也非常丰富。本章的第一节主要在概述的基础上对商务文书写作的总体要求进行探讨，其后各节选取经济合同、商品广告、营销计划、产品说明书、招标书、投标书等几种有代表性且经常使用的商务文书的写作进行了较深入的研究，也选取了市场调查报告、市场预测报告、意向书、商务贷款申请书、企业所得税减免申请书、商标注册申请书、商务谈判方案等常用文种进行了简略的探讨。

商务文书是指工商企业在市场经济环境下，经营运作、贸易往来、发展事业、传播信息和处理各类事务时所使用的，具有一定格式的文体。此类文书涉及面广，体式多样，但共同的特点是"以用为尚"。

一 商务文书的特征

商务文书体现的是商务活动领域中的特点和规范。文字是载体，商务是内涵。其外在特征表现在商务应用文的作用及应用范围上；其内在特征表现在构成文书的内容材料、结构和风格上。具体特征表现在四个方面：

一是实用性。任何一种商务活动都是有目的的活动，活动的过程是为了实现预定的目标。商务文书的写作，同样是为了解决商务活动中的实际问题。如与对方协商谈判、签订合同；对某一商品的销售，做出市场预测报告，等等。

二是专业性。商务活动涉及方方面面，涵盖多样学科。商务文书的撰写者除必须具备相关的商务专业知识外，还应懂得其他一些专业知识，才能客观地反映市场动向，准确无误地传递商务信息，才能写好相应的商务文书。

三是规范性。按照规范的体例格式，进行商务文书写作，是商务活动的效率所要求的，也是商务活动规律使然。规范和稳定的商务文体，能有效地处理商务，按标准的样式去进行商务活动，也能极大地提高事务文书写作的效率。随着国际商务活动的日益频繁，某些商务文体格式或许出现变革性的"变体"，但这些"变体"同样要体现规范性。

四是简明性。在信息社会，市场信息灵通，信息资源准确，传递信息快速，商务活动更具主动性。在传递信息、说明情况、解说理由上，商务文体用语准确，表述精当，既能表达自己的想法，又能赢得客户的依赖。

二 商务文书写作的总体要求

商务文书是用以处理经营实务的，除了应该了解商务应用文的特征外，还应该掌握商务文书写作的总体要求。

一是把握方针政策。商务文书写作的政策性很强。一定时期的应用文，反映了在这一时期国家的有关方针政策。只有把握了有关的方针、政策及各类应用文写作的理论知识，才能写出合格的商务应用文。

二是注重市场调查。有价值的应用文是调查研究的产物。注重对商务活动进行市场调查研究，对第一手资料和真实材料进行正确的分析、处理，才能撰写出有价值、能反映事实真相并最终能解决实际问题的商务应用文。

三是凸显"应""用"特征。如同法定公文、事务文书一样，商务文书也有比较固定的惯用格式，不能随心所欲地标新立异。否则，易被曲解，使人难以接受，以致延误工作，造成经济损失。实用的、有价值的商务文书，必须凸显"应"的针对性、"用"的目的性。既要对应时间、空间，还要对应对象、目的、任务，同时要对应身份、效果等。在对应的基础上，最终落在"用"字上。没有相应的"应"，最终"用"的效果也会大打折扣。

四是熟悉专业知识。商务文书与专业知识之间有着密切的关系。要写好商务应用文，必须要研习相应的专业知识，熟悉不同行业、不同部门的商务活动规律。如不精通专业知识，略有疏忽，就会造成不可估量的损失。如写作招标书、投标书，除了必须掌握招标书、投标书的写作要领外，还必须对招标书、投标书所涉及的项目方面的专业知识有充分的了解，否则不可能写好。

五是严谨的写作态度。商务文书具有凭证和依据的作用，写作商务应用文，必须要有高度的负责精神和严谨的写作态度。无论是格式、证据，还是内容、落款，抑或是遣词、造句，都必须一丝不苟，认真对待。写作前，要了解情况，明确目的、要求；写作中，要字斟句酌，仔细推敲；初稿完成后，要反复修改，避免因一字之差而谬之千里。

第二节　经济合同写作要领研究

《中华人民共和国合同法》（以下简称《合同法》）明确规定："合同是平等主体的自然人、法人、其他组织之间设立、变更、终止民事权利义务关系的协议。"[①] 依据这个定义，经济合同应是平等主体之间，为了一定的经济目的，明确权利义务而订立的协议。经济合同种类繁多，所涉及的事项往往关系到合同双方的权利、义务、应该承担的法律责任等等，事关重大，研究并掌握其写作要领，就显得非常重要。

一　经济合同的种类

经济合同的划分标准非常多，种类则更多。我们仅从一般的分类方法

---

① 《中华人民共和国合同法》第 1 章第 2 条，2018 年 3 月 25 日，中国人才网（http://www.cnrencai.com/）。

和《合同法》的分类方法两个大的方面对经济合同的种类进行一定的探究。

（一）一般的分类方法

日常经济生活的丰富性及市场经济的复杂性，决定了经济合同的多样性。我们从一般分类法的角度看，依据不同标准，经济合同有多种分类方式。

按合同的有效期分类，有长期合同、中期合同、短期合同、年度合同、季度合同等。凡期限在一年以上的均为长期合同。

按合同的形式分类，有条款式合同、表格式合同、口头合同、书面合同。

按合同的程序分类，有承诺合同、实践合同。所谓承诺合同，指双方意见一致即告成立的合同，如购销合同等。所谓实践合同，指双方达成协议后，还须交付标的才能成立的合同，如借款合同、保管合同、运输合同等。

按合同的标的分类，有转移财产合同、提供劳务合同、完成工作合同。转移财产合同是一方将一定财产转移给对方，由对方付给价款的合同。此合同一般有三种类型：财产所有权的转移（如购销合同）、财产管理权的转移（如供用电合同）和财产使用权的转移（如房屋、土地的租赁合同）。此类合同也包括无形财产的转移，如专利权、商标专用权的转让合同。而提供劳务合同和完成工作合同，则是要求一方按约定条件付出劳动，对方支付报酬。前者指提供服务，不产生新的劳动成果，如货物运输合同、仓储保管合同等；后者是要表现为新的劳动成果的产生，如勘测设计合同、建筑安装工程承包合同、科研试制合同、加工承揽合同等。

按合同涉及的关系分类，有国家与企业，企业与企业，企业同个人或集体代表，个人与个人的合同。合同一方是国外法人的，则为涉外合同。

按合同当事人的数量分类，有双边合同、多边合同。多边合同，即有两个以上权利义务主体签订的合同。

按合同的特定方式分类，则有要式合同、非要式合同。所谓要式合同，指需要履行特定的方式、手续才能成立的合同。如需要签证、公证或有关机关核准登记才能成立的合同。要式合同未履行特定方式前，合同不能成立，也不发生法律效力。

(二)《合同法》的分类方法

如果按照《合同法》的分类，则把常用的合同按业务性质和内容共分为十五类，并对其条款作了具体规定。具体分类情况如下：

买卖合同。又称购销合同，指出卖人转移标的物的所有权于买受人，买受人支付价款的合同。[①]

供用电、水、气、热力合同。指供电（水、气、热力）人向用电（水、气、热力）人供电（水、气、热力），用电（水、气、热力）人支付电（水、气、热力）费的合同。[②]

赠与合同。指赠与人将自己的财产无偿给予受赠人，受赠人表示接受赠与的合同。[③]

借款合同。指借款人向贷款人借款，到期返还借款并支付利息的合同。[④]

租赁合同。指出租人将租赁物交付承租人使用、收益，承租人支付租金的合同。[⑤]

融资租赁合同。指出租人根据承租人对出卖人、租赁物的选择，向出卖人购买租赁物，提供给承租人使用，承租人支付租金的合同。[⑥]

承揽合同。指承揽人按照定做人的要求完成工作，交付工作成果，定作人给付报酬的合同。[⑦]

建设工程合同。指承包人进行工程建设，发包人支付给的价款的合同。建设工程合同包括工程勘察、设计、施工合同。[⑧]

---

① 《中华人民共和国合同法》第9章第130条，2018年3月25日，中国人才网（http://www.cnrencai.com）。

② 同上，第10章第176条。

③ 同上，第11章第185条。

④ 同上，第12章第196条。

⑤ 同上，第13章第212条。

⑥ 同上，第14章第237条。

⑦ 同上，第15章第251条。

⑧ 同上，第16章第269条。

运输合同。指承运人将旅客或者货物从起运地点运输到约定地点，旅客、托运人或者收货人支付票款或者运输费用的合同。[①]

技术合同。指当事人就技术开发、转让、咨询或者服务订立的确立相互之间权利和义务的合同。[②]

保管合同。指保管人保管寄存人交付的保管物，并返还该物，寄存人按照约定向保管人支付保管费用的合同。[③]

仓储合同。指保管人储存存货人交付的仓储物，存货人支付仓储费用的合同。[④]

委托合同。指委托人和受托人约定，由受托人处理委托人事务，委托人按照约定支付费用的合同。[⑤]

行纪合同。指行纪人以自己的名义为委托人从事贸易活动，委托人支付报酬的合同。[⑥]

居间合同。指居间人向委托人报告订立合同的机会或者提供订立合同的媒介服务，委托人支付报酬的合同。[⑦]

二 经济合同格式层面的写作要领

关于经济合同格式层面的写作要领，我们首先需要把握的是，经济合同按形式可分为表格式和条款式。表格式多适用于内容简单、条款较少、批量较多的购销合同、加工合同等，使用方便，书写迅速，简洁规范，但不适用于内容相对复杂的合同。条款式则宜于表达内容复杂，特殊要求多的合同，能清晰、周详、灵活地表述合同的内容。但无论是表格式合同还是条款式合同，其结构均由标题、正文、落款三部分构成。其格式层面的写作要领主要是：

[①] 《中华人民共和国合同法》第9章第130条，2018年3月25日，中国人才网（http://www.cnrencai.com），第17章第288条。

[②] 同上，第18章第322条。

[③] 同上，第19章第365条。

[④] 同上，第20章第381条。

[⑤] 同上，第21章第396条。

[⑥] 同上，第22章第414条。

[⑦] 同上，第23章第424条。

标题。即合同名称，其位置在合同的首行居中。通常有五种写法。一是以合同性质、种类为标题，如"××合同"；二是以合同标的＋合同种类为标题，如"××转让合同"；三是以合同的有效期＋合同种类为标题，如"××××年××合同"；四是以单位名称＋合同种类为标题，如"××市××厂、××新区××公司××买卖合同"；五是由多种因素混合运用的标题，如"××运输集团、××港务局××××年下半年××××水路货物运输合同"。需要特别注意的是，标题切忌简单地写成"经济合同"或"合同"。

正文。这是经济合同的主要部分，由约首和主体两部分组成。

约首即签订日期、合同编号和当事人名称等内容。签订日期和合同编号一般用比标题小的字写在标题下一行的中间或偏右处。合同编号是为了便于检查和归档，也可略去不写。当事人名称，应写明签订合同的双方或多方单位名称及法人代表或代理人姓名。如当事人是个人，就写个人姓名。当事人名称要用全称或规范化简称，为方便叙述，行文中当事人的名称可以用"甲方""乙方"或"供方""需方"等来代替，但需在当事人名称于文中第一次出现时在其后予以注明，并用小括号括住。不论在什么情况下，合同中都不能用不定指代词"你方"、"我方"来指当事人。

主体是经济合同的核心部分，主要写明合同当事人议定的条款。条款是当事人双方权利义务关系的具体化，是执行的依据和发生纠纷时调解、仲裁的依据。在经济合同的成立和执行中起着决定性的作用。合同条款大致有三类：一是要求共同必备的主要条款；二是根据法律规定或某类合同性质要求必备的条款，它取决于法律的特殊规定和某类合同的特殊性质，如仓储保管合同中的保管方式、损耗标准、损耗处理方法等条款；三是当事人一方要求规定，而另一方同意的条款。

根据中国《合同法》的规定，经济合同相应的应该具备的主要条款为如下九种：[①]

[①] 《中华人民共和国合同法》第 12 条第 1—8 款，2018 年 3 月 25 日，中国人才网（http://www.cnrencai.com）。

标的。这是一切经济合同必备的首要条款，是当事人权利、义务所指的共同对象，一般用货物、劳务、工程项目的名称来表示。如借款合同的标的为一定的金额；买卖合同的标的为某种商品；运输合同的标的是承运人将货物或旅客运达地点的一种劳务；建筑工程合同的标的是承包人所承包的工程项目的名称。如没有标的或标的不明确，经济合同就无法履行，合同就会因无实际意义而不能成立；如果标的违反法律规定和国家有关规定，合同则无效。撰写合同时，一定要将合同标的写得明确而具体，其名称、规格、型号、商标等要素均要写清楚。

数量。这是标的在量方面的限度，是标的的计量，通常以数字和计量单位来表示。可以用基本计量单位，如米、千克、只等，也可以用包装单位，如箱、包等，并注明每个箱、包内含有多少基本计量单位。为了便于履行合同和避免纠纷，合同中的计量单位和计算方法应按国家或主管部门的统一规定执行；国家和主管部门没有规定的，由双方协商确定。同一合同中的同种计量单位应该统一，数量应准确清楚，如允许超欠，则要写明允许超欠的幅度，有些产品还要在合同中写清合理的磅差和正负尾数。

质量。这是标的在质的方面的规定，是标的内在素质和外观形态优劣的标志。质量条款是最容易引起合同纠纷的条款，故撰写时，一定要把标的质量技术要求和标准明确具体地表述清楚。采用的质量检验标准应注明是何年何月颁发的国际标准、国家标准、部颁标准、地方标准或企业标准。没有法定标准的，按双方共同协商的标准执行。有些产品还要封存样品，作为检验依据。

价款或者报酬（亦称标的价金）。这是指取得对方商品或接受对方劳务等所支付的代价。一般包括单价和总金额两项，通常以货币的数量来表示。在合同书中要明确给付价款或报酬的结算方式和结算期限。除国家允许使用现金履行义务外，一般不得以现金支付，通常以银行转账结算。

履行的期限、地点和方式。履行期限是当事人实现权利、履行义务的时间界限，要具体明确，这是检查违约责任的依据之一，规定期限时，要写具体日期，不能用模糊概念；履行的地点是交付、提取货物的地方，要写明省、市、县全称，以避免差错；履行方式是指当事人采取什么方式来履行合同，主要包括时间方式和行为方式，如一次性履行或分期履行，当事人亲自履行或由他人代理履行，履行时所用的工具或手段等，要根据不同的标的内容确定相应的履行方式。

违约责任，也叫"罚则"。包括违约情况及所应承担的相关责任，如支付违约金、赔偿损失等。[①] 经济合同的违约责任，是对合同当事人不履行合同义务或履行合同义务不符合约定的一方的制裁措施。

解决争议的方法。这是指在履行合同的过程中，当事人对合同发生争议时所采用的协调方法。《合同法》明确规定了"解决争议的方法"，即："当事人可以通过和解或者调解解决合同争议。当事人不愿和解、调解或者和解、调解不成的，可以根据仲裁协议向仲裁机构申请仲裁。涉外合同的当事人可以根据仲裁协议向中国仲裁机构或者其他仲裁机构申请仲裁。当事人没有订立仲裁协议或者仲裁协议无效的，可以向人民法院起诉。当事人应当履行发生法律效力的判决、仲裁裁决、调解书；拒不履行的，对方可以请求人民法院执行。"[②]

解决合同纠纷时，应当力求正确解释合同，不得故意曲解合同条款。产生合同纠纷的原因复杂，有客观原因，也有主观原因。客观原因如果属于不能预见、不能避免并不能克服的"不可抗力"的影响，导致不能按期履行合同，应当及时向对方说明不能履行的理由，以减轻可能给对方造成的损失，并应当在合理期限内提供证明。对方当事人在取得有关证明后，可以允许免除部分或全部违约责任。

合同的有效期、合同的份数和保存情况。这是要写明合同的份数、保管人以及需要报送的主管机关及签证机关。

落款。包括署名、日期。署名是指经济合同当事人单位名称和法定代表人签名，并加盖印章（公章或合同专用章），如有签证机关，也应署名加印；日期，是指按照要求注明签订合同的具体日期，为便于相互联

---

① 《中华人民共和国合同法》第7章第107条，2018年3月25日，中国人才网（http://www.cnrencai.com）。

② 同上，第8章第128条。

系，有时还在合同署名处注明合同当事人的单位地址、电话、传真、开户银行、银行账号、邮政编码等项内容。

三　经济合同内容层面的写作要领

要写好经济合同，仅仅掌握其格式层面的写作要领肯定远远不够，还需要掌握其内容层面的写作要领。经济合同内容层面的写作要领主要体现在四个方面。

第一，必须符合法律法规。经济合同必须依法订立，要确保合同内容符合法律、行政法规的规定，符合社会公德的要求。一经订立，就具有法律约束力。合法的经济合同受法律保护，国家以强制力来监督、保证合法合同的实现。任何一方倘不如约履行合同，就要承担由此引起的法律后果。另外，经济合同不是单方面的法律行为，而是双方或多方当事人在平等协商的基础上确立、变更和终止权利义务关系的法律行为。故当事人之间的权利义务往往是互补的，此方义务的履行，关系到彼方权利的获得，反之亦然。所以合同强调对签订合同的双方或多方当事人的约束。还有就是，经济合同的主体是具有独立民事权利主体资格的法人或个人，不具备法人资格的社会组织，均不能作为经济合同的主体，如与之签订合同，则属无效合同。这些都是我们在写作经济合同时必须特别予以注意的。

第二，必须维护各方利益。经济合同是为了一定的经济目的而制定的，其内容所反映的是当事人在商品生产和流通中的经济关系，即商品货币关系。这种经济关系具体表现为一定财产的转移，一定劳务的付出，或一定工作的完成等。因此，在写作经济合同时，一定要重视相关各方经济利益，体现当事人对一定经济利益的追求，保护各方的经济利益。如果合同内容对一方利益显失公允，当事人一方有权请求人民法院或者仲裁机构变更或撤销该合同。

第三，必须体现主体平等。主体平等，是指经济合同当事人双方，在法律上具有平等的地位，在履行权利义务时是对等的。无论是全民所有制单位还是集体所有制单位，无论是上级单位还是下级单位，无论是组织还是个人，不允许以大压小，以强凌弱。签订经济合同时，均应本着平等自愿的精神反复协商，任何一方不得把自己的意志强加于对方，损害对方利益。一方从对方得到利益，就要付出相应的代价，任何一方都无权要求对方无偿为自己提供产品和劳务。所写经济合同有没有体现主体平等，往往是该项合同能不能得到法律保护的重要依据。

第四，必须坚持自愿原则。自愿原则要求当事人通过平等协商，相互充分地表达各自的意见，合理地提出自己的主张，在真正自愿的基础上确定合同的具体条款和形式。写作合同条款时应注意真实地表达自己的真正意愿，以体现自愿原则。虚伪的表述或一方当事人在受欺诈、胁迫的情况下所订立的合同是无效的。当然，坚持合同自愿原则，并不意味着当事人可以随心所欲地订立合同或订立合同后可以不受合同约束。当事人是在法律规定的范围内享有自愿原则，当事人的合同行为不得违背法律的规定，不得损害国家利益和破坏国家计划。

【例文 4—1】

教师劳动合同范本

甲方（聘任方）：_____

通信地址：_____

乙方（受聘人员）姓名_____

性别：_____

出生日期：_____年_____月_____日

现专业技术职务：_____

身份证号码：_____

家庭通信地址：_____

根据《_____》的规定，经学校授权，_____大学校长作为甲方与受聘人员（乙方）签订职位聘任合同书，甲乙双方按照平等自愿，协商一致的原则，签订本合同，共同信守。

第一条　职位聘任合同期限

本合同期限类型为无固定期限聘任合同。这里所说无固定期限是指国家法律、政策或学校规定的被聘任者退休之前的期限。

乙方在受聘期内辞职，应提前6个月通过所在院系向学校递交辞呈。

第二条　工作任务与目标

1. 乙方同意根据甲方工作需要，被聘任为教授职位工作。如果院系发生变化，双方应该根据需要重新确认乙方工作的院系和职位。变动之后，乙方原来合同规定的待遇等内容原则上不应该改变。

2. 乙方愿意按照本合同书约定及甲方关于本职位工作任务和职责要求完成规定的工作数量，实现工作目标。

3. 乙方必须按照甲方的教学安排，每学年完成研究生或本科生教学任务，总学时数达到200学时以上。

4. 乙方必须按质按量地完成教学任务，认真完成学院及教研室分配的教学工作，认真进行课程建设（如教材编写，教学内容和教学方式改革，实验方法变革等）。

5. 争取和主持科研项目，科技创新研究任务及目标

（1）乙方在考核期内，必须至少主持过1项省部级以上科研项目；或至少主持1项省部级以上重大项目的子课题；或主持1项横向科研项目（科研经费在_____元以上）。

（2）乙方对主持的科研项目，应该认真负责，必须按照项目计划书的内容以及学院科研项目中后期管理的相关规定保质保量地完成。

6. 乙方在考核期内平均每学年必须有1篇在国内核心期刊或国外杂志上公开发表的学术论著（第1作者或通讯作者，作者单位为_____大学）；或考核期内有1篇公开发表在SCI收录杂志（IF3.0以上）学术论著（第1作者或通讯作者，作者单位为_____大学）。

7. 乙方应该积极参加学院以及所在教研室的学科建设工作，协助完成相关的学科建设目标。

8. 乙方应该完成学院以及教研室分配的与教学相关的工作以及行政管理工作。

第三条　乙方权利

乙方有权要求甲方支持，配合履行职位职责，要求甲方在国家法律，法规和学校能力允许的前提下，为乙方提供教学和科研必要的工作条件。

乙方在本校每连续工作满五年，在学院允许的前提下，可享受6个月的学术假，职从事学术研究工作；学术假为有薪假期，乙方在享受学术假的学年，基本教学工作量要求减半；乙方要求享受学术假，需提前6个月向所在院系提出申请。

乙方如主持重大科研项目，或参加重大课题研究工作并且在项目中负有较重要责任，在课题进行期间，可申请额外享受不超过2年的有薪学术假，在享受学术假期间，乙方教学工作量免于考核。

甲方必须为乙方申请项目提供必要的条件。

甲方应该从人力、物力和时间上为乙方主持和完成项目提供便利。

第四条　乙方义务

乙方必须遵守宪法和法律，忠诚教育事业，遵守学校的规章制度，恪守学术规范，严谨治学，团结合作，爱护学生，关心集体，自觉维护学校声誉。

乙方同意按照聘任期内甲方施行的《教师编制核定，职位设置与职务聘任规程》的要求履行义务和承担相应的责任。

乙方必须完成《＿＿＿＿＿＿医学院教师职务基本责任标准》中所要求完成的工作任务，并达到相应职务所规定的考核指标。

同意履行本合同所承诺或约定的义务和职位职责。

乙方承诺，未经书面向甲方提出申请，并获甲方许可，不在校外兼任有报酬性的职业。

第五条　工资和福利

1. 在聘任期内，甲方应该按照国家和学校规定的标准和乙方的工作性质等支付工资给乙方。

2. 除前款工资性劳动报酬外，乙方还可按学校规定领取校内津贴（含税金）。在学校津贴制度发生变化的情况下，上述津贴制度应同时变化。

3. 乙方有下列情形之一的，甲方可根据法律，法规和学校规定减发或停发乙方基本工资，校内津贴和生活补贴，并视情形解除本合同：

（1）当月事假，病假超过学校规定工作日；

（2）出现旷工行为；

（3）受党政纪律处分；

（4）不能很好履行职位职责的，且造成严重后果和恶劣影响的。

4. 乙方有权享受国家法律，＿＿＿＿＿＿＿＿＿＿＿＿＿＿省地方法规和学校规定的各种社会福利待遇，包括保险，医疗等费用。甲方同时为乙方子女就学提供可能的方便。

5. 甲方不提供住房。有关住房的待遇按学校现行政策执行。

6. 公派出国（出境）按照学校教职工出国（出境）办法执行。

出现本合同第七条所列举情况，被甲方解聘者，乙方不再享有甲方提供的上述权益。

第六条　聘任考核

1. 甲方按照国家法律和学校规章定期对乙方履行职位职责状况进行考核。

2. 在聘任期内，乙方有义务每学年向甲方考评机构提交书面述职报告或履行职位职责情况总结。

3. 考核标准

（1）乙方同意按照学校《教师编制核定，职位设置与职务聘任规程》以及《＿＿＿＿＿＿＿＿＿＿＿＿＿＿》中所列各项内容与指标进行考核。

（2）本合同第二条和第四条之约定。

4. 乙方同意按照甲方的考核办法接受考核。

5. 考核结果作为工资，职位津贴发放和继续聘任的依据。若乙方经考核不合格，则甲方有权视情况减发或停发工资，职位津贴，甚至可以根据实际情况解除本合同。

第七条　解聘

1. 乙方在受聘期间有以下之一情形者，甲方可以解聘：

（1）乙方在考核期内未能完成《教师职务聘任合同》规定之工作任务；

（2）乙方受聘期间发生重大教学责任事故和工作责任事故，对学校和他人造成了严重损失；

（3）乙方经学校学术委员会确认，有严重违背学术道德，违反学术规范的情节；

（4）乙方未经学校同意擅自离校或出国人员未经学校同意逾期不归，超过三个月，或在一个月内经两次书面催促明确拒绝归校。

2. 乙方在受聘期间有以下之一情形者，甲方有权直接解聘：

乙方经司法程序认定严重违反法律并被判处刑罚；乙方未经学校同意擅自离校或出国人员未经学校同意逾期不归，超过6个月，或者经两次书面催促而明确拒绝归校。

第八条 违约责任

本合同一经签订，双方必须严格履行。任何一方违反合同约定，给对方造成损失的，应当付给对方相应的赔偿金。

第九条 双方需要约定的其他事项

乙方可就职务聘任，业绩考核和纪律处分等方面的问题，向学校教师编制核定与职务聘任委员会提出申诉或投诉；申诉和投诉必须以书面形式提出，且必须充分说明理由。

乙方对学校教师编制核定与职务聘任委员会的裁定不服者，可以书面形式向学校仲裁委员会申请仲裁。

甲乙双方的有关文件只要寄往本合同的通信地址，一经寄出3日内即视为送达，如有地址改变，改变方需在一周内通知对方，否则仍以本合同地址视为送达地址。

本合同未尽事宜，按学校有关规定执行。

第十条 本合同经甲乙双方签章后生效，一式三份，甲乙双方各执一份，校人事处备案一份。

甲方（签章）：_____　　乙方（签章）：_____

　　　_____年___月___日　　　　_____年___月___日

第三节 商业广告写作要领研究

广告有广义和狭义之分。广义的广告有"广而告之"的意思，既包括以盈利为目的面向社会公众所做的公开宣传的经济广告，也包括不以盈利为目的面向社会公众所做的公开宣传的非经济广告。前者如介绍商品特点或服务项目的广告，后者如公益广告、公德广告。狭义的广告专指以盈利为目的的商业广告，也叫商品广告。本节主要探讨商业广告的写作要领。

一 商业广告概说

商业广告是广告主有计划地通过一定的媒介向公众传递商品和服务信息的有偿宣传活动，主要由广告主、广告信息内容、广告媒体及广告费四个基本要素构成。

广告主是指出资发布广告的生产、经营单位或个人。商品广告均有明确的广告主。

广告信息内容是指广告提供给受众的具体信息。可作为广告内容的信息很多，例如：商品的特点、长处、价值、效用、制作工艺，有关部门、专家或消费者的评价、生产者或经销者的经历和声誉、市场的供求情况、在同类产品中的竞争优势，等等。而每一具体广告，都要有重点、有选择地传达一定的信息，并体现广告主的意图。

广告媒体是指传播广告信息的中介，常见的广告媒体有电视、报刊、广播、霓虹灯、交通工具、邮递传寄、表演、橱窗等。报纸、杂志、电视、广播被称为广告的"四大媒体"。

广告费是指广告主偿付给广告经营部门、广告制作部门或媒介的费用。广告是一种有偿的宣传活动，从构思、设计、制作到传播，都需要有一定的媒介参与、一定的物质消耗、一定的资金支出，同时，也需要一定的智力及劳务付出。因此，必然涉及广告费用。

依据不同的标准，商业广告可分成不同的种类。

按广告的直接目的，可分为以促销创利为目的的商品销售广告，以建立信誉及宣传企业经营观念为目的的企业形象广告；按广告的覆盖范围，有国际性广告、全国性广告、地区性广告及行业性广告；按广告的性质内容，可分为商品广告、招生招聘广告、征订广告、收购广告、医药广告、旅游广告、租赁广告等等；按广告的表现形式，可分为静态广告与动态广告；按广告的表现手法，可分为以文为主、以图为主和图文并茂的广告；按广告的不同对象，可分为消费者广告、工业用户广告。

通常较为多见的是以媒体分类。如果是以媒体为标准进行分类，则可分为报刊广告、电视广告、广播广告、标牌广告、橱窗广告、陈列广告、霓虹灯广告、商品模型广告、邮寄广告、网络广告等，还有用模特儿或有关人员的表演、演示所做的表演广告，利用火车、汽车、轮船、电车、地铁等交通工具所用的交通广告等。商业广告的媒体随着科学技术的发展将日益丰富，不断会有新的媒介、新的广告形式产生，商业广告的用武之地也将越拓越宽。

二 商业广告的写作要领

（一）商业广告格式层面的写作要领

商业广告的形式多种多样，但无论是哪种形式，都离不开文字。以文字为主的广告亦称广告的文案，结构比较灵活，一般分为标题、正文、广告语、附文四部分，每部分都有其写作要领。

标题。商业广告的标题有着揭示主题、传达信息、引人注意的作用。最关键的是要引起消费者的"即刻注意"，吸引消费者阅读正文内容，唤起消费者的购买欲望。

标题可采用一语道破主旨或直接正面冲击的方式来迫使消费者注意；也可采取含蓄、委婉、渲染、衬托的间接方式来传达主旨，暗示消费者注意。

直接冲击式标题，一般在语言上多采用名称式和陈述式，如"优雅态度，真我个性，××手表"；"×××一开，好事自然来！"这种标题直接明快，庄重严肃，但容易流于平庸，难以引起人们的注意。

间接吸引式标题的语言表达方式灵活，常见的则有如下四种。

一是设问式。此方式往往结合产品特点和人们潜在的需求愿望，有针对性地提出问题。如"你想了解天下大事吗？请订阅《××××信息报》"。

二是祈使式。用请求、希望、劝勉、叮咛、忠告等语式向消费者表达厂家和经营者的意愿，意在催促消费者采取相应的购买行动。例如："欢迎订阅《××晚报》。"祈使式广告应注意语言的谨慎与诚恳，否则易导致消费者的逆反心理。

三是新闻式。以新闻报道的形式设题，将最新经济消息告知消费者。这种标题多用于新产品上市，新店开张，企业及经销者采取新举措，参评获奖等。如"××××十周年店庆，隆重推出××××"。

四是描写式、渲染式。用文学艺术的描写、渲染手法，创造与商品有联系的意境，在意象的陪衬中宣传商品，使人们在了解商品的同时还获得美的享受。但这种描写和渲染一定要恰如其分。

商业广告标题并不限于以上四种，还有颂扬式、寓意式、悬念式等等。无论采用哪种方式的标题，都以吸引消费者"即刻注意，激发消费"为其目的。

正文。由开头、主体和结尾三部分组成。

开头常见的写法主要有三种：一是与广告标题相呼应，或承接标题继续叙述，或对标题的设问做出回答，或解释标题含义并进一步强调标题；二是概括全文，以精练的语言点明主旨，写法类似新闻的导语；三是简介企业情况。

开头语言一定要言简意赅，与标题、主体部分相互配合。开头不是所有的广告都需要，应视具体的广告而定。篇幅短小，信息集中的广告，常常直言中心内容。也有一些广告，由于标题已经起到提纲挈领的作用，或主体部分的内容与标题本身衔接紧凑，也就不必专门设立一段开头了。

主体是商业广告内容的中心，是广告主题的具体化。一般多用有力的事实和根据来说明商品的特点、优势及推荐购买的理由。在手法上可灵活多样，突出个性，并与内容相得益彰，体现广告的意图；在语言上追求简洁明快，易读易记。

结尾应干净利落，或公布服务的宗旨，或强调广告的信息焦点，或呼应标题，照应开头，等等。总之，应该根据实际情况而定。

广告语。亦称"广告标语""广告口号"。指广告中用来概括服务宗旨、强化信息的文字。可灵活出现于广告的任何位置。广告语的内容多样，以宣传企业形象、商品优势、服务特点和精神文化的为多。广告语特别强调突出特点，言简意赅，朗朗上口。

附文。附文亦称随文。指广告结尾后的附属内容，是标明企业或经营者名称、地址，购买商品或接受服务的方法，通信联络方式、联系人、银行账号等。

（二）商业广告内容层面的写作要领

商业广告是一种宣传手段，在向社会传递信息的同时，还有介绍、说明、启发、提醒、说服和诱导等多种功能，在经营活动中有着不可忽视的作用。在商业广告的写作过程中，一定要把握其内容层面的写作要领，达到广告写作的目的。

一是要能传递信息。商品广告是经济信息的载体，也是传递经济信息的手段。一种商品，在此地积压，通过广告宣传，可以让消费者获知信息，前来购买，很可能使积压的商品销售一空。这样，不但搞活了经济，加快了资金流动，提高了经济效益，而且也会使消费者购得其所，于国计民生深有裨益。写作广告，就要熟知市场供需情况，准确地把握市场脉搏，及时地提供供需信息。

二是要能引导消费。了解商品是购买商品的前提，广告通过信息提供沟通了产、供、销渠道。通过广告，可以向用户介绍商品的性能特点、保养使用、购买方式、购买渠道等知识和信息，使消费者了解商品的情况，有的放矢地选购商品，引导消费者好中求好，使商品在提高知名度的同时，促使产品升级换代，进一步提高商品声誉。因此，充分了解涉及的商品方方面面的信息，准确地传递相关信息，进而引导消费者的消费，就成了广告写作者的必修课。

三是要能激发消费。广告既是为了向顾客提供商品的信息，但更是为了通过塑造产品的形象，激发起顾客的消费欲望，使得一个本来无意购买此商品的人，在看了广告以后，产生出一种购物的内驱力，生发出一种不可或缺的精神需求，从而吸引消费者自觉地进行消费。要做到这一点，离不开对相关商品的全面了解，离不开对市场整体情况的深度调研，离不开对消费者消费心理的准确把握。

【例文4—2】

《××管理百科全书》

  一套书的价格只相当一瓶酒，但价值与效用却大为不同。因为酒香，虽然令人陶醉，但只不过是短暂、刹那的美妙。书香，却是咀嚼的品位，历久弥新，源远流长。一本好书为你带来智慧与启示，让你解惑去忧，触类旁通，左右逢源。

  所以，与其花钱买醉，不如斗室书香。《××管理百科全书》，正是为每位经营者准备的。它是140位经理、学者智慧的结晶，由20位专家联合编写。拥有一套《××管理全书》，任何企业新知伸手可得，让你掌握最新的管理知识和管理技巧，使你的企业能够提高效率，增加利润，快速成长。

第四节　营销策划书写作要领研究

  策划即策略规划。营销策划书，是指将营销策划的过程用文字记录下来，针对企业的经营活动，事先做出规划和安排的应用性文书。营销策划文书是营销策划活动的反映，通过书面材料向决策人提供自己的意见与创意，说服决策人接受自己的意见，有计划地开展营销活动，实现企业获得利润的目的。要写好营销策划书，必须掌握其写作要领。

一　营销策划书概说

  根据不同的标准，营销策划书可以划分成不同的类型。根据具体营销对象的不同，可分为商品销售策划书、促销活动策划书、市场推广策划书、新产品开发策划书、商品布局策划书、营销定位策划书、网点布局策划书等；根据营销时间长短的不同，可分为长期营销策划书、短期营销策划书；根据营销范围大小的不同，则可分为专项性营销策划书、综合性营销策划书。

二 营销策划书的写作要领

（一）格式层面的写作要领

策划书没有一成不变的格式，依据产品或营销的不同要求，在策划的内容与编制格式上也会有相应的变化。但一般由标题、正文、落款三个部分构成，各部分的写作要领主要是：

标题。主要有两种形式：一是单标题，一般概括策划文书的内容，提示策划文书的主题；二是双标题，即分正题和副题。正题提示策划文书主旨，副题显示策划范围、内容及文种。

正文。一份完整的营销策划书，正文大致由三部分组成：产品的市场状况分析、主体内容、效果预测。

市场状况分析通常包括：整个产品市场的规模，各竞争品牌的销售量与销售值的比较分析，竞争品牌各营业渠道的销售量与销售值的比较分析，各竞争品牌市场占有量的比较分析，消费者年龄、性别、籍贯、职业、学历、收入、家庭结构的分析，各竞争品牌市场区隔与产品定位的比较分析，各竞争品牌广告费用与广告表现的比较分析，各竞争品牌促销活动的比较分析，各竞争品牌公关活动的比较分析，各竞争品牌定价策略的比较分析，利润结构分析，过去×年的损益分析。

主体内容一般要交代清楚五个方面：一是策划目的。对营销策划所要达到的目标、宗旨，树立明确的观点，作为执行策划的动力或强调其执行的意义所在，以要求全员统一思想，协调行动，共同努力保证策划高质量地完成。比如：企业开张伊始、发展壮大、改革经营和行情变化等各个阶段有不同的策划目的。企业在总的营销方案下，需要在不同的时段，根据市场的特征和行情变化，设计新的阶段性方案。二是营销目标。在策划目的任务基础上，要实现的具体目标，即营销策划方案执行期间，经济效益目标达到的数目，包括销售收入、市场份额、预计毛利等。通常用表格表明。三是营销战略。市场营销的具体行销方案，包括营销宗旨、产品策略、价格策略、销售渠道和具体的实施步骤。这部分是主体的中心，要求详细、细致地给出各个方面的策略和设想，使决策者对此有明确的认识。四是费用预算。整个营销方案推进过程中的费用投入，包括营销过程中的总费用、阶段费用、项目费用等，其原则是以较少投入获得最优效果。五是方案调整。在方案执行中都可能出现与现实情况不相适应的地方，因此，方案贯彻必须随时根据市场的反馈及时对方案进行调整。这一部分是策划方案的补充部分。

效果预测是指对整个方案的可行性与操作性进行必要的事前分析，为事后的执行进行必要的监督工作做铺垫。这也是决定策划方案最终能否被最高决策层通过的重要衡量标准之一。

落款。在标题下方或结尾下一行的右面写上作者名称和文书的完成日期。

需要强调的是，营销策划书一般由上述内容构成，但企业产品不同，营销目标不同，其侧重的内容等往往也会有所不同。因此，在具体写作时可根据实际需要进行适当取舍和调整。

（二）内容层面的写作要领

营销策划书内容层面的写作要领也是多方面的，在写一篇具体的营销策划书时，主要应该从以下四个方面入手。

一是紧紧围绕营销策划的目的。营销策划书所有的分析、设计和创意都是围绕着成功营销这个目的的。这是因为，营销策划书是为营销策划服务的，营销策划是为成功营销服务的。这就需要写作时紧紧围绕营销策划的目的去写作，无论是出发点还是落脚点，都要归结到营销策划的目的上。同时，写作者也要具备深厚的营销策划的专门知识，拥有丰富的营销策划的实战经验。这些既是写好营销策划书的基本要领，也是写好营销策划书的基本要求。

二是充分考虑营销策划的经济效益。营销策划是为了成功营销，这是对的。但成功营销的终极目的还是为了提高经济效益。营销策划书涉及企业在市场环境中相关的各种资源，如何充分地利用、组合、排列这些资源，最大限度地发挥资源的优势，从而获取尽可能多的经济效益，这是策划者需要重点考虑的。离开了提高经济效益这一点，营销策划书将变得毫无意义。

三是全面而科学地构建营销系统。一份好的营销策划书应该是一项科学而系统的工程设计，它要求用科学、周密、有序的系统分析方法，对企业的市场营销活动进行分析、设计和整合，系统地形成目标、手段和策略，使之互为照应，互为支撑，形成高度统一的逻辑思维过程和行动方案，从而构造一个新的营销系统。这就需要写作者对企业或商品有全面而系统的了解，对企业或商品的前景有准确的把握，对分析、设计和整合的方法能熟练运用。不然，很难写出一份合格的营销策划书。

四是着眼于营销策划的切实可行。营销策划是一门实践性非常强的学科，因此营销策划书要具有前瞻性，要结合企业或商品实际条件，在创新思维的指引下，为企业或商品的市场营销提供具有现实可操作性的方案，为企业或商品提供开拓市场、占领市场的系统性策略和措施。如果缺乏可行性，营销策划书就失去了其存在的价值。

【例文4—3】

中秋礼品营销策划书

一、概要

中秋是中国的一个传统节日，消费者在这期间比较活跃，容易形成消费热点，因此这一时期成为商家争取的大好时机。……（略）

二、背景市场分析

（一）背景分析

据中国社会调查所（SSIC）近日公布的对北京等全国近十个城市2000位公众如何过中秋的问卷调查，有53%的被访者表示会去看望自己的领导或工作上的伙伴。……（略）

（二）市场分析

随着人们的物质生活水平的提高、国家政策的规定，特别是在舆论的引导下，人们已经不仅仅满足于中秋节大吃一顿、送烟送酒，而是开始追求更加高尚的方式来联络感情、表示欢庆，所以预计今年的中秋节消费者的消费将更趋于多元化。……（略）

三、市场营销战略

（一）产品定位：高雅脱俗、美观大方、具有较高的品位和较强的文化气息，适合赠送亲友、自己收藏且价格适中的一种工艺产品。产品将分为高档、中档和低档三种。

（二）目标市场

此次公司推出的这种产品的目标是以大中型企事业单位的集体消费者为主，以及一部分喜欢工艺品、文化素养较高的消费者，具体分类如下：……（略）

（三）销售渠道

1. 针对重点客户，可以派出推销员联络个大中型企业，发布产品信息、介绍产品特点，了解客户需求，并不失时机地促成订货。

2. 以各类商场、工艺品商店为平台，提供相应的广告支持，并给予一定的优惠条件的代销。

（四）营销建议

1. 由于工艺品不是一种的生活必需品，也不是一种理性消费品，建议增大销售队伍，扩大产品宣传途径。

2. 争取时间上的优势，先下手为强，力求在中秋前一个星期基本完成大部分订货。

四、机会与问题分析

（一）机会与优势分析

由于消费者在中秋节时期的消费已经越来越多元化，并且在中秋节容易形成消费热潮，特别是工艺品作为一种新型的消费品，更能吸引消费者的眼球，引起购买冲动，从而形成消费热点。

（二）威胁与劣势分析

市场上的工艺品销售商越来越多，我们的竞争也越来越多，特别是我们不可能像一些大型专业厂家一样可以顺利进入大型商场，甚至拥有自己的专卖店。

（三）问题分析

1. 面对市场上琳琅满目的工艺品，怎样使我们的产品更能吸引消费者？

2. 如何克服在中秋市场上，我们的目标客户需求信息不对称情况？

五、具体行动方案

（一）前期：×月×日—×月×日，调研阶段。以我们现在掌握的市场情况入手，针对目标市场，特别是重要目标市场进行跟踪调查，及时了解目标市场信息，研究分析目标市场范围内的需求量及目标市场动向。

（二）中期：×月×日—×月×日，分销阶段。派出销售人员，依据我们了解到的目标市场信息，对目标客户进行走访，并在预计期间内完成大部分订货任务。

（三）后期：×月×日—×月×日，收尾阶段。通过各种手段，掌握客户的需求情况及意见、建议，争取二次订货，完成销售计划。

六、风险控制

针对问题分析中可能存在的各种风险，以及各阶段工作出现的各种问题，对计划及时进行修正，使风险尽量降低。

第五节　产品说明书写作要领研究

产品说明书亦称商品说明书，是生产部门向消费者介绍和说明产品成分、构造、性能、特点、主要技术参数、使用方法、作用、维护保养等使用知识的应用文体。产品说明书的写作目的在于指导消费、宣传推销产品。要写好产品说明书并非易事，必须熟练掌握其格式层面和内容层面的写作要领。

一　产品说明书概说

产品说明书的分类方法相对比较简单。根据内容和用途的不同，可分为民用产品说明书、专业产品说明书、技术说明书等；根据表达形式的不同，可分为包装式、内装式。包装式即直接写在产品的外包装上；内装式即将产品说明书专门印制，甚至装订成册，装在包装箱（盒）内。

二　产品说明书的写作要领

（一）格式层面的写作要领

产品说明书因产品的不同、用途的不同，写法也是多样的。就其结构而言，包括标题、正文和具名。各部分的写作要领主要是：

标题。一般是由产品名称加上"说明书"三字构成，如"××说明书"。有些说明书侧重介绍使用方法，称为使用说明书，如"××使用说明"。如果产品属于国家有关部门批准许可生产的，还需要将批准部门的名称（或简称）、文号、专利证号等写在标题的上方或下方。

正文。通常详细介绍产品的有关知识，包括产地、原料、功能、特点、原理、规格、使用方法、注意事项、维修保养等知识。不同产品的说明书其内容的侧重点也有所不同，可视产品具体情况略写或不写。写作形式主要有条款式、短文式和复合式。

条款式主要是采用分条列项的说明方式，其优点是内容具体、层次分明、条目清楚，通常用于简单产品的说明。短文式主要是采用概括和叙述的方式进行介绍和说明，其优点是内容完整、意思连贯。复合式主要是综合使用条款、短文和图表等形式。其优点是能把事物说得比较清楚、周密，既能给人一个总的印象，又能让人了解具体项目的内容。

某些结构复杂、需要向使用者全面详细说明的产品，由于要说明的事项过多，也可以将说明书编成小册子，包括封面、标题、目录、概述、正文、封底等。如某些家用电器说明书，应分章、分节地指导消费者如何使用该电器。

具名。正文结束后，在正文右下方，写上产品生产企业和定点经销单位的名称以及联系方式等。

（二）内容层面的写作要领

由于产品说明书这一文种的写作目的在于指导消费、宣传推销产品，因此，其内容层面的写作要领主要表现在以下四个方面。

一是突出实用价值。产品说明书是为了方便人们了解产品、正确使用产品而制作的。所以，说明书要围绕产品的性能、特点、功用、使用方法、注意事项、维护保养等具有实用价值的内容来写。消费者要对照说明书了解产品、进行操作。如果缺少了操作、使用等必需的实用内容，无疑就成了不合格的说明书。所以，说明书的内容，实际上具有规定性和约定性。如果疏漏或隐瞒了某些内容，就可能影响正确的操作和使用，这是对消费者的不负责任；如果把其他远离操作、使用的内容列入说明书，又是画蛇添足，纯属多余。

二是表述客观准确。产品说明书是指导消费者科学认识和正确使用产品的指导性文书，必须实事求是，客观准确地表述，绝对不能为了推销而任意夸大产品的功用。产品的功用和指标，应当符合国家质量标准，其数据必须准确无误。夸夸其谈的不实之词，不仅有可能使消费者在使用的过程中造成产品毁坏，甚至有可能危及消费者的人身安全，因此，所带来的后果必然是生产者承担相应的法律责任。说明书附有的技术参数、构造、图纸等，是其科学性的体现，也应该客观准确。

三是注重条理清晰。为了达到实用、科学的要求，产品说明书在表述上要注意表达顺序，力争做到条理清晰、次序分明，以利于消费者正确理解其内容。在产品说明书的实际撰写中，采用分类说明的方法往往更易于体现条理清晰这一要求。

四是用语通俗易懂。产品说明书的读者对象多为不具备专业知识的普通消费者。因此，要以通俗浅显的语言，将产品各方面的情况写清楚，尽量不用或少用不易理解的专业术语，用语力求平实、直白，让人一看就懂。如果实在要涉及专业术语，也要通过适当的方式、在适当的地方予以解释。

【例文4—4】

NJ××××型数显普通车床设计说明书

一、设计的目的及意义

在机械加工行业中，车床是应用时间最长、范围最广的专用加工设备之一，但传统的车床在加工中要停车测量，占用了大量的辅助时间，不仅效率较低、劳动强度大，而且加工精度偏低，尤其在轴向尺寸上较难控制。因此，大力发展在线测量技术对于机械制造进一步发展与提高具有深远的意义；

随着微电子技术的日新月异，自50年代初发展起来的计量光栅测量装置、感应同步器测量装置和60年代发展起来的磁栅数量测量装置的生产技术日益成熟，体积不断减小，成本下降，而可靠性和加工精度有了大幅度提高，为发展机械加工中的在线测量奠定了基础，有力地促进了机床行业的发展与提高。本产品是将数显测量技术应用于普通车床上而构成的机电一体化产品，采用计量光栅或磁栅式数显，可使～－Y－－X.寸控制精度，特别是轴向尺寸精度，有较大幅度的提高，可使加工时间大幅减少，降低废品率，同时提高机床效率40%以上，减轻工人的劳动强度。本机床的开发与应用，将为机械行业提供一种新型高效的加工设备。

二、主要技术参数。……（略）

三、数显装置的选型。……（略）

四、测量原理和安装结构

1. 测量原理……（略）

2. 安装结构……（略）

五、NJ××××型数显普通车床的计算

计算结果表明，纵横两座标的定位精度均在0.009mm左右，符合设计要求。

通过计算还可以看出，阿贝误差在机床定位误差中占有很大比例，因此，适当提高相关部分的加工、装配精度，将会进一步提高机床定位的精度。

××机械设计研究所第×室
××××年××月××日

第六节 招标书写作要领研究

招标书亦称招标通告、招标说明书，是招标单位为了达到招标目的，对外公布的有明确招标内容和具体招标要求的说明性文书。其作用在于招标单位为了选择技术装备力量强、经济实力雄厚、经营管理经验丰富，足以胜任承包任务的承包单位，而达到自己进行大型工程兴建和大宗商品及设备交易的目的。在整个招标过程中，属于首次使用的公开性文件，是唯一具有周知性的文件。招标书往往篇幅很长，结构复杂，还涉及诸多法律知识、专业知识，因此，要想写好招标书，更需掌握其格式层面和内容层面的写作要领。

一 招标书概说

招标书有多种分类标准，根据不同的标准分类，招标书可以有不同的类型。

按形式分，招标书可分招标公告、招标通知、招标启事和招标文件等。前面的几类是招标单位通过报刊、广播、电视等公共传媒，以发布广告的形式吸引投标者前来竞标的文书；招标文件则是招标单位编制的对外出售的招标书。按内容分，招标书则可分为大宗商品交易类招标书、招聘企业经营者类招标书、工程项目类招标书、科技项目类招标书等。按适用范围分，招标书又可分为国际招标书、国内招标书、部门系统内招标书等。

二 招标书的写作要领

（一）招标书格式层面的写作要领

招标书的格式通常由标题、导语、主体、落款几个部分组成，每个部分各有其写作要领。

标题。标题一般由招标单位全称、招标事宜、文种组成，如《××市××局××招标书》。

导语。招标书的导语亦称前言，这部分的内容主要包括招标的根据、目的、工程项目、商品、设备名称、规格及招标范围，也可简要介绍招标单位相关情况，以使投标者心中有数。

主体。按照《中华人民共和国招标投标法》的规定，主体部分应当包括：招标项目的技术要求、对投标人资格审查的标准、投标报价要求和评标标准等所有实质性要求和条件，以及拟签合同的主要条款。[①] 不同类型的招标，招标书的主体内容也不相同。

大宗商品交易类，主要由投标须知、需求表、技术规格、合同条款及格式、附件等内容构成。招聘企业经营者类，主要由招标范围、招标程序、企业基本情况、合格投标者标准、承包期限、承包内容及指标、中标人的权责、中标人的收入、合同变更中止的原则等内容构成。工程项目类，主要由投标须知、招标工程项目介绍、工程技术质量要求、包工包料情况、合同条款、合同格式及附件等内容构成。科技项目类，主要由项目名称、任务由来、研究开发目标、研究开发内容、经济技术指标、研究开发的进度要求、研究开发成果要求、研究开发经费要求、承包单位的条件及要求、投标截止时间等内容构成。重要的是，具体写作时必须根据不同类型的招标书在此部分内容要素方面的要求，将各要素写得完整无缺、清楚明白。

落款。写清具体承办招标事宜的具体单位名称、地址、电话号码、传真号码、网址、联系人等。如果是国际招标，还应注明招标范围应包括哪些国家、用何种货币、付款办法等。最后，写明制定招标文件的单位名称、日期，并加盖招标单位印章。

（二）招标书内容层面的写作要领

招标书的类型多种多样，不同类型的具体内容往往也非常庞杂。要将不同类型、内容复杂的招标书写好，写作时就要紧紧抓住招标书的写作要领，写出合格的、规范的招标书。招标书的写作要领具体体现在以下三个方面。

一是突出招标目的。以最少的投入获取最佳的经济效益，是招标的

[①] 《中华人民共和国招标投标法》第 1 章第 19 条，2017 年 12 月 29 日，民商法律网（http://www.liuxiaoer.com）。

根本目的。因此，招标单位要通过招标公告、招标文件等形式将招标内容及其条件和要求，公开告诉投标者，以引入竞争机制，达到降低投资和成本、提高产品或工程质量的目的。因此，一份招标书有没有突出招标的目的，往往就成了评判其写作成败的关键标准之一。

二是指明投标方向。招标书公开的招标项目、招标内容及其条件和要求、招标程序、投标须知等内容，为投标者指明了投标的方向。投标者可以根据这些信息资料，制定可行的投标方案、制作投标文件和编写答辩词等。写作招标书，就要将相关内容交代清楚，为投标者指明方向。这里有一个简便易行的方法，就是在招标书制作完成以后，自己模拟制作一份相关投标书，如能顺利制作，说明招标书的写作是成功的，如果无法或很难制作，说明招标书还需继续修改完善。

三是写清招标要素。招标书中涉及的各项要素，是保证招标单位目标得以实现的基础，是投标者填制投标文件的依据，招标书必须明确具体地写明招标的目的及基本情况、招标内容及要求、招标程序、投标须知等，切忌抽象笼统或含糊其辞。同时，也要将各要素分门别类、分条列项地合理安排，让人一目了然。

（注：招标书的例文一般非常长，限于篇幅，略之）

第七节　投标书写作要领研究

投标书亦称"标函"，是投标者根据招标书提出的资质等方面的要求，对自身的条件进行审核后，向招标单位提出投标意向，供招标人备选的文本。投标书与招标书相对应，编制是否合格、合规、合法，是否与招标书提出的各方面的要求吻合，直接关系到投标者最终能否中标。因此，研究并掌握投标书的写作要领，是投标书写作成败的关键。

一　投标书概说

投标书也可分为多种类型，但投标书的分类相对比较简单。按投标方人员的组成情况分类，可分为个人投标书、合伙投标书、集体投标书、企业投标书等；如果是按照性质和内容分类，则可分为工程建设项目投标书、企业租赁投标书、劳务投标书、科研课题投标书、技术引进投标书等。掌握好投标书的分类，按照不同类型投标书的写作要求进行写作，是写好投标书的重要环节之一。

二 投标书的写作要领

（一）投标书格式层面的写作要领

投标书的格式通常由标题、正文、尾部几个部分构成，每个部分都有其写作要领。要写好投标书，掌握好其格式层面的写作要领十分必要。

标题。从投标书写作的实际情况看，其标题的制作一般有四种模式。模式一：投标单位名称+投标项目+文种，如"××大学第二期扩建项目工程投标书"；模式二：项目名称+文种，如"××工程投标书"；模式三：投标单位名称+文种，如"××××建筑集团公司投标书"；模式四则是只标明文种，如"投标书""标书""标函"或"投标说明书"。无论是哪种模式，其本身并无高下优劣的区别，关键在于我们制作时，把握其规范、准确、简洁的要领。

正文。投标书的正文一般由送达单位、导语、主体、结尾四个部分构成。具体写作时，各有其要领。从送达单位看，要顶格写明公布招标者的全称。从导语看，强调的是开宗明义，以简练的语言交代清楚投标的依据、目的或指导思想，表明投标意愿，切不可东扯西拉，更不能文不对题。从主体看，一定要针对招标书提出的实质性要求和条件，作对应的陈述和介绍。通常可先扼要介绍投标者现状、具备的投标条件、目前所做的工作以及中标后的承诺；然后可提出总报价限价、完成招标项目时间、明确质量标准和保证措施等；陈述、介绍完以上内容后，还可简单介绍拟派出的项目负责人与主要技术人员的简历、业绩和拟用于完成招标项目的机械设备等。总之，这是投标书的核心部分，既要简明扼要，又要表述准确，还要完整无缺。从结尾看，要求写明投标者的全称、地址、电话号码、传真等要素，并加盖印章，其位置在正文的右下方。

尾部。投标书的尾部包括附件名称、落款、成文日期和附件原文。

这里所说的附件，是和正文相互配合的，如果投标书的内容不是很庞杂，大部分内容在正文中能够表述清楚，附件就可以减少。附件应视需要和实际情况而定。附件内容一般包括：资格审查文件、工程量清单、投标报价表、分项标价明细表、材料清单、技术规格、有关图纸和表格、担保单位的担保书，等等。

（二）投标书内容层面的写作要领

投标的直接目的就是为了中标。最终能否中标，影响因素当然很多，但跟我们制作投标书时是否掌握了其内容层面的写作要领也密切相关。投标书内容层面的写作要领主要有三点。

一是精心研究招标书。投标书是针对招标书而写作的。因此，投标书的写作者必须对相应的招标书进行精心研究，对招标书的各项要求、条件等烂熟于心，严格按照招标项目和招标条件、要求来写，不能招标书要求的是一套，投标书置招标书不管而另搞一套。

二是客观反映投标条件。投标单位自身的实际条件无论是招标单位还是评标专家都是十分看重的，因此，能否适当的介绍、恰当的写好投标单位自身的实际条件，往往也影响投标的成败。但必须根据投标单位自身的实际条件来写，必须实事求是地写，不夸大也不缩小，一切承诺都要建立在自己真实的实力基础上，否则，轻则不能中标，严重的还要承担相应的法律责任。

三是重点突出自身优势。客观反映投标条件是必需的，但也要突出自身的优势，否则根本不可能达到中标的目的。这主要是要求从投标书的内容和语言上把本身具有的优势条件充分反映出来，体现出竞争的优越性，也就是一定要通过恰当的表达，尽可能地突出投标者所具有的某些优势条件，给招标单位和评标专家以深刻的印象，进而击败其他的竞标者。同时，也要求投标书的写作者对同行业和本单位的整体情况都有所把握，正所谓"知己知彼，百战不殆"。这是能否中标的基础，也是一个投标书写作者必须具备的基本功。

【例文 4—5】

投标书

致××市××系统有限公司（招标方）：

根据贵方为_____项目招标采购货物及服务的投标文件_____（招标编号），全权代表_____（全名）_____（职务）经投标方正式授权并代表依据中华人民共和国法律在_____（注册地址）注册的投标方_____（投标方名称）提交下述文件正本一份和副本一式_____份。

1. 开标一览表
2. 投标价格表
3. 货物简要说明一览表
4. 按投标须知要求提供的全部文件
5. 资格证明文件
6. 其他：_____

投标方、全权代表宣布同意如下：

1. 按照招标文件中的一切内容，提供符合要求的设计和家具产品。

2. 投标方将按招标文件的规定、要求及投标方文件的每一项要求或承诺，按期、按质、按量履行合同责任和义务。

3. 投标方已详细审查全部招标文件，包括修改文件（如需要修改）以及全部参考资料和有关附件，我们完全理解并同意这些内容。投标方同意提供按照贵方可能要求的与其投标有关的一切数据或资料，并保证提供的投标文件均真实、完整，不存在任何虚假事项。投标方完全理解不一定要接受最低价格的投标或受到的任何投标，并自行承担与投标及相关过程中涉及的全部费用、风险、损失。

4. 投标自开标日期有效期为_____个自然日。

5. 与本投标有关的一切正式往来通信请寄：

地址：_____

邮编：_____电话：_____传真：_____
投标方名称（公章）：_____
投标委托人签字：_____
法定代表人签字：_____
日期：_____年_____月_____日

（说明：其他附件、表格、报告、复印件等略）

第八节　其他常用商务文书写作要领概略

常用商务文书，除已经介绍的经济合同、商品广告、营销策划书、产品说明书、招标书、投标书外，也还有很多种类。我们根据实际工作的需要，选择市场调查报告、市场预测报告、意向书、商务贷款申请书、企业所得税减免申请书、商标注册申请书、商务谈判方案等，分别对其各自的写作要领进行简略研究。

一　市场调查报告

市场调查是指以市场为对象的调查研究活动，是根据市场学的原理，运用科学的方法，有的放矢地搜集、整理、分析和研究市场环境和市场情况资料，从而了解市场、认识市场、获取市场信息。在此基础上写成的报告，谓之市场调查报告。

一份好的市场调查报告，能对企业的市场策划活动提供有效的导向作用，同时，对于各部门管理者了解情况、分析问题、制定经营决策、编制或者修订计划以及控制、协调、监督等各方面都能起到积极的作用。市场调查报告的写法及要求基本和事务文书中阐述的调查报告相似，只是侧重点在于市场。

二　市场预测报告

市场预测是一门掌握市场需求变化动态的科学，是经济信息的一个重要组成部分。它以经济理论为指导，运用科学方法，对市场调查得来的材料进行分析研究，测算、估计市场未来的发展变化趋势。用书面形式反映出来，便是市场预测报告。

按其范围，主要有宏观市场预测报告、微观市场预测报告。按预测方法，有定性预测报告、定量预测报告。按时间，有长期预测报告、中期预测报告、短期预测报告。按内容，有社会需求预测、销售预测、市场占有率预测、技术发展预测、资源预测、资金预测、生产预测、成本预测等。

市场预测报告的作用在于：为经济决策提供科学依据；为企业制订和调整生产经营计划提供科学依据；促进商品的供需平衡；提高企业的经济效益和社会效益。具有科学性、综合性、预见性、时效性的特点。因此，写作市场预测报告，关键在于如何写出其作用，体现其特点。

三 意向书

意向书是双方或多方就合作项目在进入实质性谈判之前，根据初步接触所形成的带有原则性、意愿性和趋向性意见的文书，是签订合同的前奏，不具有强制性的法律效力，主要是为下一步进行实质性谈判提供一个客观的、基本的依据。写作意向书，主要是将双方的"意向"如实地表达清楚，为后续的签订合同等工作奠定基础。

四 商务贷款申请书

商务贷款申请书是企业、个人或其他经济单位因生产建设、经营或者其他经济方面的需要，由于资金短缺而向银行或其他的金融组织要求贷款的书面申请。一般由标题、称谓、正文、落款和附件五部分构成。

另有一种商务贷款申请表，一般由银行或其他发放贷款的机构设计并印制，作为贷款的依据和凭证之一，内容项目根据相关的需要而制定。标准式样的文书由贷款机构提供，借款人填写相关信息。由于情况各异，各机构和银行的申请文书样式可能稍有出入，但大体上没有本质的区别。写清贷款的理由和还款的条件是商务贷款申请书写作的重点。

五 企业所得税减免申请书

企业所得税减免申请书,是企业单位或其他经济组织,按照税收法规和税收管理的有关制度规定,就减免税的事项向当地的税务机关请示,并请求税务部门履行的专用文书。

按其申请性质,可分为减所得税申请书与免所得税申请书。按其申请企业,可分外商投资企业所得税减免申请函(书)和一般企业所得税减免申请书两类。所得税减免的依据是否恰当、理由是否充足是判断企业所得税减免申请书写作成功与否的关键标准。

六 商务谈判方案

商务谈判方案亦称谈判计划,即在谈判之前,根据谈判的目的和要求预先拟定出谈判具体内容与步骤的文书。其内容一般包括主题、目标、程序、组织(成员)四个要素。

商务谈判活动能否达到预期的目的,不仅要看谈判桌上有关策略和技巧的运用发挥如何,更有赖于谈判前充分细致的准备工作,只有认真做好谈判前的准备工作,才能使活动取得预期的效果。所以,一份合格的商务谈判方案,应在全方位搜集与谈判活动有密切关系的信息资料的基础上,确定谈判主题,明确谈判目标,合理安排谈判程序,灵活制定策略。

第 五 章

常用应用文范文赏析

第一节 法定公文范文赏析

我们经常说学习写作要多看多练,而学习应用文写作也要多看多练。这里的看,主要是指多看应用文的范文,在看的过程中,揣摩类似文种的格式,借鉴别人的写作经验,丰富应用文写作的相关知识,进而提高应用文写作的水平。本节选取法定公文范文16篇,分别从其主题表达、结构安排、材料选用、语言运用、格式规范等方面进行赏析和研究。通过赏析和研究,力求达到使阅读者对法定公文写作不仅知其然更知其所以然的目的。

【例文5—1】

第×届全市人民代表大会第×次会议
关于政府工作报告的决议

(××××年×月×日第×届全市人民代表大会第×次会议通过)

第×届全市人民代表大会第×次会议听取和审议了市长×××所做的《政府工作报告》。会议对我市过去×年的工作表示满意,同意对今年经济社会发展任务和市政府各项工作的总体部署。会议决定批准这个报告。

会议号召全市人民在以×××同志为总书记的党中央领导下,高举邓小平理论、"三个代表"重要思想和习近平新时代中国特色社会主义思想伟大旗帜，认真贯彻党的××大和××届×中、×中全会精神，同心同德，再接再厉，为推动社会主义物质文明、政治文明、精神文明、生态文明建设与和谐社会建设，不断夺取改革开放和现代化建设事业的新胜利而努力奋斗！

简　析

决议在内容结构上通常由三个部分组成：一是审议的对象（如工作报告、法律法规、机构组织、人员任免、财政预决算、国民经济和社会发展计划等等）；二是表明态度，这部分言不在多，但一定要态度鲜明；三是进而发出号召，提出要求。发出号召也好，提出要求也好，都不能大而无当，要切合实际。本例文即是这种写法，篇幅不长，但措辞精准，词约义丰，要点突出，特别是结尾，紧扣题意。

【例文5—2】

×××关于成立×××××××开发领导小组的决定
×发〔××××〕×号

各×、×××、×××人民政府，各直属机构：

为实施××大开发战略，加快××部地区发展，决定成立××××related×××开发领导小组。

×××××××开发领导小组的主要任务是：组织贯彻落实××××、×××关于××地区开发的方针、政策和指示；审议××地区的开发战略、发展规划、重大问题和有关法规；研究审议××地区开发的重大政策建议，协调××地区经济开发和科教文化事业的全面发展，推进两个文明建设。

×××××××开发领导小组组成人员如下：

组长：×××

副组长：×××

成　员：×××……（略）

×××××××开发领导小组下设办公室，在××××××××单设机构，具体承担×××××××开发领导小组的日常工作。×××同志兼任办公室主任，×××、×××同志兼任办公室副主任。

×××××××开发领导小组办公室主要职责是：研究提出××地区开发战略、发展规划、重大问题和有关政策、法规的建议，推进××地区经济持续快速健康发展；研究提出××地区农村经济发展、重点基础设施建设、生态环境保护和建设、结构调整、资源开发以及重大项目布局的建议，组织和协调退耕还林（草）规划的实施和落实；研究提出××地区深化改革、扩大开放和引进国内外资金、技术、人才的政策建议，协调经济开发和科教文化事业的全面发展；承办领导小组交办的其他事项。

×××

××年××月××日

简　析

本例文是一篇知照性的决定。开首介绍了成立机构的原因，主体即第二段至第四段明确了决定事项，包括领导小组的主要任务、组成人员，下设办公室的人员、主要职责。文件字号"×发〔××××〕×号"，表示该领导机关××××年第×个文件。全文格式规范，思路清晰，结构紧凑，详略得当，语言简洁。

【例文 5—3】

×××、××××

关于给××××××工程指挥部记×等功的命令
×函〔××××〕×号

×××、××××××××××：

××××××工程指挥部承担着××工程××××建设和坝区××、

××任务。自××××年×月组建以来,该部全体××尊重科学,不畏艰险,顽强拼搏,迎难而上,坚持高标准、严要求,出色地完成了××××建设、二期上游围堰拆除、三期导流明渠下游围堰施工等重大任务;开辟了世界上规模最大、水头最高,全长××米的人工航道,开挖土石××多万立方米;成功解决了×多项世界级水利工程技术难题,取得了多项科研成果,获得××工程爆破协会科技进步一等奖×项、××电力科学技术二等奖×项、××实用新型专利×项;承担的开挖、锚固和混凝土浇筑等工程,质量合格率达100%,优良率达80%以上,为××工程建设做出了突出贡献。

为表彰先进,×××、××××决定,给××××××工程指挥部记×等功。

×××

×××

××××年××月××日

简　析

本例文是一份嘉奖令,共由两部分内容组成。第一部分即第一段,是受令原因,说明为什么要嘉奖;第二部分是第二段文字,阐明受令内容,即"给××××××工程指挥部记×等功"。特别是受令原因部分,内容充实,层次清晰,语言准确、简洁、规范,该部分对于在应用文中如何运用叙述这种表达方式,尤其提供了可资借鉴的经验。

【例文5—4】

关于严禁燃放烟花爆竹的通告

烟花爆竹是国家明令严格监管的民用爆炸物品,烟花爆竹的使用必须符合安全规定。近年来,个别居民和单位燃放烟花爆竹时因使用方法不当、燃放时间地点不适，不仅造成社会治安和消防安全隐患，而且污染环境，干扰正常工作生活的秩序，严重影响广大人民群众身心健康。为了保持市区良好的社会环境，维护广大市民的正当权益，塑造文明的城市形象，特通告如下：

一、禁止在市区××路至××路口段，××路、××西路、××路至××路口段，××路、××路、××路等主要街道燃放烟花爆竹。

二、禁止在公共楼梯、走廊、橱窗内燃放烟花爆竹。

三、禁止在晚上12：00至次日6：30和中午12：30至下午2：30的时间段内燃放烟花爆竹。

四、凡违反上述规定的，一律责令立即清除遗物遗迹，并按有关规定严厉处罚。

五、各单位、宾馆、酒家和其他经营口户要教育好本单位的干部职工及其家属子女自觉遵守上述规定，不得在规定的时间和地点内燃放烟花爆竹。

六、广大市民要进一步提高觉悟，转变观念，移风易俗，倡导文明生活方式，共同创造和维护良好的工作生活环境。

七、本《通告》由市公安局和市城监管理大队负责监督实施。市公安局和市城监管理大队要认真履行职责，严格执法。

××市公安局
××××年××月××日

简　析

本例文是一则典型的知照性通告。通篇体现了知照性通告在一定范围内公布应当周知的事项的特点，对于这类通告的写作要领把握得非常到位。从全文结构看，标题的制作模式是"事由＋文种"；主体部分明确具体而又层次清楚地写出了通告的内容、事项、要求和实施措施；落款则写明了发文机关名称和发文时间。全文结构紧凑，层次清楚，重点突出，语言准确而简练。

【例文 5—5】

×××关于进一步精简会议和文件的通知

××××××、各直属机构：

　　近年来，×××、×××三令五申，要求精简会议和文件，并采取一些措施，取得了一定成效。但是各类会议和文件仍然偏多，特别是部门内设机构召开的会议过多过滥，一些会议随意召集地方政府××负责人参加，给地方增加了负担；部门内设机构越权发文现象十分突出，成为文件过多的主要原因……（略）

　　进一步精简会议和文件……（以下主要谈三条总的原则要求，文字略）为做好精简会议和文件的工作，现将有关事项通知如下：

　　一、切实加强管理，精简各类会议

　　（一）继续大力压缩会议，能不开的会议坚决不开……（略）

　　（二）严格限制邀请地方政府及其厅局负责人和中央管理的企业的负责人参加会议……（略）

　　（三）尽量压缩会期，提高会议质量……（略）

　　（四）大兴勤俭之风，反对奢侈浪费……（略）

　　（五）改进会议方式，提高会议效率……（略）

　　（六）应由各部门召开的会议，不得要求以国务院或国务院办公厅的名义召开……（略）

　　二、采取有效措施，大力精简文件

　　（一）各部门要在进一步转变管理职能和减少审批事项上多下功夫……（略）

　　（二）各部门要严格控制向地方政府发文……（略）

　　（三）严格控制部门内设机构发文……（略）

　　（四）各部门要各司其职，各负其责……（略）

　　（五）要认真做好各种简报的清理、整顿工作……（略）

　　三、加强监督检查，促进工作落实

各部门主要负责人要高度重视精简会议和文件的工作，严格把关，从源头上控制和解决"文山会海"问题……（文字略）

××年××月××日（章）

简　析

本例文是一篇较为典范的指示性通知。标题是由发文机关（×××）、事由（进一步精简会议和文件）、文种名称（通知）三个要素组成。例文点明主送机关（××××××、各直属机关）后，先是采用欲抑先扬的写作手法和高度概括的语言，说明"通知缘由"，即肯定近年来在精简会议和文件方面所取得的成效，紧接着笔锋一转，用转折词"但是"引出所存在的问题，并进而过渡到对精简会议和文件的原则要求的叙写，从而使受文机关能够充分认识和领会行文的必要性和重要性。

主体"通知事项"部分，紧紧围绕"精简会议和文件"这一主旨，并列讲述了三大方面的内容事项，其中前两个方面（切实加强管理，精简各类会议；采取有效措施，大力精简文件）分别就如何精简会议以及如何精简文件问题做出了指示，最后一个方面（加强监督检查，促进工作落实）就如何贯彻落实提出了具体要求。在写法上，例文主要采用了撮要标目的方式，即先用序号标明层次，后列出段旨句，使例文显得条理清晰，眉目清楚，阅者便于领会、理解和执行。同时，例文对每项规定要求的阐述都很明确具体，在实际的工作中具有很强的针对性和可操作性。

由于是指示性通知，因而例文大量地使用了"不得""要""不要""必须"等模态词语，表意明确，语气坚定，令人不容置疑。这对于确保通知内容的贯彻执行，是极为必要的。

【例文 5—6】

×××批转×××
关于加强××××财务监督的意见的通知
×发〔××××〕×号

各×、×××、×××人民政府，××××××、各直属机构：

×××同意×××《关于加强××××财务监督的意见》，现转发给你们，请认真贯彻执行。

加强××××财务监督，完善企业财务约束机制，是落实和规范企业财务自主权，促进企业依法理财，维护国有权益，提高企业财务管理水平的一项重要工作。近几年来，随着财务管理权限的逐步下放，出现了一些企业××××被侵蚀，×××大量流失等不容忽视的问题，严重妨碍了经济发展和企业改革的顺利进行。各地区、各部门对此必须予以高度重视，要通过不断深化改革，建立健全企业外部财务监督与企业内部财务约束相结合的监督机制，把××××各项财务活动纳入法制化轨道。各级××、××、××、××等部门要在当地政府的领导下，按照既各行其责，又避免重复监督的要求，通过切实有效的财务监督工作，把企业财务管理提高到一个新水平。

附件：《关于加强××××财务监督的意见》

×××
××××年××月××日

简 析

本例文标题包括发文机关（×××）、事由（批转×××关于加强××××财务监督的意见）和文种（通知）三个要素，简洁、准确、规范，符合批转性通知标题制作的要求。正文的第一个部分非常简短，但却将"批转型通知"通常应有的几项内容介绍得非常清楚而全面，同时，措辞极为精准、简洁；第二个部分概述相关工作的意义，联系实际阐明存在的相关问题及其危害，并顺理成章地提出相关工作要求。

随"批转型通知"下发的公文，其内容应该是反映带有普遍性的问题或具有普遍性的指导意义。通常情况下，下级机关所制定的政策和拟采取的行政措施，如已超出本机关的职权范围，或者是在实施时需要得到同级机关的协助、支持和帮助，就要报请上级机关批准。上级机关在批准的同时，则将其随"批转型通知"下发。

明确地表达上级机关的态度，宣布转发，指明所转之文的普遍指导意义，提出执行的相应具体要求，是"批转型通知"的主要几项内容，且强调在写作执行要求时既注重原则性又讲究可操作性。这些方面，本例文都堪称典范。

【例文 5—7】

关于×月以来接连发生特大火灾事故的通报

各×、各×××、××××××、×：

今年入秋以来，××、××、××等地相继发生多起特大火灾，造成了重大人员伤亡和财产损失。现将有关情况通报如下：

×月×日，××省××市××镇××厂，因员工装配打火机试火引燃堆放在工作台上的打火机爆燃成灾，造成××人死亡，××人受伤，烧毁塑料打火机××万支，厂房面积××平方米，直接财产损失××万元。

（以下按时间顺序叙述了××起火灾事故的情况，均包括时间、地点、原因、结果等要素，文字略）

近期大火增多，反映出消防工作还存在着许多薄弱环节，火险隐患仍很严重。当前天气渐冷，用火用电增多，即将进入火灾多发季节，各地务必吸取火灾教训（以下是具体要求，文字略）。

×××

××××年××月××日（公章）

简 析

本例文是一份典型的情况通报。标题用"事由+文种"的写法简明扼要地点明了通报的事由。正文按照时间顺序,采用概括叙述的方法,分别列举了××××年×月以来全国各地发生的多起火灾事故。对每起火灾事故的叙述,都完整地写明其发生的时间、地点、起因及后果等诸项要素。对后果的叙写,包括人员伤亡、财产损失等,均通过一系列数字加以准确地反映。由此表明,撰写情况性通报,要尽量运用概括的手法和数字化的方式进行阐述,以增强其准确性、说服力和可信度。

本例文叙述完××起火灾事故之后,又采用由点及面、由个别到一般的写法,向各地相关部门提出了具体要求,从而使其内容全面,结构完整,逻辑严谨。

情况性通报的写法与批评性通报有所不同,即它往往采用"白描"的手法客观地叙述事实,讲究"直陈其事",一般不过多地分析事件的起因,也很少进行议论。在这方面,本例文尤其值得借鉴。

【例文 5—8】

××××××关于从落实责任制入手加强企业管理基础工作的报告

××××:

前几年,我们××建立了员工岗位责任制和干部职务责任制,对于克服职责不清和无人负责的现象,起到了较好的作用。但是,没有明确每项工作要干到什么程度,达到什么标准,结果衡量没有尺度,考核没有依据,往往是责任制写在纸上贴在墙上,执行不执行一个样。员工们反映,这样的责任制好像"橡皮尺子",可长可短,不好衡量,容易流于形式。事实说明,生产水平越高,越要落实责任制,把基础工作搞扎实。

制定岗位考核标准

我们对全××劳动管理和岗位责任制的现状进行调查,摸清情况,然后根据各单位赶超国内外先进水平的目标和多快好省的要求，制定了员工的岗位考核标准和干部的办事细则，要求做到"全、细、严"。

严格按照标准进行考核

制定出岗位考核标准以后，我们仍坚持从严考核，用一整套定额计量、原始记录和统计，精确地计算每个岗位的工作量和生产效果，科学地分析每项技术操作，使各项经济活动和生产技术操作规格化、标准化、最佳化……（略）

根据考核结果实行奖惩

在严格考核的基础上，我们把考核同奖惩紧密结合起来，根据考核结果，做到奖罚分明。

实践证明，制定岗位考核标准，严格按标准进行考核和根据考核结果实行奖惩"三位一体"，是落实岗位责任制，加强企业各项管理基础工作的有效办法。

××年××月××日

简　析

本例文是一份专题性的工作报告。标题由"发文机关＋事由＋文种"组成。写工作报告，最容易出现的问题是开头有时难免要写上一大串空话、套话。本例文却很好地避免了这种弊端。开首直接用几年的事实变化，实实在在地告诉人们，没有严格考核标准的责任制是一把"橡皮尺子"。生产水平越高，越要落实责任制，从而阐明观点，揭示主题。

结构上，本例文采用的是"递进式"的结构方式。此结构方式运用得当，既可以紧扣读者心理，使其一口气读完，又可使读者的认识循序渐进、思想步步升华，还可以使全文结构严密紧凑、逻辑性强。

例文所报告的三点做法，从逻辑上看，也是一环紧扣一环的，即上一点是下一点表述的基础，下一点是上一点表述的深入；先讲考核标准，再讲怎样考核，最后讲考核与奖惩挂钩、步步递进、层层深入。结尾又与开头相呼应，把认识加以升华，在结尾的部分回答了开头提出的问题，即"三位一体"是落实责任制，加强企业管理工作的有效办法。因此，本例文读后，给人一种非常深刻的印象就是：行文自然、首尾圆合、结构严谨、主旨突出。

【例文 5—9】

××市××局关于划拨增设地下消火栓所需资金的请示

省××厅：

　　××市××公司××冷库，系地区分配性重点仓库。库区建筑面积×万平方米（其中冷库××平方米，蛋库××平方米），贮存物资近××吨，价值××万元。

　　多年来库区防火设施比较简陋，除简易防火工具外，仅有消火栓一处，因年久失修，水压低，达不到喷射要求，一旦发生事故，后果不堪设想。虽然省、市防火部门多次检查、提出建议，但因缺少资金，一直没有按重点库区建设。为确保库区安全生产，做到常备无患，急需修建地下防火栓××处，需要资金××万元（计划附后）。

　　妥否，请审核后予以拨款为盼。

××××年××月××日

简　析

　　本例文是一篇典型的直请性请示。标题采用"发文机关名称＋发文事由＋文种"的完整模式，非常符合此类请示标题的制作要求。正文部分，开头仅用几句话就说清了请求拨款的缘由。此几句话选用的事实材料典型，没有烦琐的过程叙述，却充分说明了请求拨款的合理性、必要性与紧迫性。然后又仅用了一句话便写明了请示的事项。既简洁明确，行文流畅，又符合政策，切合实际。由于此请示的主旨是请求上级"拨款"，故结尾使用"妥否，请审核后予以拨款为盼"一句结尾，既起收束作用，又收强调之效，还表示了谦敬之意，用语妥帖而又规范。

　　主旨明确，条理分明，语言简洁，格式规范，是本例文的突出特点。

【例文5—10】

关于企业库存涤棉布调整价格差额大于国家流动资金部分能否增拨的请示

××××××：

你×（××）××字第×号文《关于企业库存涤棉布调整价格差额的财务处理问题的意见》，我×业已转发。据××、××等多个地市反映，有些企业国家资金很少，库存涤棉布调整价格差额大于国家流动资金。超出国家流动资金的部分如何处理，能否增拨流动资金，请核示。

××××
××××年××月××日

简　析

本例文的标题是由事由和文种两个要素构成的，其中"事由"一项写得非常具体，即"企业库存涤棉布调整价格差额大于国家流动资金部分能否增拨"，一句话基本上把所请示的问题反映了出来。故正文只提出问题，而未提出具体建议。"请核示"之类的语句是直请性请示惯用的结束语。观其全文，既简短，又规范。

【例文5—11】

××省××厅关于同意拨款修建地下消火栓的批复
××字〔××××〕×号

××市××局：

你局《关于×××××××××××的请示》（××字〔××××〕×号）已悉，经研究批复如下：

同意你局在仓库库区范围内修建四处地下消火栓，有关手续请尽快与消防部门联系办理。

拨款×万元作为你局修建消火栓专项包干用款，要求专款专用，不得挪作他用，不足部分请自筹解决。

××省××厅
××××年××月××日

简　析

本例文是一篇具有批准性质的批复。按惯例，先引用来文的标题和发文字号，以明确是针对哪份请示、何种事情所做的批复；然后针对请示的具体问题表明上级的态度，写明拨款的数额，并提出相关的具体要求。

全文格式规范，针对性强，语言简洁，态度明确，阅罢使人一目了然。

【例文 5—12】

××××转发关于处理××××问题报告的批复

各×××、××、并转所属各×××、××、×××：

兹将××××厅××室××月××日制发的关于处理××××问题的报告转给你们。我们同意报告中所提意见，请你们对××××认真负责，加以处理，满足群众的要求。对此问题采取忽视态度的机关和个人，应改正此种不正确的态度。望加检讨，并盼电复。

××××
××××年××月××日

简　析

对下级机关呈送的"报告",上级机关如果认为其内容、观点、建议等对面上的工作具有普遍指导意义,就会使用"批复"这个文种,并加注相关批语,批转给下属或涉及权限范围的各单位,供其参考执行。本例文正是如此,其行文符合《条例》制定的相关行文规则。

本例文在内容上主要包括三个方面:首先是表明态度,即认为下级来文中的观点、建议、想法对推动某项工作、解决相关问题等具有启迪、参考、借鉴、警诫的作用,所以往往在批复的开头就对下级的来文表明作为上级机关的明确态度。其次是强调问题,即在表明态度之后,往往紧接着对下级来文中所反映的经验、提出的问题等予以强调,进一步指出它们的必要性、重要性、指导性、可借鉴性,有的批复在此根据实际需要可能还会补充上级机关的看法,以引起下级机关的重视。最后是提出希望与要求,本例文中,"我们同意……"是"表明态度","请你们……满足群众的要求"属"强调问题",末尾的两句是针对受文单位受文后应该如何做提出的具体要求。

本例文篇幅虽短,但格式规范,措辞精准,用语得体,观点明确,不失为批复写作的典范之作。

【例文5—13】

××市人民代表大会常务委员会主任会议
关于提请审议决定××市代理市长的议案

××市人民代表大会常务委员会:

×××同志调任外市工作,不再担任××市市长职务。×××同志已向人大常委会提出了辞去××市市长职务的请求。按照《××市人民代表大会常务委员会任免国家机关工作人员条例》第五条第一款规定:"在市长因故不能担任职务的时候,根据市长或者市人大常委会主任会议的提名,从副市长中决定代理市长。"经主任会议研究,提请×××为××市代理市长。

请审议决定。

××××年××月××日

简　析

本例文是一份有关人事任免事项的议案,议案的写作有其惯用的模式,本议案共涉及三大部分的内容:一是写作缘由,即"×××同志调任……的请求"一段话,言简意赅;二是提请依据,即"按照……代理市长"的一段话,引据恰当;三是提请要求,即"经……代理市长"的一段话,明确具体。这种写法,符合此类议案写作的惯例,交代清楚,简洁明快。

综观全文,标题制作规范;受文单位符合要求;正文交代缘由、依据和要求虽着墨不多,但理由充分,清楚明白;结尾和落款均符合此类文种的写作要求。

【例文5—14】

××省人民政府办公厅关于商请办理直通香港运输车有关牌证的函

××省人民政府办公厅:

××省人民政府同意×××农场与香港××陆运公司合作经营××直通运输公司,经营××往返香港的进出口物资运输业务。为有利于开展正常的业务活动,请协助办理该公司直通香港的××部各类运输车辆在贵省境内行驶的有关牌证。

妥否,请函复。

××省人民政府办公厅
××××年××月××日

简　析

本例文的发文单位是××省人民政府办公厅，受文单位则是另一省人民政府办公厅，两个单位级别相同，且互不隶属。二者之间如因公务商谈、接洽，需要产生公文往来，按照行文规则，可以使用函这一文种。

本例文标题的模式是"发文机关＋事由＋文种"，属三个要素俱全的完整式，"关于商请……"是这类商洽性函标题常用的说明事由的形式。例文正文主要涉及三项内容，第一项是写致函原因，写得简洁、明快、清楚；第二项是写致函的目的，仅用一句话，写得直接、明确、具体；第三项是商洽的具体事项，也是写得简洁、直接、明确；结束语"妥否，请函复"，含有协商、祈请的语气，是商洽性函惯用的结束语，写得恰当、规范。

此类函写作的要领主要是文种选用要恰当；格式要规范；致函原因、目的、要求要明确具体；用语要得体；尤其是需要受文单位协助办理的事项不能超出对方的职权范围。这些方面本例文都非常符合要求。

【例文5—15】

×××××关于××××经济技术开发区的复函

×××人民政府：

你×《关于申报××高新技术产业开发区为××级经济技术开发区的请示》（×政〔××××〕×号）收悉。经×××领导同意，现函复如下：

一、同意在××高新技术产业开发区基础上建立的××经济技术开发区为××级经济技术开发区，实行现行的××级经济技术开发区的政策。

二、××经济技术开发区分东、西两片，东片北至××路，南至××路、××路，西至××路、××路，东至××路；西片北至××路，南至××渠，西至××路，东至××路。东、西两片规划范围总用地××平方公里（其中东片用地×平方公里，西片用地×平方公里）。

三、××经济技术开发区的建设和发展，纳入××市经济技术发展的总体规划，建设发展资金由你×自筹解决。

四、××经济技术开发区要坚持以工业项目为主、吸收外资为主、出口为主和致力于发展高新技术的方针，积极改善投资环境，逐步完善综合服务功能。

五、要加强领导和管理，促进××经济技术开发区各项工作的健康发展。

××××××
××××年××月××日

简 析

本例文是一份针对下级写给上级的"请示"而予以答复的信函。对于来自下级的"请示"予以批复的问题，在实际工作中往往有两种情形：一是由上级直接用"批复"作答；二是由上级单位的办公部门来回复，由于行文的办公部门与呈送请示的单位通常是平级，所以按照行文规则需采用"函"这个平行文种进行批复，而不能使用专用于答复下级请示的"批复"。本例文正是属于第二种情况。这种情况在实际写作过程中，必须特别予以注意。

本例文的标题由"发文机关＋事由＋文种"三个要素组成。主送机关是×××人民政府。要注意的是，来文并不是"请求性函"，而是一份"请示"。因此，措辞、用语、写法与针对"请求性函"而写的"复函"有较大的差别。

本例文首先引述对方来文的标题和文号，这是写明本文是针对下级单位哪份公文而写的"复函"，即提示发文缘由；然后表明态度，并以"现函复如下"这一惯用的过渡性语句领起下文。主体部分写明答复的具体事项，同时代表上级机关提出指示性意见。答复事项写完，全文也就自然结束，没有使用函常用的"特此函复"、"此复"之类的结束语。

本例文在如何根据工作实际正确使用"批复"这一文种及如何安排结构、划分层次、规范用语等方面都值得研究和学习。

【例文 5—16】

××市××区人民政府办公会议纪要

时间：××××年×月×日下午

地点：×××会议室

主持人：×××同志

出席者：（略）

列席者：（略）

会议研究决定事项如下：

一、×××同志传达了市加快奶牛业发展、改善牛奶供应会议精神，并对我区集体发展奶牛工作做出了安排。会议同意××××年在××、××、××饲养奶牛×××头，其他有条件的牧场可以逐步扩大养殖规模，各有关部门要积极支持，提供方便。粮食部门要落实好饲料供应问题。

二、×××同志汇报了我区××××××土地的详查结果。会议同意由规划办公室将详查结果报于市里。

三、×××同志传达了市人防工作会议的精神，汇报了我区××××年人防工作的情况和××××年的工作安排。会议同意人防办公室的工作安排，决定召开业务会议进行部署。会议强调，××××年我区人防工作要本着加强维护、平战结合的原则，在保证人防工事安全的前提下，充分加以利用，发挥其作用。

简　析

本例文是一篇决议性会议纪要。首先介绍了会议概况，包括时间、地点、主持人、出席人、列席人；接着分条列出议定的事项。会议单位在标题中列出。

格式规范，语言简洁，层次清晰是本例文的突出特点。

第二节　事务文书范文赏析

需要特别指出的是，应用文最基本的载体是语言，而语言的学习需要广泛阅读优秀文学作品特别是语言大师们的作品，切不能认为单靠阅读类似的应用文就可以得到语言的提高。文学写作的语域要比应用文写作的语域宽广得多，语言的锤炼要求也高得多。一般来说，如果对文学语言能驾轻就熟的话，写作应用文在语言上也能得心应手。因此，在"看"应用文范文的基础上，也要注意多欣赏优秀的文学作品。本节选取事务文书范文 18 篇，也是分别从其主题表达、结构安排、材料选用、语言运用、格式规范等方面进行赏析，各篇视其不同的情况，赏析的侧重点也有所不同。

【例文 5—17】

××××学院教研部××××年工作计划

为了加强教研部建设，圆满完成"教学、科研、管理一体化"的任务，做好公务员培训工作，根据学院在新形势下深化改革方案的精神，借鉴有关兄弟学校的成功经验，结合教研部的实际情况，经与市人事局录用培训处多次协商，对××××年的教学、科研工作提出如下计划：

一、目标

（一）教学工作计划

拟举办下列班次：

1. 公务员专业知识课"行政决策"培训班（略）

2. 公务员任职资格培训班。对象为市、区办公厅（室）在职工作人员。人数××人左右，时间××天，拟办 2 期。第 1 期：×月×日至×日，第 2 期：×月×日至×日。采用面授与自学相结合的形式进行培训，开卷考试，由省统一命题、统一评卷。

3. 公务员电脑培训班（略）

（二）科研工作计划

1. 在本年内，完成已立项拨款的市社科""规划中的课题"比较研究"（负责人）

2. 编写教材方面，今年内需完成为公务员培训班使用的4本教材。（略）

二、措施

为了保证公务员培训工作能顺利进行，特提出如下措施：

（一）校领导的重视和支持是做好公务员培训工作的根本保证。希望派出一名校主管领导到教学部工作，以减少请示汇报工作的环节，提高工作效率。

（二）理顺关系，优化服务是做好公务员培训工作的必备条件。（略）

（三）充实人员，建立队伍是做好公务员培训工作的决定因素。（略）

（四）改善办学条件是做好公务员培训工作的物质保证。（略）

简　析

本例文是一份××学院教研部门的年度工作综合计划。标题采用完整式，即"制订计划的单位名称（××××学院教研部）＋计划的适用时限（××××年）＋计划的内容（工作）＋文种（计划）"构成。正文部分，从表面上看，只写了"目标"和"措施"两部分，实际上，在讲"目标"时，把"步骤"也已经讲清楚了。这种写法，既节省了笔墨，也体现了计划这个文种写作方法的灵活多样。

限于篇幅，本例文没有引用完整，但仅就所摘录的部分看，也较好地体现了计划写作中具体性、明确性、预测性和可操作性的要求。

【例文 5—18】

××市财政学会××××年工作要点

××××年的学会工作，要以邓小平同志建设有中国特色的社会主义的理论和党的基本路线为指导，全面贯彻党的十四大和十四届三中全会精神，围绕"抓住机遇，深化改革，扩大开放，促进发展，保持稳定"的全党全国工作的大局，努力做好学会各项工作，积极促进财税改革和其他改革。搞好财税改革是建立社会主义市场经济体制和加强宏观调控的重要内容，是今年财税工作的中心任务，也是我们学会工作的中心。在新体制运行中，我们要密切地注视不断出现的新情况、新问题和新矛盾，加强调查研究和跟踪分析，积极提出解决问题的意见和建议，确保财税改革取得预期的效益，保证我市经济持续、快速、健康发展。现提出学会今年的主要工作如下：

一、围绕财税改革开展学术研究

今年的财税改革是新中国成立以来动作最大，范围最广，内容最深刻的一次重大变革，也是利益分配的一次大调整，它标志着我国的改革正向纵深发展，意义十分重大。目前新税制已开始运行，新的财政体制运行还需要一段时间，但在实际工作中有许多新的问题需要解决，许多新的情况需要解决，许多新的情况需要研究。所以今年学会的学术研究应主要围绕新的财税改革这个中心来进行。现提出以下重点研究课题供参考。

1. 如何正确处理加强宏观调控与发挥市场机制作用的关系。新体制所要求的财政宏观调控，同过去的财政管理相比，有什么共同点和重要区别。在建立健全宏观调控体系中如何转变财政职能，充分发挥财政在宏观调控中的作用。财政宏观调控的目标和手段是哪些等。

2. 在分税制财政体制下，如何进一步发展经济和加强财源建设，确保中央与地方财政收入的稳步增长；如何调整工作思路，建设新的财政机制；如何拓宽聚财源道、开阔理财视野，综合运筹财政资金，加快地方经济建设；如何在分税制的框架下建立地方各级的财政体制和财政管理。

3. 财税工作如何配合现代企业制度的建立，财税管理工作应当做哪些改进，国家财政要为企业经营机制转换和组织结构调整创造哪些条件等。

4. 其他课题。（略）

二、努力办好《财会》，扩大财政宣传

《财会》是我市五个学协会、研究会的共同会刊。办刊十多年来，它在促进学术研究、活跃学会活动，开展信息交流，推进改革等方面，发挥了积极作用。它是我市宣传财会改革的阵地，交流研究成果的园地，是传播财会知识、沟通内外信息的窗口。今后要继续坚持党的基本路线和正确的办刊方向，努力为中心、为现实、为改革服务。为使刊物办得更好更活，计划在今年适当时候，召开一次读者座谈会，广泛征求意见，提高刊物质量，有计划地组稿、选稿、增强刊物的实用性和指导性。同时，改进编辑工作，使版式、版面更加美观大方，栏目灵活多样。总之，要把刊物办成我市财会人员的良师益友。

三、加强组织建设

财政学会是一个广泛团结各方面理论人才和研究力量的学术团体。要使学会活动能够广泛深入地开展起来，就要不断加强学会的组织建设。为此：

1. 各会员小组和各区县学会，在今年要有计划地吸收一批新会员，把一些有财经工作经验和理论修养的中青年同志吸收入会，壮大队伍，增加力量；

2. 通过交流会、座谈会等形式交流学会工作，推动市、区、县学会活动更加广泛深入。

今年是财税改革有较大突破的一年，也是学会工作任务较为繁重的一年，只要我们树立超前意识，及时把握时机，选准课题，早作安排，积极探索，勇于创新，扎实工作，学会的活动就会开展得更好。希望各位理事、会员及广大财政、财务工作者，积极参加学会活动，关心支持学会工作，使我们学会工作再上一个新台阶。

××××年××月××日

简　析

　　本例文是一篇××市财政学会对其年度工作做出全面安排的综合性工作计划。标题同样由"单位名称（××市财政学会）＋适用期限（××××年）＋文种名称（工作要点）"三个要素构成，这种制作标题的方法有个非常大的好处，就是使阅文者一看标题，就可以十分清楚地看出这是何单位就何时间段的工作做出的安排。

　　正文的前言即"基本情况"部分，主要是指明中心任务，提出总体要求；主体部分，作者采用的是计划写作中一个比较特殊的写法，就是将"目的与要求"以及"步骤与做法"放在一起写，也就是提出一项工作任务后，紧接着便说明完成该项任务的具体做法和措施，这样写，不仅交代清楚了"做什么"的问题，也交代清楚了"怎么做"的问题，起到了结构紧凑，行文流畅，节省笔墨的效果。同时，在写作这一部分的时候，由于作者采用了序码加小标题和分条列项的写法，这就使得这一部分的条理也十分清楚，重点也非常突出。

　　最后一个自然段是计划通常会有的结语部分，内容不多，但涉及了展望形势、表明决心、提出希望三个方面的内容。

　　由于标题中已有制订计划的单位名称，所以落款只有制订日期一项内容。这符合计划写作的相关要求。

【例文 5—19】

××支教工作阶段总结

　　按照中办发〔××××〕×号文件精神，×××族自治区从××××年×月开始在全区开展支援基层教育工作。近三年来，在党中央、国务院和自治区党委、自治区人民政府的正确领导下，在中央有关部门的关心指导下，经过全区上下一致共同努力，支教工作取得了较大的成绩，为改变受援地区，尤其是贫困地区教育的面貌做出了贡献。现将有关情况汇报如下。

一、基本情况

我区从×××年×月起一共派遣了三期支教工作队。第一期时间为×××年×月至××××年×月；第二期时间为×××年×月至××××年×月；第三期为×××年×月至××××年×月。三期共派出各级支教队员××××人，分别进驻××所中学、××所小学开展工作。支教队员当中有处级××人，科级××人。党员××人，占总人数的××%，团员××人，占总人数的××%。学历方面，研究生××人，大专以上××人，占总人数的××%，中专××人，占总人数的××%，从事教学工作的××人，占总人数的××%。

二、支教工作取得的成绩

1. 支教的重大意义被越来越多的人所认识，全社会关心、支持文教的热潮已经形成并逐渐高涨……（略）

2. 支教工作深受广大群众的支持、拥护、欢迎……（略）

3. 为受援地办好事实事。

（1）从×××年开展支教工作以来，支教队把协助、指导当地党委、政府抓"两基"作为支教工作的"重中之重"，从实际出发，从基础抓起，巩固"普九"，首先是抓住"人头"，降低辍学率。××××年全区小学学龄儿童入学率达到××%。学年辍学率为×%，比支教前降低××个百分点，初中在校生比上年增加×万人，增长×%，初中毛入学率为×%，比上年提高××个百分点，比支教前提高了××个百分点，支教队员在动员流失学生返校方面做了大量的工作，涌现出许多感人的事迹。这些年来，有支教队员进驻的学校辍学率均有所降低。此外，还大力进行教育法制宣传；巩固扫盲成果等。

（2）抓农村教育综合改革，探索全面推进素质教育的新路子……（略）

（3）帮助受援地抓好薄弱学校的领导班子和教师队伍的建设……（略）

（4）加强薄弱学校的管理，促进"三风"好转，提高教育教学质量……（略）

（5）积极改善受援学校办学条件，资助贫困生重返新园……（略）

4. 培养和锻炼一大批年轻干部……（略）

三、我们的一些做法

一是领导重视、认识到位、机构落实、加强指导、拨有专款……（略）

二是四路明确、重点突出、真抓实干、务求实效……（略）

三是全社会、大范围、多形式开展支教。各级党委、政府把支教工作列入议事日程，把它当作一件大事来抓。形成了"党以重教为先，政以兴教为本，民以支教为荣"的良好支教氛围……（略）

四是培育典型、发现典型、树立典型、总结推广典型经验，带动全局……（略）

五是抓好支教队伍建设，加强队员管理，提高整体素质……（略）

四、存在的问题和困难

支教工作虽然取得了一定的成绩和经验，但还存在一些问题：发展不平衡。有的地县领导对支教工作重视不够，支教工作队派下去以后，很少深入调查研究、督促、检查，工作进展较慢；有的地县支教办公经费得不到落实；有些教育部门和后援学校产生厌倦情绪，认为"抽自己的血来补自己的身体，没有什么作用"，教育行政部门没有很好进行指导、管理，未能主动帮助受援学校解决一些实际问题……（略）

五、建议与要求

1. 支教是一项全新的工作，需要指导和交流……（略）

2. 支教工作的一个主要问题和困难是缺乏资金，建议国家能从扶贫经费中划拨一块，用于帮助薄弱学校改善办学条件。

3. 希望能制定一套科学、合理的有关支教工作的激励机制，以充分调动和发挥支教队员的积极性，并吸引更多的人参与支教。

4. 建议由国家支教办组织分片进行各省区交叉检查、评估验收支教工作，以便兄弟省区之间互相学习、取长补短、互相促进、共同提高，从而促进全国的支教工作向纵深发展。

5. 建议教育部把支教工作纳入议事日程，加强对全国支教工作的领导、检查指导、督促和促进工作。

×××族自治区支教办

简 析

本例文是一篇典型的专题性工作总结，其内容侧重于对某个地区一定时期内的某专项工作进行总结与回顾。标题模式是：单位名称（即地区名称）＋总结对象＋文种名称，要素完备，符合要求。前言是正文的第一个部分，用以交代总结的背景，总述相关情况。主体的第一个部分"基本情况"部分，主要是简括介绍前期支教工作的自然情况，包括派出时间、人数及人员构成特点等，各项统计数字非常准确、具体。这部分内容有时是放在前言部分写的，置于此处写也可以。主体第二个部分主要是写"支教工作取得的成绩"，内容较多，故分条列项，逐一写出。这部分的写作中，有概括，有分析，有实例，也有数据，内容充实，手法多样，说服力强，非常值得借鉴。第三个部分"我们的一些做法"，总结在工作中取得经验，写明各项措施和体会，切合实际，总结到位。第四个部分"存在的问题和困难"，指明在工作中存在的问题和面临的困难，据实写出，言简意赅。第五个部分"建议与要求"，针对支教工作所存在的全局性问题，提出进一步做好工作的建议和要求。这也是写作这类总结时值得借鉴的地方，也就是我们虽然总结的是某专项工作，但该专项工作是全局工作中的专项工作，因此，写作这类总结时，还是需要我们有全局观念，有整体意识。从全文结构看，这项内容也可以被看作总结的结尾部分。

整篇总结先写情况，再写成绩，然后写经验，最后写问题和建议，一环紧扣一环，具有较强的逻辑性，符合安排结构的要求。每个部分之前都设有小标题，通过小标题对每个部分所写的内容加以撮要；并且，每一个段落几乎都有段中主句，以概括每个段落的中心意思。因此，本例文的层次非常清楚，表意十分明确。这些都是本例文值得学习和借鉴的地方。

【例文 5—20】

高校产业规范化建设工作简报

××年第×期（总第×期）

教育部科技发展中心　　　　　　　　　　　　××年××月××日

高校产业规范化建设培训工作全面开展

为认真贯彻落实×××年×月×—×日召开的全国高校产业工作会议精神，落实《教育部关于积极发展，规范管理高校科技产业的指导意见》（教技发〔××××〕×号）的有关要求，确保高校产业规范化建设工作按期顺利完成，教育部科技发展中心于×××年×月×—×日、×月×—×日、×月×—×日和×××年×月×—×日，分别在成都、大连、无锡和天津组织举办了四期高校科技产业规范化建设分片培训会。四次培训会覆盖了全国各省、自治区、直辖市和主要高校。各省、自治区、直辖市高校产业主管部门和××所高校财务、国资、产业管理部门的负责人及高校企业负责人等600余人分别参加了培训活动。

四次培训活动主要邀请了会计师事务所、律师事务所的专家，针对高校产业改革、改制工作的实际需要，分别开设专题讲座，包括：高校产业改革、改制的方案制定及主要法律问题、操作要求与要领、改制的程序与工作原则；高校新型产业管理体制的构建与资产公司的设立；改制中的清产核资、审计评估、企业税务筹划等专题。

培训期间，参会代表针对高校企业改制及发展的热点问题进行了交流和探讨，主要包括：资产管理公司的设立及企业改制过程中的产权界定、资产核损与增量的合理处置、学校事业编制人员的稳妥安置，知识产权的保护与管理和学校如何建立有利于产学研结合、有利于科技创新及科技成果转化的机制等。

教育部科技发展中心领导十分重视培训工作，×××主任、×××副主任分别参加了有关培训活动并做动员讲话。×××主任强调：高校产业规范化建设工作的积极推进对各高校产业的积极发展具有重要的作用，各高校一定要认真贯彻落实全国高校科技产业工作会议精神，按照《教育部关于积极发展，规范管理高校科技产业的指导意见》的有关要求，组织实施好各校产业的各项改革措施，确保高校产业规范化建设工作按期顺利完成。

参会代表一致认为：通过参加培训活动，不仅加深了对全国高校科技产业工作会议精神和教技发〔××××〕×号文件的理解，而且对高校产业规范化建设的各项改革工作和高校经营性资产管理改革的实际操作进行了一次系统的学习，增强了做好高校产业规范管理工作的信心。教育部科技发展中心和中国高校校办产业协会联合编写《高校产业改革改制指南》一书很及时，对高校各项改革、改制工作具有指导意义。

参会代表认为此次分片培训会召开及时、内容充实、组织周密，达到了预期的培训目的，并纷纷表示，会后将积极按照《教育部关于积极发展，规范管理高校科技产业的指导意见》的要求，积极推进本校的产业规范化建设工作，确保如期完成改革改制目标。

（其培训内容将刊登在"教育部科技发展中心"网站，"科技产业"栏目——http：//××××××请查阅下载）。

教育部科技发展中心　　　　　　　　　××××年××月××日印发

简 析

这是一份工作简报方面的范文。标题是一个主题句，开门见山，交代事实，揭示文旨，用语简洁准确，符合简报写作标题制作的相关要求。

正文采用报道体写法。第一段先总写开展高校产业规范化建设培训工作的目的、主要做法，在简写主要做法的行文中，主要突出"全面"二字，如涉及的地区广、覆盖的高校多、参与的人数众等。第二段介绍培训活动主要邀请的是哪些方面的专家、具体开设了哪些方面的专题，详略得当，层次清楚。第三段介绍培训期间参会代表针对高校企业改制及发展的哪些热点问题进行了交流和探讨，有总写有分写，总分安排恰当。第四段主要写教育部科技发展中心领导对培训工作的重视：哪些领导参加了培训活动，哪位领导做了动员讲话，并概述了其讲话的精神，概述做到了言简意赅。第五和第六段主要写参会代表对培训活动的认识，以从另一个角度说明培训活动的作用、意义和必要性。最后括号里的内容是对与简报内容有关的补充说明。

综观全文，篇幅虽然不长，但却短小精悍，信息量非常丰富；而且该文体式规范，层次清晰，中心突出。读罢全篇，对其培训工作如何开展、如何全面开展、开展的效果究竟怎样均一目了然。本例文是简报写作方面不可多得的一篇范文。

【例文 5—21】

适应市场求发展　与时俱进写新篇
——××物业管理学校办学情况调查

××××年秋季，××物业管理学校招生空前火爆，入学人数很快达到×××名，已经超过学校容量的极限，只好停招，使得众多学生及家长望校兴叹，为迟到一步懊悔不已。在中等专业学校办学普遍不够景气的情况下，这所学校却异军突起，这究竟是什么原因呢？

一、基本情况

××物业管理学校是目前国内第一所以物业管理为主干专业的中等职业学校，其前身为××市第三中等专业学校。多年以来，该校一直以工科专业（建筑、采暖、电气安装等）为主。进入二十世纪九十年代后期，由于中等职业教育体制的调整，取消统招统分，实行注册入学制度，毕业生一律进入市场，自主择业。这样，中等专业学校曾赖以生存并一度辉煌的计划经济体制"优势"丧失殆尽，除少数专业设置尚属市场急需的学校外，相当部分的中等专业学校办学规模急剧萎缩。××市第三中等专业学校也同样陷入了办学的低谷。一时间学校及教职员工的生存、出路都成了摆在眼前的现实问题。

二、经验措施

××市政府及市教育主管部门从市场经济发展对中等职业教育的要求出发，及时给了学校以宽松的政策，允许他们根据市场需求自主、灵活地调整专业设置。政策有了，要生存，要发展，不能再去找市长，而必须去找市场。学校领导班子经过深入的市场调研，决定将物业管理作为学校的主干专业，校名也改为"物业管理学校"。为了抢占市场，扩大知名度，从而为今后的发展蓄势，学校将校内有关专业向物业管理方面靠拢，利用改名后的两年时间，培养出第一批物业管理中专毕业生，并及时推向市场。××××年×月份，学校在省城内一家著名宾馆召开了颇有声势的毕业生就业洽谈会，省市各新闻单位对密切关注，并纷纷在头版头条予以报道，众多用人单位到会联系接收毕业生事宜，学校提供的×××名毕业生竟数急需，被一抢而空。甚至出现七八家单位争要一名学生的情况。

"酒香也怕巷子深"，为进一步扩大知名度，让"物业管理"这块牌子在求学者心目中和市场上叫得更响，学校抓住××××年暑期本市举办"国际教育展"的大好时机，特设展位，强力推介，彻底摆脱了"养在深闺人未识"的局面，使广大应、往届初中毕业生和家长们进一步了解了"物业管理学校"及其虎虎有生气的"物业管理专业"。

及时地调整、转向，使物业管理学校开始走出低谷，前景看好。面对这"柳暗花明又一村"的喜人局面，学校领导班子头脑十分清醒。他们知道，在市场经济条件下，中等职业教育的办学形势，犹如逆水行舟，不进则退。他们坚持进行市场调查，以准确把握物业管理这一服务性行业随科技发展而产生的变化，确立了"办学社会化、管理企业化、教学专业化、人才培养市场化"的宗旨，在专业设置上提出了"选择空白，找准定位，超前育人"的基本办学思路，以面对市场需求：

1. 选择人才空白点。考虑高新技术的应用，开办将会出现人才短缺的专业。如学校开设了"楼宇监控与宽带网"专业，因光纤布线、宽带入户在我国发达省区市较为普遍，而本市的普及率尚不足×%，社会必将需要这方面的人才。

2. 找准专业定位，培养技术应用型人才。如当前计算机已作为一种工具被人们所掌握，学校避开"程序设计"、"信息安全"等多由高等学校设置的理论较深的专业，开办了"网络规划与管理"专业，重点培养技能性较强而且社会需求量大的计算机网络规划与管理方面的中级技术人员。

3. 超前培养人才。由于社区楼宇智能化是建筑业发展的必然趋势，决定了物业管理也将向智能化方向发展，所以学校在专业设置上也适度超前，将原有的物业管理专业拓展为物业管理与智能控制专业。

另外，学校又提出了"四满足"，来调整培养目标，以面对家长和学生的需求：

1. 满足学生的升学需求。在保证完成专业课程教学的同时，学校抽调师资开办对口升学班，为学生毕业后能升入大学本科或专科学习创造条件。学校对口升学率连续三年达100%。

2. 满足学生的就业需求。学校实行"多证制"教学，进行扎实的职业技能训练，使学生不仅能得到毕业证书，还能得到多个技能等级证书和职业资格证书，从而在劳动力市场上有较大的就业选择性和职业竞争优势。学校先后与××多家物业管理公司和房地产公司建立了联系，并与其中××多家单位联合办学，形成了较稳定的就业基地。

3. 满足学生自主创业的需求。学校力求使学生至少学得一种足以自立门户的技能和自主经营的本领，保证学生毕业后进可到企事业单位谋职，退可自己单干，余地充分。

4. 满足贫困学生的求学需求。学校作为国家正规办学的单位，本着服务于大众、奉献于社会的原则，实行低收费，保证高质量，并设立奖学金，还定期向贫（特）困学生发放助学金，并在校内为这些学生设立勤工助学岗位。

××物业管理学校适应市场需求，迅速走出办学低谷，并注意跟踪科技发展带来的变化，与时俱进，谱写出令人瞩目的新篇章。其发展状况生动说明：市场不是无情物，尽管它有时严酷冷漠，但只要你努力研究其规律，不断主动适应其需求，市场的就会给予你丰厚的回报。

简 析

本例文是一篇重在介绍经验的调查报告。标题采用双标题式，双标题就是有两个标题，即一个正题、一个副题，正题用以揭示调查报告的主题，副题用以指明调查报告的范围。正题采用对称式写法，即用两句字数相同的句式作标题，既很好地点明了主题，读起来也朗朗上口。

正文部分紧紧抓住适应市场、与时俱进这个大话题，以具体的一所中等专业学校的办学为个案，简写其办学的具体情况，详写其办学的主要经验，大处着眼，小处落笔，使读者的感触真切实在。同时，文章在结构安排上也匠心独运，开头铺叙招生火爆，紧接着即以提问设置悬念，从而引起读者兴趣，主体部分逐层剖析解答，在讲述了学校办学发展成功的经验和措施后，结尾简洁收束，将该校发展和成功的主要经验浓缩为紧跟科技发展和注重市场需求两大方面。

整篇报告文约事丰，短小精炼，总结到位，内容充实，首尾呼应，语言流畅，不失为调查报告中的一篇佳作。

【例文 5—22】

××学院爱国卫生运动委员会
第×次会议记录

时间：××××年×月×日上午

地点：院部会议室

出席：李××、张××、鲍××、汤××、陈×、魏××、杨×

缺席：曾××（出差未回）、林××（因病请假）

列席：各处、室卫生员

主持：李××

记录：王×

内容：

1. 李××传达省爱卫会议精神。

2. 讨论我院开展"爱国卫生月"活动的做法和安排。

决议：

为了响应国务院和全国爱卫会的号召，根据省市爱卫会的部署，结合我院实际情况，积极地开展全国首届"爱国卫生月"活动，要求我院人员做好如下工作：

一、积极宣传全国首届"爱国卫生月"，发动群众搞好院容卫生

1. 结合我院"爱国卫生月"活动重点，张挂五幅大型宣传标语。

2. 决定×月×日、×日、×日三个星期×下午为全院大扫除时间，要求全体动手，搞好院内的环境卫生。

3. 整顿校容，清理不卫生的死角。种植九里香绿篱500米，发动处室讨论大院园林化计划。

二、消灭蚊、蝇、老鼠、蟑螂，预防传染病发生

1. 从×月×日至×日，重点是组织人力，用药品灭蚊、蝇、蟑螂，把它们消灭在幼发期间。

2. 从×月×日至×日，重点配合全市行动，围歼老鼠。

3. 做好各种传染病预防宣传工作。

三、加强食品卫生管理，严防食物中毒

1. 食堂工作人员要认真学习《食品卫生法》，决定×月×日，全体食堂工作人员进行《食品卫生法》考试。

2. 按照《食品卫生法》的要求，抓好食品采购、保管、制作、出售和公用餐具消毒及食堂工作人员的个人卫生工作。

3. 加强食品卫生监督，由院爱卫会组织人员，每周检查一次。

四、开展健康教育，普及卫生知识，提高学员、工作人员自我保健能力

1. 开展"世界无烟日"活动，在学员、工作人员中，提倡不吸烟、少吸烟、多锻炼的新风尚。

2. 开展健康教育，普及卫生知识，树立讲卫生、爱清洁的新风尚。

散会（××时×分）

主持人：（签名）

记录人：（签名）

简　析

本例文所记的内容是事务性的问题，不是重大原则问题。会议决议只对当时"爱国卫生月"活动起作用，时效有限，过后虽然可以参考，但不起指导统一行动的作用。同时，这种"爱国卫生月"活动的意见，因为不属重要决策和重大政治问题，所以采用这种会议记录方法是合适的。

会议记录即会议笔录，是由会议组织者指定专人，如实、准确地记录会议的组织情况和会议内容的一种应用性事务文体，其体式多种多样。会议记录尽管主要的只是"记"，但作为一个独立的文种，它同样具有自身的特性，即真实性、原始性、完整性。制作会议记录时，充分体现这些特性，正是我们掌握会议记录写作要领的关键所在。

【例文5—23】

××××年××学院站点工作会议综述

××学院××年度校外学习中心工作会议于××月××日至××日在××××隆重召开，来自全国××多个校外学习中心的负责人及教学管理人员参加了本次会议，会议由××学院常务副院长×××主持，××教育局×××局长与会致辞，××学院×××院长作了发言。

本次会议不仅聚集于"积极发展、规范管理、强化服务、提高质量"，而且更多关注"改革创新"。××月××日下午，××副院长做了××××年度工作报告，就"××学院的年度总结及发展问题"做了重要讲话，××院长在讲话中总结了一年来××学院的整体工作，传达了上级的有关文件精神，特别强调了关于远程教育"积极发展，规范管理，强化服务，提高质量，改革创新"新二十字方针的实践意义。并就教学计划改革、校外学习中心评估、远程非学历教育全面起动等工作做了通报和重点部署。教务主任×××老师重点对将在××××年春季全面实施的新教学计划进行了全面介绍，对教学计划调整的目的、具体做法、注意事项等进行了详细剖析。对于毕业论文、选修课全国统考工作等大家关心的事项进行了说明。××部主任×××博士介绍了××学院开展非学历教育的背景和模式特点，同与会代表分享了这种"以网络为基本媒体，以教师为中心，关注体验、关注过程，在行动中学习，在行动中研究"的远程研修模式所取得的可喜成效，并依据新课改背景下的教师培训需求，对远程非学历教育的开展做了未来展望。

本次会议公布了××××年度优秀校外学习中心评选结果。评选了优秀校外学习中心三个，分别是：××××学院、××教育学院、××××学院；先进校外学习中心五个，分别是：××电大、××教育学院、××师专、××教师进修学校、××师范大学××培训中心，并对这些获奖单位进行了表彰和奖励。受表彰校外学习中心介绍了他们的宝贵经验。

通过两天会议的学习、讨论与交流，进一步丰富了对网络学院管理与发展工作的全局性认识，明确了学院的改革举措、评估要求与发展方向，会议达成了多项共识，取得了丰硕成果。与会代表纷纷表示，此次会议的内容集中、组织高效、讨论深入，是一次及时、务实、成功的会议。

简 析

本例文的标题由"会议时间＋会议单位＋会议内容＋文种"四个要素构成，完整、简洁、规范，使人一看即知会议的大概。第一自然段是前言部分，简要介绍了会议由谁主办，会议是什么时间、在什么地点召开，有哪些人员参加会议，出席会议共有多少人等。第二、第三自然段是主体部分，报道了会议的主要议题和议程。结尾介绍了会议所取得的成果及影响，与会者对于会议的反映和看法等。

这篇会议综述所涉及的会议比较重要，其内容也非常丰富，但作者紧紧抓住了会议综述的特性，突出了会议综述的综合性、客观性和全面性的特性，同时，全文结构严谨，层次清楚，详略得当，中心突出。总的来看，不失为一篇成功的会议综述。

【例文 5—24】

在全市经济工作会议上的讲话

同志们：

这次全市经济工作会议的主要任务是，深入学习贯彻党的××大、中央和全省经济工作会议精神，分析当前形势，部署全年经济工作。下面，我讲四个问题。

一、20××年是我市调整转型、夯实基础的一年

一年来，全市各级各部门坚持以××××为指导，按照市委"创新实干、跨越发展"总要求，围绕"工业立市、农业强市、商贸兴市"主体战略，做了大量扎实有效的工作，全市经济在调整转型中保持平稳增长，蓄势后发的态势已经形成。

一是积极有为地加强经济运行调节，发展的质量有所改善。主要经济指标平稳增长，综合实力得到增强。预计20××年，地区生产总值完成×××亿元，比上年增长4%；全部财政收入××亿元，增长8%，地方一般预算收入××亿元，增长16%；规模以上工业实现利润××亿元，增长2%；地税收入增长18%；城市居民人均可支配收入×××元，农民人均纯收入×××元，分别增长11%和1%。

二是坚定不移地推进经济结构的战略调整，发展的支撑力有所提升。农业基础地位进一步巩固。粮食总产××亿公斤，我市被评为全国粮食生产先进市；强力实施优质奶牛翻番和斯格猪商品化两大工程，新建和改扩建标准化奶牛养殖小区××个，新增优质奶牛××万头，畜牧业占农业总产值的比重达到40%；积极推进农副产品加工，××××食品、××淀粉等一批投资超亿元项目顺利落地，农业产业化率达到47%，提高了3个百分点。工业集中度进一步提高。工业园区聚集效应日益凸显，新进区项目×××个，总投资×××亿元。

三是实实在在地运作了一批兴市立市的大项目，发展的后劲有所增强。深入开展"项目建设年"活动，着力推进"三个一百"工程，全市

亿元以上在建项目××个，完成投资××亿元；千万元以上项目××个，××个开工建设。

四是毫不放松地深入推进改革开放，发展的活力有所增加。各项改革稳步推进。全市×××家国有集体企业，完成改制×××家，新改制××家。深化行政审批制度改革，取消审批事项××项，××个部门×××项审批事项入驻政务服务中心。对外开放的层次和水平进一步提升。预计全年实际利用外资××××万美元，完成出口总额××亿美元。

五是加快推进城市建设步伐，市民生活环境有所改善。着力实施了总投资××亿元的××项市区城建重点工程。狠抓老城区的建设管理，实施了亮化、净化、畅通三大工程，规范街头摊点，占道经营等影响交通的问题得到初步缓解。

六是坚持以人为本，加大解决民生问题的工作力度，发展的成果惠及更多群众。在财力非常紧张的情况下，市本级刚性支出增加×亿元用于民生问题。进行农村义务教育经费保障机制改革，并且市财政投入×××万元，用于市区中小学改造。新型农村合作医疗不断完善。全市养老金、失业保险金按时足额发放率均达到100%。农村交通、水利设施建设进一步完善。同时，加强安全生产和社会治安防控体系建设，全市政治安定、社会稳定、人民安居乐业的良好局面进一步巩固和发展。

二、在跨越发展的征程中，我们面临着难得机遇和严峻挑战

综观当前形势，国内外宏观环境总体上有利，支撑经济快速发展的基本要素没有发生变化，为我们跨越发展提供了良好的时代背景。××大胜利召开，为我们又好又快发展提供了新的强大动力。具体看，我们正面临着诸多难得的发展机遇。一是发展要素加速流动的机遇。随着×××及×××经济圈的加速崛起，以及沿海经济强省的启动建设，国内外资本正在向这一地区集聚，为我市吸引国内外资本提供了更加广阔的空间。二是省委、省政府统筹区域经济发展，对经济落后地区加大资金扶持力度，必将为全市发展注入新的活力。三是自身日益凸显的机遇。一年多来，通过经济上的调整转型、思想上的大解放，我们已经站在一个新的历史起点上，全市上下力量已经聚起来、干劲已经鼓起来，你争

我抢上项目、你追我赶求发展的浓厚氛围已经形成。同时，我们也具备较多独特优势。如：区位优势、特色产业优势、丰富的农副产品资源和人文资源，后发优势进一步显现。

在看到面临诸多机遇和有利条件的同时，更要清醒地认识到，我们面临着巨大的压力和挑战。概括起来，就是"急、难、险、重"四个字。所谓"急"，就是面对难得的发展机遇，如何牢牢把握显得十分急迫。看到机遇是能力，抓住机遇是水平。对于我们这样的欠发达地区，机遇不是任何时候都有的，更不会是一成不变的，如果我们抓不牢、用不好，贻误了发展，那将是难以弥补的损失和遗憾。所谓"难"，就是我们自身存在着诸多问题，发展的道路并不平坦。主要是：农产品加工增值创收能力差，缺乏增收新渠道，农民增收难度大；建市晚，社会事业欠账较多，民生问题难度大；既要转变经济发展方式，又要保持较快增长，如同弯道加速，调整转型难度大。所谓"险"，就是面对日趋激烈的区域竞争，我们与周边地区差距进一步扩大，随时有被边缘化的危险。所谓"重"，就是面对今年较多不确定因素，实现经济增长的任务很重。一是投资和项目建设任务加重。二是财政支出任务加重。三是节能减排任务加重。

总之，机遇催人奋进，挑战逼人奋起。我们正处在一个大有作为的时代，只要我们牢牢抓住机遇，利用好有利条件，我市的发展就完全可以迈出更大的步伐。

三、提速攻坚，重点突破，推动全市经济快速发展

20××年是全面贯彻落实党的××大精神的第一年，是实施"十×五"规划承上启下的关键一年，也是我市推进科学发展的提速之年、见效之年。做好今年的工作，对于完成"十×五"各项任务目标、建设富强文明和谐的新××，意义十分重大。全市经济工作的总体要求是：（略）。全市经济社会发展的主要目标是：（略）。具体要求就是六个字：攻坚、提速、突破。做好今年的经济工作，最根本的就是以科学发展观统领经济社会发展全局，把握好以下四个原则：一是坚持"好"与"快"并重。二是坚持改革与开放并重。三是坚持经济发展与改善民生并重。四是坚持总体推进与重点突破并重。

20××年经济社会发展的任务相当艰巨，要统筹安排，精心组织，力争在以下六个方面实现新突破。

第一，加快发展现代产业体系，在经济结构转型升级上实现新突破。从全国全省看，以科学发展为核心的新一轮竞争已经强势展开。谁调得快、转得快，谁就能赢得主动、赢得未来。就我市而言，必须把科学发展与市情相结合，加快调整升级步伐，关键要在三个方面快速推进。再提速，工业发展要有大提升。（略）再升温，服务业要有大进展。（略）再加力，重大项目要有大突破。（略）

第二，用现代发展理念引领农业，在提升农业发展水平上实现新突破。目前，农业农村正在发生重大而深刻的变化。我们要按照城乡经济社会发展一体化新格局的要求，以全新的标准、全新的思路、全新的举措，加速推动传统农业向现代农业的转变。一是用现代产业体系提升农业。二是用现代工业改造农业。三是用现代物质条件改善农业。四是用现代经营形式推进农业。五是用现代知识培育新型农民。

第三，加快改革开放步伐，在增强发展活力上实现新突破。关键打好三张牌：一是外引，就是引进战略投资者。二是内激，就是激活市场主体。三是合作，就是加强区域合作。

第四，统筹城乡规划建设，在城镇化发展上实现新突破。（略）

第五，打好节能减排攻坚战、持久战，在生态环境治理上实现新突破。（略）

第六，加快社会事业发展，在改善民生上实现新突破。（略）

四、加强执政能力建设，为又好又快发展提供保证

一要着力提高领导科学发展的本领。完成今年经济工作的各项任务，必须不断提高领导科学发展的本领。要牢固树立和强化"四种意识"，即强化危机意识和跨越发展的意识、克服畏难思想和悲观情绪，强化攻坚克难、以快赶强的意识；强化求真务实、创新实干的意识；强化整体意识和全局意识，努力探索走出一条符合科学发展观要求、具有××特色的强市之路。

二要着力提高依法办事的本领。要坚持依法行政，规范执法行为，改进服务方式，简化办事程序，提高服务基层和社会的水平。

三要着力提高做好群众工作的本领。做好新形势下的群众工作，必须注意把握好三点：一是紧紧抓住群众关心的热点和难点问题。二是坚持群众利益无小事。三是关注弱势群体的基本保障。

四要着力提高真抓实干、拒腐防变的本领。

同志们，××正处于加快发展的关键时期，重任在肩，时不我待。我们一定要以党的十七大精神为指导，全面贯彻落实科学发展观，奋力进取，创新实干，用实际行动谱写我市科学发展、跨越发展、和谐发展的新篇章！

简析

本例文开篇点明召开此次会议的主旨，即：学习贯彻中央和省委关于今年经济工作会议精神，分析形势，安排部署全年经济工作。凝练简括，中心突出。

正文的第一大部分从六个方面以简洁的语言分类进行归纳总结，用大量数字、事例概述去年经济工作所取得的巨大成绩，有理有据，说服力强。

第二大部分概述面临的机遇和挑战。对于机遇的分析，主要强调要借力有利形势，加快发展；对于挑战，则用"急、难、险、重"四个字概括，准确鲜明，客观实在。

第三大部分首先明确了全年经济发展的总体要求、主要目标和做好经济工作的主基调，工作思路清晰，目标明确。接着从六个方面概括了全市经济工作实现新突破的重点，并对每一方面如何实现突破都提出了切实有效的措施。此部分层次清楚，节奏明快，语言流畅，鼓动性强。

第四大部分则着重强调又快又好发展的保证。此部分提出的四种本领不仅对搞好经济工作有用，而且对做好其他工作也非常适用，站位高，指导性强，意义深远。

最后一个自然段以号召式语句结尾，非常具有鼓动性，起到了统一思想、鼓舞斗志的作用。

整体而言，本例文主旨明确，思路清晰，结构完整，语言流畅，措施有力。在谈工作目标时，多用数字来表现；在拟采取措施上多采用排比句，非常有气势，讲起来朗朗上口，听起来清耳悦心，令人备受鼓舞。

【例文 5—25】

个 人 简 历

个人概况

姓名：×××　性别：×　民族：×　出生年月：××××年××月　籍贯：×××

政治面貌：××　学历：××××　学位：×××　所学专业：×××

联系地址：××××　　　邮编：××××××

联系电话：×××××　　手机：×××××××××

EMAIL：××××××××××

主要经历、能力

1. 学习经历

××××年×月——××××年×月，××××学校

××××年×月——××××年×月，××××学校

××××年×月——××××年×月，××××学校

在校一直担任学生干部，学习成绩优秀，多次被校评为优秀学生干部、优秀团员等。

2. 工作或实践经历

××××年×月——××年×月，在××××见习

××××年×月——××年×月，在××××实习

××××年×月——至今　　在××××××××　担任××××

（下列几项一般供求职所用）

3. 专业能力

大学求学期间，主要专业课程有××××原理、××××理论、×

×××技术、××××基础，通过专业课程的学习，积累×××的理论基础，掌握了×××技术。

4. 英语水平

具有较高的英语会话、阅读、写作能力。通过了国家英语六级考试。

5. 计算机水平

对计算机硬件有较高的理论基础，并积累了丰富的实践经验。能熟练运用多种基础编程语言。对××××××××能够熟练地操作。对于×××可以熟练地应用。特别是对××××和×××有较深的了解。

6. 个性特长

生活中的我待人诚恳、乐于助人、乐观、重信誉，能和周围的人融洽相处。敢于创新，不墨守成规，思维敏捷，头脑灵活，有一定的应变能力，能很快地适应新事物。自信，有责任心；有竞争意识，敢于向自我挑战。本人爱好广泛，喜欢××、擅长×××，并有一定的××功底。在德、智、体各方面做到均衡发展。

7. 求职意向

××××××××××××××××××

简　析

本例文是一篇用于个人求职的简历。综合而言，该简历写出了自己的特色。主要表现在两方面：一是简洁。简历、简历，就是简要的经历，因此，贵在简约，贵在用最简短的文字，表述清楚自己人生中最重要的经历及不同阶段所做的最有价值的事情，本例文这方面有独到之处。二是丰满。这是最容易被初写简历者忽略的问题。本例文根据求职者自己的求职意向，有针对性地介绍自己掌握的专业技能，现有的计算机、外语水平，在校参加的实践活动以及个性特长等，就使内容显得充实，细节显得丰满。另外，主要项目齐全，结构安排得当，语言表达准确等，都是这篇简历值得借鉴的地方。

【例文 5—26】

求 职 信

××公司总经理先生：

　　您好！

　　我叫××，女，××岁，将于今年7月毕业于××大学中文系。求学期间我就十分仰慕贵公司，近日多次从电视、报纸等媒体看到有关贵公司的报道，更激发起我到贵公司求职的渴望。

　　大学四年，我系统地学习中文专业的所有课程，并选修过公关文秘专业的课程，取得了优良成绩，有较好的口头表达能力和写作能力，获得了我校第三届演讲比赛二等奖。为了适应社会的需要，我还利用业余时间学习电脑知识，能熟练地操作电脑，尤其能熟练地操作和作用××××。

　　在校期间曾参加了英语系高年级选修课的学习并获得了优异成绩，英语已通过了六级考试。

　　在校期间我能注意培养自己的综合素质，积极参加社会实践活动，曾任学生会的宣传干事，有一定的工作能力和社交能力。

　　我希望自己有幸能成为贵公司的一员，也自信能胜任秘书或相关职务。我知道，以公司的名望，求职者是人才济济，恳请公司给我一次机会。如蒙录用，本人一定忠于职守，竭尽全力为公司效力。

　　随信附上本人简历及获奖证书、英语等级证书的复印件。

　　此致

敬礼！

××大学中文系××谨上
××××年××月××日

　　联系地址：××××××
　　邮政编码：××××××
　　联系电话：×××××××××××

简　析

本例文是一封写给单位领导的求职信，求职者希望能得到秘书或相关职位的工作。因此，这封求职信的写作把握好了这样几点：一是注重了针对性。写求职信关键是要对自己选定的求职岗位有所了解，对自己的条件有所比较，只有这样，送出去的求职信才有可能得到对方的重视，达到预期的目的。这封求职信针对所求职务的要求，有重点地介绍了自己有"较好的口头表达能力和写作能力"、"能熟练地操作和使用××××"，有针对性地写出了自己具有符合职务要求的能力和特长。二是注意了自荐性。求职者与阅信者往往素昧平生，求职者希望得到阅信者的信赖，引起阅信者的重视，进而达到被录用的目的，唯一的方法就是毛遂自荐。因此，自荐时如何措辞得体，如何拉近与阅信者的距离，如何恰如其分地表现自己，就显得非常重要。本例文的开头简略地表明自己的仰慕之情和关注，并无溢美之词，亦无唐突之感，显得自然而又亲切，一下子就拉近了与阅信者的距离。另外，本例文格式规范，详略得当，层次清楚，也非常值得学习。

【例文5—27】

×××协会章程

（经20××年×月××日会员代表大会表决通过，自20××年×月××日生效）

总　则

本协会名称为×××协会。英文译名为：（略）。

本协会是××××领域的××性专业团体。

本协会的宗旨是遵循为人民服务、为社会主义服务的方向，遵守我国宪法及有关法律、法规和国家政策，遵守社会道德风尚，团结全国热心××事业的团体和个人，推动××法律的实施，组织、推动××的理论研究与学术交流，促进我国××制度的不断完善。同时为××人及作品使用者提供相关服务，维护权利人的合法权益，促进社会主义文化和科学事业的发展与繁荣。

本协会接受业务主管单位××××××××××及社团登记管理机关×××的业务指导和监督管理。

本会会址设在××市××区×××大街甲×号××大厦×层。

业务范围

本会的主要业务范围如下：

促进××立法、司法与管理的理论研究；

开展国内外有关××的学术、信息交流；

宣传普及××知识，组织××专业培训；

协助政府相关管理部门表彰奖励优秀××工作者和有关先进集体、先进个人……（略）

会　员

本协会会员分团体会员与个人会员两类。

凡赞同本协会章程，热心××保护的团体和机构或从事文学、艺术和科学作品的创作与传播相关的产业单位；提交书面申请书；经理事会批准；可为本协会团体会员。

凡赞同本协会章程，符合下列条件之一的个人，提交书面申请，经理事会批准，可为本会个人会员：……（有省略）

组织机构

第十四条　本协会最高权力机构是会员代表会，会员代表大会的职责是：……（略）

第十五条　会员代表须有2/3以上会员代表出席方能召开，其决议须经到会会员代表半数以上表决通过方能生效。

……（有省略）

经　费

第二十八条　本协会经费来源：

会员会费；

××有关部门资助。

附　则

第三十三条　本协会章程经××××协会会员代表大会通过正式施

行。对本会章程的编辑，须理事会表决通过后报会员代表大会审议。

第三十四条　本协会编辑的章程，须在会员代表大会通过后 15 日内，经业务主管单位审查同意并报社团登记管理机关核准后生效。

第三十五条　会员要求终止本会，须经会员代表大会 2/3 以上数同意，并报业务主管部门审查通过，由本会法定代表人签署注销登记书，向社会登记管理机关申请注销登记。

第三十六条　本协会终止后的剩余财产，在业务主管单位和社团登记管理机关的监督下，按照国家有关规定，用于发展与本会宗旨相关的事业。

第三十七条　本章程的制定经20××年×月××日会员代表大会表决通过。

第三十八条　本章程的解释权属于本会理事会。

简　析

本例文是一份章条式规章制度（引用时有省略），章程多采用这种写作形式。该章程总共有六章、三十八条，主要采用章断条连、条下分款的方式来安排结构，组织材料，逐章逐条写作，清晰明确。第一章总则阐述了组织的名称、性质、宗旨、地址等内容。所删节部分的中间四章具体对协会的业务范围、会员条件、组织机构、经费来源等等作了详尽的规范。第六章的"附则"则对章程的制定、生效、解释权及会员的退会方式等等都进行了非常具体的规定。

综观例文通篇，其写作的成功之处很多，但在内容完整，结构严谨，语言准确，逻辑严密诸方面更可资借鉴。

【例文5—28】

《××电大报》征文启事

为了庆祝《××电大报》创刊××期，培养和挖掘文艺新人，进一步推进素质教育，交流和切磋写作、书画、摄影等创作能力，本报编辑部和××电大素质教育网站联合举办《××电大,与您同行》有奖征文比赛活动。欢迎电大教师、学生和校友踊跃来稿。

一、稿件体裁不限:诗歌、日记、微型小说、故事、散文、格言、书法、篆刻、绘画、摄影等均可参赛。

二、征稿要求:作品内容健康向上,作品须是原创,已在公开报刊发表过的作品不在征稿范围之内,每位应征作者限×至×篇(首)作品,每篇×××字数限在左右。诗歌在×行左右,附××字个人简介。

三、投稿方式:打印、光盘、网上投稿均可。手写稿件要求字迹清晰,摄影单幅作品为×英寸照片,组照(×张以上)为×英寸照片,不装裱,注明作者姓名和详细通信地址、邮政编码及联系电话。网上来稿请注明真实姓名,以便联系。

四、注意事项:来稿一律不退,请自留底稿,注明是否同意对作品进行修改,为了尊重作者的艺术成果,对抄袭剽窃的作品不予采用,由此产生的后果由作者本人负责。

为鼓励作者参赛,大赛共设一等奖×名,二等奖×名,三等奖×名。优秀奖、老师辅导奖、组织奖若干名,均颁发奖杯及荣誉证书,优秀作品在本刊和电大素质教育网发表,来稿按顺序分类评选,初评上的优秀作品及时通知作者,名次奖在优秀奖中产生,优秀作品拟汇集出版。

大赛揭晓后,奖品、奖金、证书和大赛结果,将及时寄发给作者,征稿时间从即日起至××××年×月×日止。

来稿地址:××路×号×室
联系人:×××
电话:×××××××
邮编:××××××
Email:×××××××××

简　析

本例文是征文启事方面的一则范文。例文的标题采用"发文单位+

发文事由+文种"的模式，简洁明了，符合要求。开首简要说明了写作征文启事的缘由，主体则分条列项详细地阐明了征文在稿件体裁、征稿要求、投稿方式等方面的具体要求及注意事项、设奖等级、发奖方法等，结尾交代了联系方式。

本例文标题、格式规范，层次划分合理，作为启事需交代的各项要素齐全，详略处理得当，且用语准确。可供写此类启事写作者借鉴。

【例文 5—29】

×××专题讲座

为丰富同学们的学习生活，增进人文知识，校学生会邀请了××大学人文学院××研究专家，×××教授前来我校讲授××××××研究专题，届时×××教授将当场回答同学们提出的问题，欢迎同学们参加。

时间：××月×日下午×点至×点

地点：总校××楼三楼多媒体教室

××大学学生会

××××年××月××日

简 析

本例文是一则举办专题讲座的海报，标题采用的是发文事由+文种的模式。值得注意的是，该海报正文的内容很少，篇幅极短，如果标题涉及的要素太多，势必过长，过长的标题与极短的正文一比较，比例就会很不协调，这是初学者可以学习的地方。也因此，本例文采用这种简明扼要的方式制作标题是恰当的。

正文的开首写了举办讲座的缘由，继而说明专题的讲授者及讲授内容，最后写明讲座的时间和地点。篇幅很短，但内容完整，明白具体，且语言具有一定的感召力。

【例文 5—30】

介 绍 信

××××人事局：

  兹介绍我学院人事处处长×××同志等贰人，前往贵局办理有关人事调配事宜。请予接洽并支持为荷！

××××学院（公章）
××××年××月××日

简 析

  本例文是一封两个单位之间用于联系、办理人事调配事务的介绍信。持信人可凭此信同有关机构或个人联系、商洽某些事项；收信机构和个人则可从中了解来人的姓名、身份、人数、政治面貌以及要办什么事情、有什么具体要求和希望等，它通常具有介绍和证明的双重作用。本例文是用一般的公文信纸书写，准确地介绍了前往的对象、人数、办理的事项。条理清楚，格式规范，语言简洁，这些都是其突出特色。

【例文 5—31】

表 扬 信

××××大学：

  昨天我公司运回一批糕点、糖果等商品，因卡车有急事暂时将货物卸在仓库前的马路边。下午三点左右，我们正往门市部仓库里搬运时，忽然雷声隆隆，豆大的雨点洒落下来，大家正急得不知所措时，贵校××分校 6 位上完课回家的学员赶到，见此情景，二话不说，主动帮运货物，他们扛的扛，搬的搬，使我们上千元的商品免遭损失。我们万分感激,拿出酬金表示谢意,可他们坚决不肯接受,并连姓名也不愿留下。

在当今的现实社会,干了活不要酬金,做了好事不留姓名,有如此高境界的大学生,真使我们深受感动,请贵校对他们的这种高尚精神广为宣传,对他们的行为大力表扬!

××公司
××××年××月××日

简　析

表扬信是以集体或个人的名义对某些单位、个人的先进思想、模范事迹表示赞扬的专用书信。表扬信的表达形式,通常是寄送给受表扬的单位,也可以用大红纸等抄出在公共场所张贴,重要的、有社会价值的,甚至可以在报刊发表,在广播台、电视台广播。表扬信对于形成良好的社会风尚具有重要的作用。

本例文是××公司对××××大学的学生做好事不留名的事迹进行的表扬。例文的开头首先叙述事情发生的经过,这部分写得简明扼要,这非常符合应用文使用叙述这种表达方式的要求;紧接着对学员的行为进行高度评价,指出其在当时社会大背景下难能可贵的意义,最后提请所在大学对他们进行表扬。通篇行文简洁,语言朴实,感情热诚、真切,尤其是对表扬原因的叙写,既简且明,是一篇写得非常不错的表扬信。

【例文5—32】

感　谢　信

××乡党委、政府:

我是一名××学院××级的新生。今年夏天,一场特大洪水冲垮了我的家园,由于家里再也拿不出钱来供我上学,家里一狠心,让我放弃上大学深造的机会,跟别人去打工。我在万般无奈之时,碰到了一位好心的大哥前来劝说,并从他家掏出一千元给我当学费,并许诺以后每年资助我一千元当学费,鼓励我不要放弃上学的机会,学成后回来建设自己的新家乡。可他始终不愿透露姓名,并叮嘱朋友也不要说。由于他的资助和鼓励,我没有放弃上学的机会。今年一个偶然的机会,我才得知他的名字叫×××,是贵乡××村的一位普通党员。今特写此信,向他表示衷心感谢,并请求贵乡对他这种乐于助学的可贵精神予以表扬。

我决心在以后的日子里,认真学习,以优异的成绩来报答他对我的无私帮助,不辜负他的鼓励,学成后,一定回来建设自己的新农村、新家乡,做一个优秀的对社会有用的人。

此致
敬礼!

×××
××××年××月××日

简　析

感谢信是对单位或个人给予写信者的关怀、帮助、支持、祝贺或勉励等表示感谢的一种书信,使用范围较广,如感谢相助、感谢捐赠等,通常以写感谢信的方式表达谢意。从其行文看,有单位给单位的,单位给个人的,个人给单位的,个人给个人的,方式多种多样。感谢信可以张贴,也可以邮寄给报社、杂志社刊登或通过电台、电视台播出。

本例文属于一封个人写给单位的感谢信,是对该单位的某人给予自己资助的感谢。开头写明感谢对象的具体事迹,将事件的前因后果进行了简要的叙述,也叙写得简明扼要;紧接着满怀真挚的感激之情赞扬对方的可贵精神,并请求感谢对象所在的基层组织对其进行表彰,最后表示了向他学习的决心和态度。

这封感谢信篇幅虽短,但娓娓道来,情真意切,用语得体。总之,本例文贵在"简",胜在"真"。

【例文 5—33】

为了那片希望的田野

——"希望工程"捐款倡议书

亲爱的同学们：

　　大家好！

　　也许此时你刚刚吃过香喷喷的早餐，骑着新买的赛车来到学校；也许此时你刚刚从操场上打球归来，手里拎着饮料；也许你刚刚下课，觉得学习太枯燥乏味，正在盘算着放学后花上几块钱去游艺厅"放松"一下……那么，请你稍稍留步，听我为你们讲一个真实的故事：

　　章×是我们大家的同龄人，正是应该坐在课堂里读书学习受教育的年纪。但不幸的是，他出生在偏僻山村，出生在贫寒的农民家庭，贫瘠的土地从来就不曾带给他们丰收的年景，而不断下跌的粮价更使这个家经济窘迫拮据。章×小学没有毕业，就被迫辍学了。他的父母也知道，章×待在家中也干不了什么重活；可是，实在没钱供他念书，一年的学费要六十多块钱呐！

　　六十多元，仅仅是六十多元，对于章×而言就成为天文数字；仅仅六十多元，就使章×失去了本该属于他的书本和课桌；仅仅六十多元，就要葬送掉小章×的前途和希望！

　　六十多元，仅仅是六十多元，相当于我们玩几个小时的电脑游戏；相当于我们玩一场足球或篮球；相当于十几瓶饮料；它甚至于还不够我们一次生日聚会的花销……但，它却制约着章×的命运。

　　六十多元钱，制约着全国千千万万如章×一样的孩子们的命运。而他们和我们同龄，甚至比我们还小，他们同是祖国的未来和希望！

　　同学们，请想一想吧，在远方，有无数双眼睛在渴望着校园，他们是我们的兄弟姐妹，他们需要我们的帮助——哪怕仅仅是少喝一瓶饮料、少玩一小时电脑、少买一盘磁带……省下钱来，寄给他们吧，你就有可能改变一个人的一生！

让我们奉献出自己的一份爱心吧,为了远方希望的田野!

×××

××××年××月××日

简　析

倡议书是机关、单位、团体,或某个会议的代表、某一群体,为开展或推动某项活动或事业,向社会或有关方面首先公开提出、带有号召性的一种文体。其类型有个人发起和集体发起两种。倡议书没有任何强制性,但有着特殊的价值和作用,目的是希望倡议书的阅读者能够响应,在更大的范围内调动积极性和创造性,从而推动倡议的相关活动或事业的发展。

本例文是一篇向全体学生发出的捐款倡议书,以抒情的笔调,用动之以情,晓之以理的方式,从章×的事例说起,指出只要大家节省一点点钱,去帮助那些在贫穷家庭的孩子们,就可能改变他们的一生。所叙所写所提倡议,并不让人觉得遥不可及、高不可攀,而是让人觉得力所能及、切实可行,其鼓动性、可行性都很强。

本例文胜在以铺排的笔法叙写章×及以章×为代表的贫困家庭的孩子们的生活之"难",同时还是以铺排的笔法极写大家伸出援手之"易",一"难"一"易",都能直击读者的心灵,从而达到了倡议书鼓动人们采取相应行动的目的。

【例文 5—34】

贺×××先生九十寿辰电

××市××××路×段×××号

××先生如晤:

欣逢先生九秩寿庆,××特电表示深挚的祝贺!

忆昔××年前，先生一本爱国赤子之忱，关心民族命运和国家前途，在外侮日亟、国势危殆之秋，毅然促成××合作，实现全面××；去×之后，虽遭长期不公正之待遇，然淡于荣利，为国筹思，赢得人们景仰。××在时，每念及先生必云：先生乃千古功臣。先生对近代中国所做的特殊贡献，人民是永远不会忘怀的。

所幸者，近年来，××交往日增，长期××之状况已成过去。先生当年为之奋斗、为之牺牲之××××、××××大业，为期必当不远。想先生思之亦必欣然而自慰也。

我和同辈朋友们遥祝先生善自珍重，长寿健康，并盼再度聚首，以慰故人之思耳！

问候您的夫人×女士。

×××

××××年×月××日

简 析

本例文是×××同志在×××先生九十寿辰时所写的祝寿辞。首先写明致辞贺寿的原因和目的，措辞极为准确、简洁；接着深情地回顾了半个世纪以来×××先生的人生经历、对国家和人民的特殊贡献和所具备的崇高气节、优秀品质，所涉及的内容虽多，但却高度概括凝练，真正做到了词约义丰；紧接着又表达了对××××、××××大业的期盼之情，结合×××先生的人生经历，演绎出这样的一段"期盼之情"，可谓情之所至，真正的"顺理成章"；例文的最后，表达了祝福×××先生健康长寿的美好愿望，这既是感情的自然流露，也是祝寿辞的写作要求。全文感情真挚，语言简洁生动，思想意蕴丰富，不失为祝寿辞中的佳作。

第三节 商务文书范文赏析

商务文书作为应用文的一个分支，在内容和要求上，同法定公文、事务文书既有相近之处又有诸多不同，从撰写的目的和解决问题的方面而言，更讲求务实，更讲究可行和绩效。学习商务文书的范文，既要弄懂商务文书的写作特点、与其他类型的文书的区别，也要能够掌握商务文书本身的写作规律。本节选取商务文书范文 16 篇，赏析的范围也涉及商务文书主题表达、结构安排、材料选用、语言运用、格式规范等方方面面。此外，不少商务文书往往涉及法律法规问题，鉴于此，对于其中有些范文在这方面做得成功的地方，也纳入了鉴赏的范围。

【例文 5—35】

鲜蛋购销合同

编号 ××

供 方：××××　　法定代表人：×××　　职务：×××

需 方：××××　　法定代表人：×××　　职务：×××

根据《中华人民共和国合同法》等有关法律的规定，经双方协商，签订本合同，共同信守，严格履行。

第一条　品名、计量单位、数量

品名：××××

计量单位：××××

数量：××××

第二条　产品质量与标准：

供方出售给需方的鲜蛋应新鲜完整、不破损、不变质，保持鲜蛋表面清洁，不黏附泥污等物。

第三条　包装要求：

由自备或向需方租用硬塑箱及木箱，由供方付给需方押金与使用费。

第四条　价格或作价办法：

全年实行季节差价。收购旺季实行量低保护价，鸡蛋每市斤_____元，补贴饲料_____斤；鸭蛋每市斤_____元，补贴饲料_____斤。

第五条　收购地点：

×××××××

第六条　交货方式及运费负担：

供方鲜蛋送往需方仓库，必须自备车辆、船只或其他运输工具。需方收货后则应按实际数量，每百斤补贴运输费、损耗_____元，交食品站不补贴运杂费及损耗。

第七条　验收方式与期限：供方将鲜蛋送到后，需方依次过磅照验，在24小时内验收完毕，逾期验收由需方补贴损耗_____%。

第八条　货款结算方式：

需方通过验收后，应向供方及时支付货款。

第九条　超欠幅度：

交售数量分月在合同规定数量超欠5%以内不作违约论处。

第十条　违约责任：

供方违约每欠一斤鲜蛋，应补给需方损失_____元。需方违约拒收一斤鲜蛋，则补给供方损失_____元。

第十一条　其他约定：

1. 供方现存生产蛋鸡_____只、蛋鸭_____只，若需淘汰更新，须经双方协商同意，才能减少供货数量。

2. 本合同一经签字，即具有法律约束力，双方必须全面履行合同规定的义务，不得单方任意变更或解除，若遇不可抗力，不能履行合同时，应及时通知对方，以书面形式变更或解除合同。

3. 其他未尽事项，由双方共同协商，另订附件。如发生争执，无法和解，可向××××部门提请调解或仲裁。

4. 本合同有效期为××××年×月×日至××××年×月×日。

5. 本合同书一式二份，供需双方各执正本一份。

供方：××××××（章）　　　需方：××××××（章）

法定代表人：×××（签章）　　　　法定代表人：×××（签章）

电话：××××××　　　　　　　　电话：××××××

邮码：××××××　　　　　　　　邮码：××××××

地址：××××××　　　　　　　　地址：××××××

××××年××月××日　　　　　　××××年××月××日

简　析

　　本例文属于典型的条款式购销合同，采用条款式的写法，便于对所涉及的方方面面的内容，事无巨细，条分缕析，统筹规划。标题采用的是合同标的＋合同种类的模式，符合此类合同标题的制作要求；约首写清了供需双方全称及法定代表人和职务，叙写清楚、简洁；主体部分的各项条款均为供需双方依据《中华人民共和国合同法》等有关法律的规定，协商而定，责、权、利等规定明确，为共同信守打好了基础。

　　整体而言，本例文体现了合同约束性、利益性、平等性等特点，同时，文字表达准确，落款尤为规范。

【例文5—36】

建筑安装工程承包合同

发包方（甲方）：＿＿＿＿＿＿

地址：　　　　　邮码：　　　　　电话：

法定代表人：　　　　　职务：

承包方（乙方）：＿＿＿＿＿＿

地址：　　　　　邮码：　　　　　电话：

法定代表人：　　　　　职务：

依照《中华人民共和国合同法》经双方协商一致，签订本合同，并严肃履行。

第一条　工程项目

一、工程名称：＿＿＿＿＿＿＿＿

二、工程地点：＿＿＿＿＿＿＿＿

三、工程编号：＿＿＿＿＿＿＿＿

四、工程范围和内容：全部工程建筑面积＿＿＿＿＿＿＿平方米。（各单项工程详见工程项目一览表）

五、工程造价：全部工程施工图预算造价人民币＿＿＿＿＿＿＿元，其中：人工费＿＿＿＿＿＿＿元。（各单项工程详见工程项目一览表）

第二条　工程期限

一、开、竣工日期：依照国家颁布的工期定额，经双方商定，本合同工程开竣工日期如下：全部工程自＿＿＿＿＿＿＿年＿＿＿＿月＿＿＿＿日开工，至＿＿＿＿＿＿＿年＿＿＿＿月＿＿＿＿日竣工（各单项工程开、竣工日期详见工程项目一览表）。

二、施工前各项准备工作，双方应根据工程协议书中第三条规定，分别负责按照完成。

三、在施工过程中，如遇下列情况，可顺延工期。顺延期限，应由双方及时协商，签订协议，并报有关部门备案。

……（略）

第三条　物资供应

一、全部工程所需的物资按下列第（　　）项供应方式办理：

……（略）

六、由甲方负责供应的材料和设备，如未按时供应，或规格、质量不符要求，经双方努力仍无法解决、因此造成乙方的损失，应由甲方负担。

第四条　工程款结算

一、全部工程造价的结算方式按下列第（　　）项规定办理。

……（略）

二、工程款拨付与结算办法，按现行规定办理（详见附件）。

第五条　施工与设计变更

一、乙方要依据国家颁发的施工验收规范和质量检验标准以及设备要求组织施工，要全部达到合格。

……（略）

四、甲乙双方在施工中遇到工程生项，应按定额管理办法报批。变更工程协议所附的变更预算，应在施工前及时送经办银行，作为结算工程款之依据。

第六条　竣工验收、结算与保修

一、乙方在单项工程竣工前五日将验收日期以书面通知甲方届时验收，如甲方不能按时参加验收，须提前通知乙方取得乙方同意后，另订验收日期，但甲方须承认竣工日期，如再不按时参加验收，其所发生的管理费和各项损失均由甲方承担。并偿付给乙方按预算造价每日万分之一的逾期违约金。

……（略）

九、工程未经验收，甲方提前使用或擅自动用，由此而发生的质量或其他问题，由甲方承担责任。

第七条　违约责任和仲裁

一、由于乙方责任未按本合同规定的日期竣工，（以竣工验收合格日期计算）每逾期一天，应偿付给甲方按预算造价万分之一的逾期违约金；属于包工不包料的，每逾期一天，应偿付给甲方按预算人工费千分之二的逾期违约金。

……（略）

四、建筑安装工程承包发生合同纠纷时，当事人双方应及时协商，协商不成时，任何一方均可申请各级城乡建设委员会或双方上级业务主管部门进行调解；解决不了的，可选择下述第（　　）项处理：(1) 向建筑物所在地的仲裁委员会申请仲裁；(2) 直接向人民法院起诉。

第八条　附则

一、预算审查手续，由建设单位将建筑安装工程承包合同（附施工图预算）送市建设工程合同预算审查处审查。要求鉴证的，可到建筑物所在地的区、县工商行政管理局进行鉴证。

……（略）

四、双方商定的其他事项：

1. ××××××

2. ××××××

第九条　合同附件

一、工程项目一览表

……（略）

六、有关补充合同

第十条　合同份数及有效期

一、本合同一式两份，甲乙双方各执正本一份，并分别报送双方业务主管部门副本一份。

二、本合同自双方签订之日起生效。在全部工程竣工验收并结清尾款后失效。

建设单位（发包方）（盖章）：____　　建工单位（承包方）（盖章）：____

工程负责人：_____　　　　　　工程负责人：_____

_____年____月____日　　　　　　　_____年____月____日

简　析

本例文是一份典型的制式合同（限于篇幅，删减了部分内容），采用的是"合同标的＋合同种类"的标题模式。合同的正文由约首和主体两部分组成。约首即签订日期、合同编号和当事人名称等内容，根据本合同内容方面的要求，书写齐全。合同的正文部分，从其书写的内容可以明显地看出，主体部分条款是在总结类似合同实践的基础上，规范其内容后而制定的，所以，既符合合同写作的相关要求，也比较符合行业特点，更符合相关的法律法规。合同当事人按照这种合同样本签约，一般不会在主要条款上有所疏漏。同时，本例文较为细致地考虑了施工规律和相应的法律要求，表述清晰，落款正确。在体现合同约束性、利益性、平等性特点的基础上，格式规范、用语规范是本例文的一大特征。

【例文 5—37】

世界之窗

　　××世界之窗文化旅游景区，毗××××与××××，开业于××××年，占地××万平方米，集世界奇观、自然风光、民俗风情、民间歌舞于一园，再现了一个美妙的世界。

　　园内景区分为世界广场、亚洲区、大洋洲区、欧洲区、非洲区、美洲区、现代科技乐园、雕塑园、国际街等×大景区。景观采用自由比例，或精致微妙，或气势恢宏，埃菲尔铁塔高××米，巍然耸立，游人可乘观光电梯到塔顶，饱览深圳和香港风光；尼亚加拉大瀑布水流飞泻，声势浩大，颇让人有身临美洲之感……每当夜幕降临，华灯初放，由世界民族歌舞组成的大型广场综艺晚会即在世界广场拉开帷幕，把景区活动推向高潮：

　　"你给我一天时光，我给你一个世界！"

　　单位：×××××××××××
　　电话：（××××）×××××××××
　　传真：（××××）×××××××××

简　析

　　本例文是一则旅游广告。此类广告的标题最关键的是要引起阅读者的"即刻注意"，激起阅读者阅读正文内容的兴趣，唤起阅读者的消费欲望。本例文的标题虽只有短短的四个字，但能激起阅读者的兴趣，唤起阅读者借此之"窗"一睹世界芳容的欲望。

　　主体部分主要介绍景区的具体情况，内容涉及全面但叙写又极简要。同时采用夹叙夹议的表达方式也非常成功。如第一自然段在简述景区坐落位置、开业时间、占地面积、集世界哪些风光于一园后，最后以一句"再现了一个美妙的世界"的议论作结，既是点睛之笔，也是应用文叙议结合的成功范例。

广告的广告语指广告中用来概括服务宗旨、强化信息的文字，特别强调突出特点，言简意赅，朗朗上口。本例文的广告语"你给我一天时光，我给你一个世界！"，既符合广告语的写作要求，又点明了广告的主旨，更抓住了阅读者的眼球。阅罢，深深觉得，景区令人神往，意欲一睹为快。

本例文作为一则旅游广告，在传递信息、吸引阅读、激发消费等方面都是成功的，同时，语言极富吸引力也是其突出的特色。

【例文5—38】

×××小包装食用油新品上市营销策划书

一、市场规模

根权威部门统计，我国的食用油市场早在××××年就已经达到××万吨市场规模。我国人均年耗油量为×千克左右，香港为××—××千克，发达国家为××—××千克。目前我国食用油销量正以每年超过×%的速度迅猛增长，预计到××××年，我国人均年用油量将达到××千克以上，整体消费量也将超过××万吨以上。而目前，小包装食用油仅占其市场总量的×%左右。随着人们生活水平的提高，小包装油因其营养、天然、美味、卫生、安全等特点受到越来越多中国家庭消费者的喜爱，小包装油也正以高于整个食用油市场×—×个百分点的速度快速增长。

二、竞争现状

纵观目前小包装食用油市场。主要是嘉里和中粮旗下的产品占据了大部分市场。而其×××旗下的16个品牌，如×××、××、××、××、×××、××、××、××等则又占据了整个小包装油市场总量的25%以上，处于市场的领导地位。

（一）×××小包装食用油SWOT分析

1. 机会

小包装食用油市场规模庞大，市场增长速度快。未来几年将是小包装食用油市场空前繁荣的几年。××两地人口众多，市场相对需求大。

2. 威胁

目前小包装食用油市场除居领导地位的×××、×××等外，二、三线品牌众多，竞争异常激烈。

3. 优势

"×××"小包装系列食用油与名牌"×××"系出名门——嘉里粮油，具有较深的品牌沉淀；××粮油具有完善的分销网络和科学的市场推广体系；×××在其他区域已经上市销售，可给川渝地区新上市提供比较成功的行销经验，以便根据实际情况进行营销策略调整。

4. 劣势

×××在××、××地区属于新品上市，消费者对该产品的认知需要一个较为漫长的过程；××地区地域覆盖广，给市场整体启动带来较大困难；×××的市场增长必然给××旗下的其他同门兄弟带来威胁，竞争与协作的尺度难以把握。

（二）竞争策略选择（USP）

食用油市场发展到今天，产品已经严重同质化。食用油营销已经进入到品牌营销时代，故品牌营销需先行。就××粮油本身而言，乃东南亚粮油巨头，拥有雄厚的资金和技术实力。其×××食用油居行业领导地位，符合其食用油品专家的特征。而市场上的食用油，至今尚无一家以专家的形象进行推广。消费者更容易相信专家，相信权威。

通过对×××完美品质的不断诉求，突出其专业水准，形成×××即食用油专家。从而形成"×××——来自×××的食用油专家"的独特销售主张（USP）。一切市场推广活动围绕这一独特销售主张进行。这一USP具有如下含义：

1. ×××来自×××，代表先进的工艺和水准。

2. ×××是食用油的专家，代表更健康、安全、营养、卫生。

（三）营销策略

1. 品牌包装策略：遵循总部统一包装

2. 价格策略：遵循总部统一价格策略。但可选择在节假日与川渝超级大卖场联手限量特价销售。

3. 渠道策略及终端建设

集中力量建设省会城市及川渝重点地级城市。以 KA 为主，传统批发渠道为辅，同时为即将到来的端午节团购做好准备工作。

需在产品上市×天内完成××地区×%以上重点市场的产品覆盖，以确保公关活动能顺利进行。

4. 传播及市场推广

……（略）

（四）市场预测

通过对×××的前期市场引导及持续市场推动，力争在××月份取得××地区前十名市场占有率的良好业绩。

××××年××月××日

简　析

本例文是×××小包装食用油新品上市营销策划书。由标题、正文、落款三部分构成。标题采用单行形式，概括了策划文书的内容，提示了文章的主旨。正文由前言、市场规模、竞争现状、SWOT 分析、竞争策略、营销策略、市场预测几个部分组成，对策划目的、营销目标、营销战略、费用预算、方案调整等方面的内容都做了清楚的交代。

全文结构严谨，层次清楚，格式规范，既切合实际，又富有创意，同时对营销策划书如何写出其针对性、经济性、系统性、可行性也提供了借鉴，是一篇较为典范的营销策划文书。

【例文 5—39】

×××药膏说明书外用　　OTC 乙类

药品名称：×××药膏

汉语拼音：×××yao gao

成分：略（保密方）

性状：本品为淡灰黄色的橡胶膏剂；气味特异。

作用类别：本品为急性软组织扭伤类非处方药药品。

功能主治：活血散瘀，消肿止痛，祛风除湿。用于跌打损伤，瘀血肿痛，风湿疼痛。

用法用量：贴患处。揭下×××药膏，使药带贴于治疗部位，松紧适当即可。

禁忌：孕妇禁用。

注意事项：

1. 皮肤破伤处不宜使用。

2. 皮肤过敏者停用。

3. 每次贴于皮肤的时间少于12小时，使用中发生皮肤发红，瘙痒等轻微反应时可适当减少粘贴时间。

4. 小儿、年老患者应在医师指导下使用。

5. 药品性状发生改变时禁止使用。

6. 儿童必须在成人的监护下使用。

7. 请将本品放在儿童不能接触的地方。

8. 如正在使用其他药品，使用本品前请咨询医师或药师。

不良反应：

过敏性体质患者可能有胶布过敏反应或药物接触性痛痒反应。遇此，贴用时间不宜超过12小时。偶见红肿、水泡等，遇此停药。

规格：6.5厘米×10厘米

贮藏：密封，置阴凉处。

包装：(1) 每盒装2片　(2) 每盒装5片　(3) 每盒装10片　纸质包装。

有效期：×年

批准文号：国药准字Z×××3015

委托方：××××集团股份有限公司

注册地址：××市国家高新技术产业开发区

邮政编码：×××××××

电话号码：×××××××

传真号码：×××××××

网址：×××××××××

受托方：××××集团××药业有限公司

生产地址：××××国家高新技术产业开发区××—××号地块

简　析

本例文属于条款式产品说明书，分条列项地介绍了药品知识，包括药品名称、规格、性状、作用、功能、用法、用量、禁忌、注意事项及包装、有效期、批准文号等内容，满足了消费者的要求。特别是注意事项较详细，可避免因不了解产品、错误使用而出现问题。

整体上看，本例文的写作，很好地体现了产品说明书这一文种实用性、科学性、条理性和通俗性的特性，对于我们掌握这类文种的写作要领有借鉴意义；语言表达上，本例文既通俗又明了，既客观又平实，既无夸饰之词，又符合产品说明书的特点。

【例文5—40】

××××消食片说明书

【药品名称】品　名　　××消食片　　汉语拼音　　×　×　xiao shi pian

【成　　分】太子参、陈皮、山药、麦芽（炒）、山楂。辅料为蔗糖、糊精、硬脂酸镁。

【性　　状】本品为薄膜糖衣片，除去包衣后显淡棕黄色；气略香，味微甜、酸。

【功能主治】健胃消食。用于脾胃虚弱；消化不良。

【用法用量】口服。[展开]（须咬碎）一次3片，一日3次。

【注意事项】

1. 忌食生冷辛辣食物；

2. 本品为成人治疗脾虚消化不良症用药，对于小儿脾胃虚弱引起的厌食症，可以减量服用，一次1—2片，一日3次。不能吞咽片剂者，可将该药品磨成细颗粒冲服。

3. 厌食症症状在一周内未改善，并出现呕吐、腹痛症状者应及时向医师咨询。

4. 按照用法用量服用。

6. 药品性状发生改变时禁止使用；

7. 儿童必须在成人的监护下使用；

8. 请将本品放儿童不能接触的地方；

9. 如正在使用其他药品，使用本品前请咨询医师或药师。［展开］

【规　　格】每片重0.8克。

【贮　　藏】密封。

【包　　装】铝塑包装，8片/板×4板/盒

【有 效 期】2年。

【批准文号】国药准字Z2001××××

【生产企业】企业名称：××药业股份有限公司

地　　址：××××××

邮政编码：××××××

电话号码：××××××××

简　析

语言简洁、内容完整、条分缕析、通俗易懂是本例文的突出特点。说明书的写作目的就是要尽可能多地让使用者了解所介绍商品的知识，进而科学地指导消费者正确地使用，因而语言必须准确、平实、易懂，本例文在写作上的可贵之处正在于此。如对"用法用量"的介绍："口服。［展开］（须咬碎）一次3片，一日3次。"如何服用，一次服用多少，一天服用多少次，使人一看即一目了然。

【例文 5—41】

××大学教材招标书

为加强教材的采购管理，经校务会研究决定，现对××年秋季学生教材采购进行招标。为确保采购教材的质量和及时供应，维护招、投标双方的合法权益，特定此标书。

一、招标项目

××年秋季所用全部教材。具体招标种类、版本、数量见附《××年秋季教材征订一览表》。

二、招标方式

××市内公开招标。

三、投标人资质条件及证明

1. 投标人必须具有一般纳税人的企业资格；具有从事大中专教材经营权及相关教材代理权（国家有规定的按照国家规定），须能直接由出版社购进者，无中间环节；遵纪守法，无经营盗版教材、劣质教材及偷漏税等不良记录，具有良好的服务信誉；具有较大的经营规模；具备承担投标项目的能力；同时符合国家有关规定的资格条件。

2. 投标人必须提供下列证明材料：营业执照、图书经营许可证、法人代表证明、税务登记证、代理商具有的出版社授权证明或委托证、投标方参与人身份；其他有关的资信证明（复印件需加盖公章）。包含投标人单位性质、供货能力、经营特色、服务保障人员及主要业绩等的投标人简介。投标人在送达标书时，应提供以上材料的原件或复印件×份（原件务查）。法人因故不能亲自参加投标而委托他人的，需有法人委托证明。

3. 投标人具备提供最新教材目录和教材发展动态的能力，主要包括新华书店总店编的《全国大专教学用书汇编》、《高校教材图书征订目录》及高教、人大、清华、上海外教等国家大型出版社的当季的各类目录。目录套数按需方要求而定。

四、评标标准

符合投标条件的情况下，强调价格优势、投标人资信优势和服务优势。

五、供货时间及方式

购方最近至××××年××月×日前发出订单，订单中标明各种类、版本的订购数量。

供货方接到订单后必须及时组织落实书源，若有不明或不确定之处，应尽快电话联系，中标者为拖延时间而假托出版社临时无货者，每种教材罚款1000元。供货方自中标之日起至××××年××月××日，所订教材分批到货。所有教材由供货方免费及时地送货到需方指定的库房，并在包装上分类标明教材名称，经需方查验无误后，由供货方负责搬放到指定的书架，由需方在两联单上签订确认。

六、价格条件

各种教材价格不高于出版社定价的80%。

七、中标方须做到

1. 投标人不得相互串通招标报价，不得排挤其他投标人的公平竞争，损害招标人或其他投标人的合法权益。

2. 中标人必须保证教材的质量，如果教材有质量问题，由中标人负责解决；中标人必须保证所供教材为正版优质教材，否则，由此引起的一切法律后果由中标人承担，并加倍赔偿由此造成的经济损失。中标人按招标人指定的书目提供，不得擅自夹带盗版书、劣质书和非招标方预订书。

3. 所供教材如发现版本有误，装订、印刷、污渍等质量问题，保证在10个工作日内退换完毕；因招生数量变动、学生专业调整等因素造成的教材种类数量的变化，中标人要按变动后的教材订单执行；必须保证对近一年所定教材中多余及残缺教材及时退换，不得以任何理由推诿。

4. 由于中标人漏订、迟订等原因影响教学的，由中标人赔偿需方订教材书款三倍的罚金，并解除供货合同。

5. 按招标人提供的订单，到书率须达98%以上，中标人供书发货差错率低于2%。

6. 中标人送书到招标人指定地点，并附有微机打印准确（含订单的所有项目）的一式两联的送书清单。

7. 中标人应当按照合同约定完成中标项目，不得向他人转让中标项目，也不得将中标项目分包他人。

8. 中标人不履行合同时，每涉及一种教材扣应付教材款1000元，以此累加，且合同保证金不予退还。造成损失的按有关规定处理。

9. 采购实行信用一票否决制。投标人有下列情况之一的，一经招标人或相关业务主管部门发现，该投标单位参加投标的，投标无效；中标的，招标人有权立即终止与其签订的合同，并要求其赔偿因此造成的一切损失和费用；给招标人造成损害的，应承担相应经济责任与法律责任。且今后不得参加我校此类项目的招标。

（1）提供虚假材料的；

……（略）

（9）违反国家法律法规其他规定的。

八、开标

投标人应在×××年××月××日上午×时前，将投标书密封、并加盖单位印章交招标办公室，同时缴纳投标保证金叁万元整（￥30 000.00）。定于×××年××月××日上午×时在××地点开标。未中标者保证金原数退还；中标者保证金转为合同保证金。

九、本招标书解释权归教务处

附：××大学××××年秋季教材征订表（略）

××大学教务处
××××年××月××日

简　析

本例文是一份××大学××年秋季学生教材招标书，属于招标书中大宗商品交易类。标题采用的是完整式，即"招标单位＋招标内容＋文种名称"。正文则由前言、主体和落款组成。

前言亦称导语，主要写明招标的目的、依据及招标项目名称及招标范围等内容，要求根据招标的实际情况写作，做到要素齐全，表述简明。

主体部分分别写明招标项目、招标方式、投票人资质条件及证明、评标标准、供货时间及方式、价格条件、对中标方的要求、开标时间及相关事项等，符合《招标投标法》第十九条的规定，且采用分条列项的方法安排结构、划分层次，思路清晰。尤其是这部分的用语，涉及对投标人要求的，措辞精准，毫不含糊。

落款写明招标单位名称、发文时间、地址、电话号码、传真、邮政编码、联系人等，非常完整、规范。

本例文的格式规范，内容具体明确，语言表达简洁而准确，整体来看，体现出了招标书公开性、指导性、明确性的特征。

【例文5—42】

××商厦建筑安装工程招标书

为了提高建筑安装工程的建设速度，提高经济效益，经市建委批准，××公司对××商厦建筑安装工程的全部工程进行招标。

一、招标工程的准备条件、本工程的以下招标条件已经具备：

1. 本工程列入××市年度计划；

2. 已有经国家批准的设计单位出具的施工图和概算；

3. 建设用地已经征用，障碍物已全部拆迁；现场施工的水、电、路和通信条件已经落实；

4. 资金、材料、设备分配计划和协作配套条件均已分别落实，能够保证供应，使拟建工程能在预定的建设工期内连续施工；

5. 已有当地建设主管部门颁发的建筑许可证；

6. 本工程的标底已报建设主管部门和建设银行复核。

二、工程内容、范围、工程量、工期、地质勘查单位和工程设计单位（见附表）。

三、工程可供使用的场地、水、电、道路等情况（略）

四、工程质量等级、技术要求，对工程材料和投标单位的特殊要求，工程验收标准（略）

五、工程供料方式和主要材料价格，工程价款结算办法（略）

六、组织投标意境进行工程现场勘察，说明和招标文件交底的时间、地点（略）

七、报名日期、投标期限、招标文件发送方式

报名日期：××××年×月×日。

投标期限：××××年×月×日起至××××年×月×日止。

八、开标、评标时间及方式，中标依据和通知

开标时间：××××年×月×日。

评标结束时间：××××年×月×日。

开标、评标方式：建设单位邀请建设主管部门，建设银行和公证处参与。

中标依据及通知：本工程评定中标单位的依据是工程质量优良，工期适当，标价合理，社会信誉好，最低标价的投报单位不和定中标。所有投标企业的标价都高于标底时，如属标底计算错误，应按实况予以调整；如标底无误，通过评标剔除不合理的部分，确定合理标价和中标企业。

九、其他（略）

附：施工图纸、勘查、设计资料和设计说明（略）

建设单位：××公司
××××年××月××日

简 析

本例文是一份××商厦建筑安装工程招标书。招标书作为招标单位为了达到招标目的而对外公布的有明确招标内容和具体要求的说明性文书，意图借此吸引技术装备力量强、经济实力雄厚、经营管理经验丰富，

足以胜任建设任务的建设单位前来投标。在这方面，本例文的写作值得借鉴。另外，本例文根据实际情况，具体写明了招标工程的准备条件等九大方面的内容，对招标项目作了较为详细的说明，为了节省篇幅，也为了说明得更为详尽，则对其工程内容、范围、工程量、工期、地质勘查单位和工程设计单位等内容采用"附表"的形式出现。

招标书是向社会公开招标的，因此，其内容必须具体、明确、详尽，同时，招标书涉及诸多法律问题，受法律的监督和保护，故起草招标书应力求格式规范、结构严谨、措辞精准。本例文在这些方面都是成功的。

【例文 5—43】

××公司投标书

××进出口总公司招标公司诸位先生：

经研究××号招标文件后，我公司决定参加××桥梁工程项目所需货物的投标，并授权下述代表人×××、×××代表我公司提交下列投标文件，其中正本一份，副本五份。

（1）投标报价表。

（2）货物清单。

（3）技术规格。

（4）技术差异修订表。

（5）投标资格审查文件。

（6）××银行开具的金额为××万元的投标保函。

（7）××银行开具的金额为××万元的履约保证金保函。

（8）开标一览表。

签名代表人兹宣布同意下列各点：

1. 投标保价表列拟的供货物的投标总报价为××万元。

2. 投标人将根据招标文件的规定履行合同的责任和义务。

3. 投标人已详细审查了全部招标文件的内容，包括修改条款和所有供参阅的资料及附件，投标人放弃要求对招标文件做进一步解释的权利。

4. 投标书自开标之日起两个月内有效。

5. 如果在开标之后的投标有效期内撤标，贵公司可以没收投标保证金。

6. 如果中标后，我方未能忠实地履行所有的合同文件或随意对合同文件做出修改、变动，贵公司可以没收我方许诺的履约保证金。

7. 我们理解贵方并不限于只接收最低价，同时也理解你们可以接受任何标书。

附件：
1. 投标报价表（略）
2. 技术规格（略）
3. 技术差异修订表（略）
4. 资格审查文件（略）
5. 投标保证金保函（略）
6. 履约保证金保函（略）
7. 开标一览表（略）

投标单位：中国×××桥梁公司（公章）

投标者姓名：×××（签章）

投标代表人姓名：××（签章）

××××年××月××日

简　析

本例文是中国××桥梁公司的一份投标书，是根据××进出口总公司招标公司为××桥梁工程项目所需货物向社会发出招标书而写的投标书，限于篇幅，其内容有省略，但不影响对本例文的赏析。

标题由"投标单位名称（××公司）＋文种（投标书）"构成，顶格写明招标单位的全称——××进出口总公司招标公司诸位先生，符合要求，且谦敬之意，溢于字里行间。前言写明投标的依据，点明投标的具体项目和相关内容。主体部分按招标文件需叙写的内容一一列写，表明态度，并保证各具体事项的落实，简洁明快，重点突出，详略得当，层次清楚。落款写明投标单位名称、地址、授权代表人姓名、电话号码、传真号、邮政编码、投标日期等诸项要素，符合要求。另外，还有七个附件，一一列出，以对主体内容作补充说明。

总之，该投标书能紧扣投标书的总体要求进行编写，格式规范，用语简洁，详略得当，能体现投标书的各项要求，值得初学者借鉴。

【例文5—44】

××××年×—×月中国天然气市场调查

××××年×—×月，全国天然气生产总量为××亿立方米，比去年同期增长了×%，同比涨幅比去年同期提升××个百分点。××××年×月当月全国天然气生产总量××亿立方米，同比增长×%，比去年同月提升了×个百分点，比×月下降了×个百分点。

目前，天然气在我国一次能源消费结构中所占比例远低于××%的世界平均水平和×%的亚洲平均水平。但国内天然气市场有较大的发展潜力，有资料显示，我国天然气发电和工业用气以及城市燃气等消费需求快速增长。××××年天然气需求量为×××亿立方米以上，××××年达到×××—×××亿立方米。天然气在一次能源消费结构中所占的比例将逐步增加到×%。我国基本形成了以四川、鄂尔多斯、塔里木、柴达木、莺琼、东海六大盆地为主的气层资源区和渤海湾、松辽、准噶尔三大盆地气层与溶解气共存资源区的格局。另外，我国周边国家俄罗斯、乌兹别克斯坦、土库曼斯坦、哈萨克斯坦天然气资源丰富，占世界天然气总地质资源的××%，剩余储量××万立方米。这些国家每年尚有×××—×××亿立方米产能的天然气需寻找新市场。我国已与上述各国进行了多年的有关向我国输送天然气的可行性研究工作。

天然气作为一个朝阳产业，既有其欣欣向荣的一面，也存在着有待解决的瓶颈问题：第一，天然气消费结构不够合理。目前我国天然气主要用于化工、油气田开采和发电等工业部门，它们在天然气消费中所占比例在××%以上，其中化肥生产就占××%，但工业部门对天然气价格承受能力普遍较差。价格承受能力最强的居民用气在天然气输气管网分散，缺乏统一规划。目前我国天然气市场尚未真正形成，市场发展还不够规范，定价机制不能兼顾生产者和消费者的利益，供求矛盾较大。同时，政府对市场的监管机制尚未建立。第二，资金瓶颈。建设城市配气管网、新建用气项目、改扩建用气设施等用气工程都需要投入大量资金，这些都进一步加大了天然气市场的开拓难度。

随着中国快速的经济增长，不断富裕的小康社会和日益增加的环境压力，使天然气这一优质洁净的能源在中国具有广阔的市场前景。中国的天然气产业是一个处于发展初期、快速发展的产业，巨大的需求蕴含着巨大的商机。第一，在未来×年中，天然气的消费增长速度最快，随着"西气东输"等工程的建设，我国对天然气的需求将以每年×%左右的速度增长。第二，由于国际油价长期居高不下，全球对更清洁能源天然气的需求增长强劲。第三，从环保意识上讲，各国都在对天然气这种资源的开发和利用比较重视。因此，天然气是××世纪消费量增长最快的能源，占一次性能源的比重将越来越大。由于在人们生产和生活中得到了普遍应用，促使天然气的产量保持着良好的增长态势。××××年全年天然气生产量月同比增长基本上保持在×%以下，而进入××××年逐渐增长到×%以上，在××××年下半年月同比一度超过×%。××××年，天然气生产量月同比呈现出稳定增长的趋势，同比大体保持在××%左右，但×月和×月同比增长连续超过×%。××××年天然气的月生产量保持在××亿立方米左右，波动性较小，×月当全国天然气生产量达到了近几年来的最高值。进入××××年，天然气生产量还将继续不断地增长，×月当月天然气生产量继续稳定在××亿立方米左右，生产量同比继续走高，达到近几年来的最高值。×月当月，尽管同比有年放缓，但生产量较×月陆续抬高，这种高速增长的趋势还将在一段时期内继续延续。

简　析

　　市场调查是指以市场为对象的调查研究活动，是根据市场学的原理，运用科学的方法，有的放矢地搜集、整理、分析和研究市场环境和市场情况资料，从而了解市场、认识市场、获取市场信息。在此基础上写成的报告，谓之市场调查报告。

　　本例文正是一篇从宏观的角度对中国天然气市场进行调查的报告，标题采用"调查时间段＋调查内容＋文种"的写法，具体而明确。报告的正文部分，通过一系列具体的、翔实的数据及事实，说明我国天然气市场具有很大的发展潜力和空间，需求不断递增，气源充足，但也存在着许多亟待解决的瓶颈问题。报告在反映和分析了市场总体情况以后，又在此基础上预测了天然气市场高速增长的需求还将在一段时间内继续延续的趋势。

　　整篇报告数据翔实，事例典型，点面结合，详略得当，分析到位，结论水到渠成，较有可信度。一份好的市场调查报告，能对企业的市场策划活动提供有效的导向作用，同时，对于各部门管理者了解情况、分析问题、制定经营决策、编制或者修订计划以及控制、协调、监督等各方面都能起到积极的作用。这些都是这份市场调查报告的成功之处。

【例文5—45】

当前消费市场形势分析及中长期展望

　　当前，消费品零售额连续近20个月保持在12%—13%的水平，表明消费品市场已明显进入新一轮快速平稳增长期。根据我国正处于新一轮消费结构升级的中长期趋势判断，20××年及整个"十×五"期间，国内消费品市场将继续保持高位运行态势，但由于受一些短期和长期深层次问题的制约，消费品市场很难突破12%—13%的增长平台。因此，短期内，宏观调控政策的着力点应重点放在努力增加就业、提高中低收入者收入水平、增加有效供给、扩大政府公共支出等方面；长期看，则重点要从制度和体制入手，努力缩小收入差距，加快解决制约消费增长的长期性深层次问题。只有这样，消费需求快速增长势头才能得以持续。可以预计，到20××年左右，我国将有望迎来新一轮大规模消费增长的新浪潮，消费拉动型经济增长的局面将形成。

一、当前消费品市场基本判断及增长预测

初步预计，20××年消费品零售额将突破6万亿元大关，比上年增长13%左右，扣除价格因素实际增长11.2%，比20××年有所回升。消费需求成为拉动经济增长最为稳定的因素之一。

当前，消费品市场的主要特点表现为：

一是消费与投资增幅差距有所缩小。两者增长比例趋于协调。随着经济结构调整力度加大和宏观调控政策效应的不断释放，消费与投资增长不协调的局面有所改善。20××年1—10月消费品零售增长13%，城镇固定资产投资增长27.6%，两者差距由上年同期相差16.4个百分点缩小为14.6个百分点。

二是城乡消费市场两旺。农村消费需求明显回升，和城市消费差距不断缩小。20××年1—10月城市消费同比增长13.9%，县及县以下消费增长11%。农村消费比去年同期增幅提高0.7个百分点，和城市消费增长差距由上年同期的4.3个百分点，缩小为20××年全年4个百分点，20××年1—10月进一步缩小为2.9个百分点。表明随着城乡居民收入不断提高，特别是各地不断提高城镇居民最低生活保障水平和各项惠农政策的逐步到位，城乡居民消费意愿有所提高，消费需求开始释放。

三是居民消费结构升级步有所加快，服务性消费明显增加。20××年以来，餐饮业、文化办公用品类、体育娱乐用品类和化妆品类消费一直保持15%以上增长；旅游和通信消费增长势头依然强劲。

四是住房、汽车消费由前几年的爆发式增长转为较快增长。这对消费平稳快速增长形成了有力的支撑。20××年10月，限额以上批发零售业中，汽车类消费增长26.7%；住房消费虽受宏观调控影响增速放慢，但其增幅仍保持在20%以上。

五是多数消费品供过于求。无效供给和结构性有效需求不足的矛盾较为突出。

总体来看经过长达7年的调整，我国消费品市场随着经济景气持续向好，能够以12%以上的增长率继续在高位运行，明显高于一般认为的9%左右的正常增长率区间。改革开放以来，社会消费品零售额名义增长年均15%，与之比较，目前13%以上的名义增长水平基本接近长期趋势。这表明，当前我国所面临的已不完全是消费需求不足的问题。

当前及今后扩大消费，一是加快经济增长方式转变的需要。目前，我国经济增长过度依赖于投资和外需。我国投资率高达43%，比世界平均水平高近1倍，20××年外贸依存度超过了70%以上，这种增长方式是不可持续的。要想延长本轮经济的扩张期必须要扩大内需。促进消费增长，实现经济增长由投资和外需拉动型向消费拉动型转变。二是从供求关系来讲，消费需求要及时跟进。新一轮投资扩张，工业领域形成大量生产能力需要释放，消费需求如果不能及时跟进，势必导致产能过剩，最终有可能致使我国经济再次陷入通货紧缩。三是促进城乡消费协调增长。消费总量需求不足的矛盾较为突出，特别是城乡消费增长极不平衡，农村消费需求增长依然偏慢，消费水平明显较低。目前，60%的农村居民（包括县及县以下）在全社会消费品零售总额中所占份额仅为32.8%，而40%的城镇居民所占份额达到67.2%，城乡消费差距较大。由于城乡消费水平过度悬殊，导致我国大规模的消费结构升级浪潮被大大延缓，对国民经济持续均衡发展形成制约。启动农村市场、增加农村有效需求、促进城乡之间消费协调增长，已成为新时期宏观调控的一项重要内容。四是城乡居民总体消费水平依然偏低。虽然目前我国人均GDP已超过1000美元，但绝大多数城乡居民的生活水平还处于生存型消费阶段，只有极少数人进入发展型和享受型消费阶段，特别是农村仍有2900万人口的温饱问题没有完全解决，城镇也有少部分居民生活在最低保障线以下。因此，培育和扩大消费需求，促进消费需求快速增长，对2020年全面建设小康社会目标的实现具有非常重要的意义。

二、影响当前及中长期消费增长的因素分析和趋势预测

20××年，是我国"十×五"规划的头一年。在科学发展观的指导下，认真解决广大人民群众最关心，与群众最直接、最现实的问题，对居民收入预期增加、提高居民消费信心、进一步扩大消费将产生积极的

推动作用。但随着国内供给能力增加、外部市场需求放缓，从20××年及中长看，我国面临的市场供求矛盾将会更加突出。初步判断，20××年消费增长仍将会维持在一个较高水平，但其增速可能会比20××年有所回落。随着教育、医疗、社保等社会事业改革的加快推进和制度的进一步完善，特别是就业问题逐步得到缓解，预计到20××年左右，我国将有望真正迎来新一轮大规模消费增长的新浪潮，消费拉动型经济增长的局面有望形成。

1. 宏观环境日益朝着更加有利于消费增长的方向发展……（略）

2. 中低收入者收入水平有望逐步提高，即期消费需求将会得到明显释放……（略）

3. 居民消费结构升级呈加速趋势，将为20××年及"十×五"时期消费快速增长提供可靠的保证……（略）

4. 国内市场趋于饱和，市场供大于求的矛盾更加突出，调整结构、扩大消费的任务较为艰巨。

从总供给与总需求的关系来看，影响20××年以及中长期我国市场供求关系的，主要是总供给大于总需求，特别是工业消费品供过于求的矛盾会非常突出。从短期看，随着宏观调控效应进一步显现，经济增长速度放缓，拉动国内市场旺盛的需求将会有所减弱。中长期看，扩张期过后的新生产能力的形成，对市场供求平衡将造成一定的冲击：一方面，前几年工业领域大量投资所形成的产能将开始释放；另一方面，目前我国资金储备充裕，技术创新能力明显增强，供给能力显著增加，供过于求的矛盾将会凸显。近期尤为值得关注的是，随着国际市场贸易摩擦加剧，人民币升值压力加大，出口增速有可能明显下滑，出口国际市场的商品将会近销国内，进一步挤压国内市场（如纺织、家用电器、鞋等产品），这有可能导致20××年市场供求矛盾变得更加突出。

总体来看，20××年甚至整个"十×五"时期，消费品市场受宏观环境趋好和新一轮居民消费结构升级加快的影响，可保持较长时间的稳中见旺态势。从中长期看，随着社会主义新农村的加快建设，到"十×五"中后期，农村消费增速有望明显加快，与城市消费增长的差距将明显缩小，由此将带整个消费品市场进入一个新的增长高峰期。预计到

"十×五"期末，我国最终消费率和居民消费率有望回升到与国民经济发展相适应水平，即在 GDP 增长率为 8%—9% 及温和通胀的情况下，全社会消费品零售总额实际增长率将达到 11%—13% 的水平，最终消费率由目前 53.6% 提高到 60%—65% 的水平，居民消费率由 42% 提高到 52%—55% 的水平。

三、下一步扩大消费面临的主要问题及对策

1. 努力增加就业是当前及今后提高居民消费预期及促进消费增长的关键；

2. 提高农民收入，扩大农民消费仍将是 20××年及整个"十×五"宏观调控的重要任务；

3. 加快教育、医疗体制改革，加大财政对教育、医疗、社保的投入力度；

4. 控制或扭转收入差距扩大趋势，努力提高中低收入者收入水平。

简 析

市场预测是以经济理论为指导，运用科学方法，对市场调查得来的材料进行分析研究，测算、估计市场未来的发展变化趋势，用书面形式反映出来，便是市场预测报告。本例文便是一篇典型的宏观市场预测报告。

报告的标题为文章式，简明扼要地点明报告的时间范围和具体内容，表明报告立足于当前而展望我国的中长期消费形势。报告的开头以有说服力的连续近 20 个月保持增长的数据和其他指标，说明当前我国消费品市场已进入新一轮快速平稳增长期。但报告又指出，从中长期看由于受一些深层次因素的制约，消费品市场很难突破 12%—13% 的增长平台。报告的主体部分，通过对当前消费品市场的基本判断及增长预测、影响当前及中长期消费增长的因素分析和趋势预测、下一步扩大消费面临的主要问题及对策分析，进一步分析了影响当前及中长期消费增长的诸多因素，预测了趋势。报告的结尾部分，在充分研究和分析的基础上，有针对性地提出了对策建议。

综观通篇，本例文阐述有理有据，分析透彻，结论建立在翔实的分析基础上，说服力强；文字表述准确通畅，结构完整，层次清晰，更体现了市场预测报告科学性、综合性、预见性、时效性的特点，可谓是一篇宏观经济预测方面的佳作。

【例文 5—46】

意 向 书

为支持××县贫困农村奶牛业的发展，××县扶贫办（以下简称甲方）与上海××××有限公司（以下简称乙方），于××××年×月×日通过初步协商，达成在××县贫困村中推广示范××优质奶牛胚胎移植、冷配、奶牛的饲养与管理、牧草的种植与销售等方面的技术合作意向。为使该意向顺利实施，确保农民和公司利益不受影响，双方达成如下意向：

一、甲方：

1. 拟在贫困村的农户中筛选优质适配黄牛作为受体，按照上海××××有限公司提供的饲养管理技术组织农民饲养，作为×××优质奶牛胚胎移植示范推广基地。

2. 提供一定量的奶牛作为冷配示范推广基地。

3. 加速××县扶贫奶牛示范基地和扶贫优质奶牛胚胎移植、冷配开发中心的建设，为上海××××有限公司的先进技术的推广提供载体。

4. 加快××亩牧草种植基地的建设。

二、乙方：

1. 拟提供先进的胚胎移植、冷配和饲养管理技术，确保推广的奶牛年产优质鲜奶在×××公斤以上，以保证农户发展奶牛的效益。

2. 帮助甲方掌握相关技术，为甲方学习培训提供便利条件。

3. 帮助甲方谋划发展思路，通过若干年的时间，使该项技术得以全面推广，奶牛产业做大，使更多的农民脱贫致富。

4. 拟委托甲方为××地区技术推广示范的总代理。

三、有关具体问题双方在进行可行性研究后进一步协商。

四、本意向书一式两份，双方各执一份。

甲方：　　　　（章）　　　　乙方：　　　　（章）

法人代表：　　（签字）　　　法人代表：　　（签字）

电话：　　　　　　　　　　　电话：

邮编：　　　　　　　　　　　邮编：

地址：　　　　　　　　　　　地址：

　　年　月　日　　　　　　　　年　月　日

简　析

意向书是双方或多方就合作项目在进入实质性谈判之前，根据初步接触所形成的带有原则性、意愿性和趋向性意见的文书，是签订合同的前奏，不具有强制性的法律效力，主要是为下一步进行实质性谈判提供一个客观的、基本的依据。

本例文是一份甲乙双方就推广示范××优质奶牛胚胎移植、冷配、奶牛的饲养与管理、牧草的种植与销售等方面达成的技术合作意向书。标题由仅由文种构成，这是符合意向书标题制作规定的。导言部分写明合作双方单位的名称、对什么事项进行了"初步协商"，然后用一句"为使……达成如下意向"过渡，引出主体部分，承上启下，过渡自然。主体部分采用条文式结构，依次写明甲、乙双方在合作过程中的职责要求等内容。

本例文结构合理，层次清楚，语言表达准确而有分寸，特别注重使用留有余地的弹性语言、模糊语言，如"拟提供""拟在""拟委托""相关""若干"、"有关具体问题双方在进行可行性研究后进一步协商"等，这些都非常符合意向书写作语言方面的要求。

【例文5—47】

关于科技开发新产品的商务借款申请书

工商银行××省分行××市支行：

　　××省××工业化工厂是大型国有企业，我厂为了调整产品结构、开发新型高科技含量的新品种、增强企业的创新能力、提高企业的盈利水平，在×××年新产品试验中，成功采用新的纯化工艺。这项工艺技术大大提高了三硝二甲苯的纯度，使出厂的产品纯度达到99%以上，为我省的化工行业增加了一项新产品。我厂取得该纯化工艺的具体控制技术参数，并已申请专利。

这项科技开发新产品具有以下特点：

1. 产品质量好，销路广。该产品是为重要的工业化工生产原料，油漆、香料等重要化工产品的质量都取决于二甲苯纯度。目前国内的生产企业普遍由于工艺技术问题，产品的品质较低，国内每年需求约××万吨，约80%依赖进口。根据掌握的资料情况，一旦新技术大量投入生产，产品可供上海××香料厂、天津××香料厂生产高品质合成香料，短期内可完成进口原料替代。由于该产品质量好，销路广，国外市场也有需求，因此已经具备了新产品开发的市场条件。

2. 产品效益可观。该产品市场进口价每吨××元，国产系列每吨约××元，由于我厂开发的此类产品品质优良，每吨价位可略高于国产平均价格，约为××元。而该类产品的原料成本每吨约××元，新技术开发使用后可使成本进一步降低10%左右。预计年产××吨，可创收××元，经济效益非常可观。

3. 产品原料供应稳定。作为国家大型的工业化工厂，我厂生产的产品系列比较丰富，该产品的原料可自行生产，每年产量约××吨，完全可以满足该产品生产的原料需求。

4. 产品投资少，建设期限短。我厂的7号车间原计划进行大修厂房和设施维护，先可结合该产品的开发投入进行厂房和设备的重新建设和技术改造。建设期限约为4个月。如果资金到位，预计在今年年底完工投入生产。该项目的总投资约为××万元，属于投资少、见效快、效益高的项目。

5. 产品还款能力强。该产品预计每年可实现经济效益为××万元，如果能够尽快投入生产，年内即可增加效益约为××万元。所以我厂申请科技开发贷款××万元，年内可偿还贷款比例约为××%，预计明年可还清全部银行贷款。

鉴于该产品属于科技开发项目，又兼有以上诸多特点，具备国家有关政策规定的科技开发项目贷款条件，特向贵行申请借款××万元，以确保科技开发项目的顺利进行。望予以支持。

请审批。

××省××工业化工厂
××××年××月××日

简　析

商务贷款申请书是企业、个人或其他经济单位因生产建设、经营或者其他经济方面的需要，由于资金短缺而向银行或其他的金融组织要求贷款的书面申请。这类申请书的重点是要写清楚贷款的用途，即解决银行为什么要贷款给你的问题；更要写清楚还贷的能力，即解决银行能不能贷款给你的问题。

本例文是一份常见的企业贷款申请书，文字简洁明了，各个重要部分都交代得非常清楚；结构采用条目式，条理清晰，一目了然。对贷款后用于科技开发新产品的特性，还有经济效益和投资回报率高这几方面，都着重予以介绍，还特别强调了企业的还款能力，为能得到贷款方的信任，争取到贷款，打下了良好的基础。结尾语气恳切，用语妥帖。

【例文5—48】

外资企业所得税减免申请书

国家税务局：

上海××有限公司是外商独资企业，注册资本××万美元，投资者为×国××先生，其出资××万美元，现出资占全部出资的×%，公司的税务登记号为××××××××××

公司属于工业生产加工性行业，经营范围为生产加工非贵金属人造首饰及工艺品（不含金），产成品80%外销。公司的主要产品和经营项目是首饰工艺品。

公司的生产流程为：

从国外进口主要原材料，包括金属制品（铅块等）、亚克力、锆石、卡片等。对进口的金属制品进行融化，然后重新压模以形成首饰品的雏形。对经过初步加工的压模品进行打磨、雕刻、镀金染色。将压模半成品和亚克力、锆石等材料经过点胶、焊接、组装形成完成品。

检验完成品。

将完成品贴上卡片和标签后装箱出库。

公司的经营期限为××年，从××××年×月×日到××××年×月×日。公司的开业时间为××××年×月。公司开业后，产品加工质量信誉良好，预计获利年度为××××年×月。

根据《外商投资企业和外国企业所得税法》及《实施细则》的规定，申请确认生产性外商投资企业，并根据《外商投资企业和外国企业所得税法》第八条的规定，申请享受所得税"二免三减"优惠资格。

根据中国税函［××××］××号文的规定申请享受地方所得税减免优惠资格。

请审核批示。

上海××有限公司
××××年××月××日

简　析

企业所得税减免申请书，是企业单位或其他经济组织，按照税收法规和税收管理的有关制度规定，就减免税的事项向当地的税务机关请示，并请求税务部门履行的专用文书。

本例文是上海某外资公司企业所得税减免申请书。标题直接点明事由，简洁明快，直截了当。正文的结构十分严谨，内容非常丰富，既有企业基本情况介绍，也有企业与申请减税相关的具体信息。因其内容繁多，例文采用条目式结构，条分缕析，纲举目张，既将庞杂的内容组织得井井有条，也便于有关部门掌握相关情况。减税理由部分写得充分、明确，且有理有据，为最终能够达到减免税的目的作了很好的铺垫。落款部分，制文单位、成文日期标识完整，不失为一份结构合理、重点突出、格式规范的申请书。

【例文5—49】

商标注册申请书

申请人名称：××××××××××

申请人地址：××××××××××

是否共同申请：□是　　　□否

邮政编码：××××××

联系人：×××

电话（含地区号）：×××××××××

传真（含地区号）：×××××××××

代理组织名称：××××

商标种类：□一般　　□集体　　□证明　　□立体　　□颜色

商标说明：……（文字略）

类别：……（文字略）

（附页：　　页）

申请人章戳（签字）：

代理组织章戳：

代理人签字：

××××年××月××日

简　析

本例文采用的是常用的格式化的商标注册申请书。撰写商标注册申请书关键在于格式规范，项目齐全，语言准确，表达得当。本例文的格式可供写作此类申请书时参考。

【例文 5—50】

××A 公司拟收购××B 公司谈判策划方案

策划背景

A 公司是一家生产××××的中型股份制企业，年生产能力达××万吨，销售量××万吨，销售额×个多亿，利润××万元。其主要产品销售区域在××省区。目前该公司在××省区的市场份额达到××%，另×%的市场份额由×××的 B 公司（×%）和国内其他几家大型公司共同占据。近几年随着市场竞争的日趋激烈，竞争对手特别是国内几家大型公司在××省区内的销售投入越来越大，使 A 公司感受到极大的压力。另外随企业的发展，公司也感到产能不足，想另外投资增加公司的产能，为此有人提出收购或控股 B 公司。经初步接触了解，B 公司也有被收购的意向。

一、谈判目标

控股 B 公司

二、资料的搜集与准备

为了进行有效的谈判，公司派出了经营管理状况评估、财务评估、法律评估等×个专家小组到 B 公司，进行了正式谈判前的前期接触，并搜集了大量的信息资料。

三、双方谈判的主要争议点

本次谈判中，双方最主要的几项谈判争议点会出现在：

1. 购并的方式是全资收购还是控股收购（控股的比例）；

2. 对公司原有债权债务的处理；

3. 对 B 公司现有管理层的变更与安置；

4. 收购价格；收购款的支付方式；

5. 收购以后的交接事宜等等。

在谈判前期还可能在收购评估公司、收购评估费用、收购谈判议程等方面出现争议。

四、对双方谈判地位的判断

经过调研了解到 B 公司也是一家有××万吨产能的中外合资企业，现在年销售量为×万吨左右，多年来由于销售形势不好，经济效益较差，后续资金不足，想依靠自己的力量与 A 公司在市场竞争上有所起色，难度很大。由于在市场竞争中，与 A 公司始终是主要对手，B 公司的主要管理层对 A 公司敌意较大，可能产生的情绪性反应比较强烈，也是必须考虑的因素之一。因此，在本次谈判中，B 公司虽有一定的意向，但可能动力不足，处于防守地位，某大公司的介入，也会使该公司的立场趋强硬；而 A 公司处于主动地位。

五、对 B 公司可能持的初始立场及最后底线的分析

B 公司在谈判的各争议点所持的底线主要有：

1. 在控股比例上，可能会至少要求本公司收购××%的股权；

2. 在债务上可能会要求全额承担所有债务；

3. 在收购价格上其实际底价可能在×元/股左右（每股净资产为×元，初步开盘价为×元）。

六、本次收购的战略、战术方案

根据有关情况在策略上主要考虑以下几个问题：

1. 谈判议程的安排，主要确定先谈什么，后谈什么；分几个场次进行谈判；在什么地方谈；每场谈判的级别怎样。

2. 谈判前有关信息披露的时间、程度；是否需要采取某种信息烟雾。

3. 谈判中 B 公司的底线怎样确定，谈判中怎样报盘比较好。

4. 谈判的让步策略怎样等等。

简　析

商务谈判方案亦称谈判计划，即在谈判之前，根据谈判的目的和要求预先拟定出谈判具体内容与步骤的文书。商务谈判活动能否达到预期的目的，不仅要看谈判双方的实力，要看谈判桌上有关策略和技巧的运用，更要看谈判前充分细致的准备工作，只有认真做好谈判前的准备工

作，才能使活动取得预期的效果。所以，一份合格的商务谈判方案，应该是在全方位搜集与谈判活动有密切关系的信息资料的基础上，确定谈判主题，明确谈判目标，合理安排谈判程序，灵活制定谈判策略。

拟定谈判方案，是一项复杂的工作，既要做好充分的准备，知己知彼，又要预见到各种可能出现的情况，为赢得谈判胜利打下良好的基础。

本例文总体考虑得比较周到，目标明确，既有谈判前的资料搜集，同时也预想到了谈判的主要争议点，并对双方谈判的地位、B公司可能持有的初始立场及最后的谈判底线等都做了细致的、符合逻辑的分析，还制定了本次收购的战略、战术方案。整体而言，本例文对如何制定切合实际的谈判策划方案具有借鉴意义。

第 六 章

常用应用文病文评改

第一节 主题与材料病文评改

研究应用文写作，探究其基础理论、具体文种的写作要领，鉴赏应用文范文等十分必要，但也需要研究应用文写作之"失"，即对存在各种写作问题的应用文文本进行分析，具体研究其主要存在什么问题，出现问题的主要原因是什么，如何解决这些问题。应用文写作可能出现的问题往往是多方面的。本节主要选取5篇在主题表达和材料使用方面存在问题的文本进行评点和修改，评改以后又采用范文予以对比，对应用文写作的实践和操作更具指导意义。但因为所评点的样本均是完整的文章，故其存在的问题往往是综合的，本节以"主题与材料病文评改"概之，也只是举其大要、便于分类而已。

【案例 6—1】

关于中学学习习惯的总结

在人一生中，学习过程占有重要地位。我们不仅要学习知识，更要学会学习、学会做人、学会生活、学会探究。（1）学习习惯是指学习活动中形成的固定态度和行为。良好的学习习惯是取得较好学习成绩的重要因素。（2）一个人成功与否，主要不是他的智力，而是取决于他是否具有良好的习惯。要想在学习上取得成功，那就得养成良好的学习习惯。

(3) 包括以下几个方面：(4)

一、预习的习惯

预习是求知过程的一个良好开端，通过预习可以提高听课效率，加深和巩固对知识理解与记忆，同时培养了一种自主探究的品质以及自学能力。具体来说：1.要重视预习，每节新课都要求预习。(5) 2.明确预习的要求，预习不是简单的浏览书本，要带着目的、问题，找到答案，找出新的疑点，找出本课的难点和重点（作为听课的重点）；对重点问题和自己不理解的问题，用笔画出或记入预习笔记。3.掌握预习的方法。在预习时学会圈点批注、摘抄、做卡片、编写阅读提纲或阅读提要。(6)

二、专心听课的习惯

要提高学习成绩，必须提高课堂效率，向45分钟要质量。集中注意力听课是非常重要的，只有认真听课，方能心领神会，以达到课堂学习的最佳境界。应做到：1.克服分心。学会思路追着老师的话转，尽量当堂掌握所学的知识点。2.积极思考，敢于提问。积极思考是提高学习效率的重要因素。3.做好课堂笔记。记录老师所讲的重点、难点，课后再去问老师。(7)

三、及时复习的习惯

及时复习加深和巩固对学习内容的理解。复习时应注意：1.趁热打铁，养成当天课程当天复习的习惯。在复习中形成独立思考和自主探索的精神。2.重视阶段复习习惯的养成。阶段复习可以解决各部分知识之间的联系，使所学的知识系统化。在复习中理解知识之间的联系，在联系中掌握学科知识的基本结构，提高综合运用学科知识认识、理解和解决现实生活中的问题的能力。(8) 3.注重养成比较复习的习惯。(9)

四、独立完成作业的习惯

做作业可以加深对知识的理解和记忆，作业促进了知识的"消化"过程，使知识的掌握进入到应用的高级阶段。作业中的问题，会引起积极的思考，在分析和解决问题的过程中，使新学的知识得到了应用，得到了"思维的锻炼"，使思维能力得到提高。应遵循的原则是：1.独立完成作业。2.通过做作业积累复习资料。作业题一般都是经过精选的，有很强的代表性、典型性。做过的习题应当定期进行分类整理，作为复习、

考试时的参考资料。(10)

五、搜集信息的习惯

对于生活在信息社会的我们来说，不掌握最新的信息，就等于落后于时代。信息量的多少直接影响对知识的理解程度。怎样搜集信息呢？1. 课前在相关的书籍、网站搜集信息。2. 提高途径获得信息的能力。用心留意，是搜集信息的一种途径。3. 利用社会实践活动搜集处理资料。(11)

六、良好的考试习惯

注意形成良好的考试习惯、考试方法、策略。比如：1. 书写规范。常言道，字如其人，见字如见人。书写的好坏直接影响到人们对书写者学习态度、学习质量甚至个人评价。2. 认真审题，真正理解题意。3. 仔细复查（12）

总之，我要感谢中学时代老师精心培养，没有他们的关怀和教导我不会取得很好的成绩。我认识只有不断挑战自己、超越自己，才能跟上时代的步伐，成为适应时代的学习型创新人才。在未来的岁月中，我会再接再厉好好学习专业技能，能够用自己所学回报我的父母、学校和导师。让他们因我的存在而看到我们这一代的内在潜力和希望。(13)

××中学 高三四班（14）×××

××××年××月××日

评　点

（1）案例的开头主要存在两个问题：一是从文体要求来看，总结带有时段性，所以往往需要对所总结的时段予以概述；二是案例开头的两句，前句与后句缺乏逻辑联系。第一句既然是讲学习的重要意义，那么接下来的第二句是应该概述在人的一生中，学习的重要意义怎样体现，而不能像这篇例文中的第二句，只是对学习内容的展开。

（2）"学习习惯是指学习活动中形成的固定态度和行为。良好的学习习惯是取得较好学习成绩的重要因素。"既然案例强调的是学习习惯，所以在文章概述部分对学习习惯进行界定确有必要，但因为前文在谈学习的意义，所以接下来先谈学习习惯的意义，再对学习习惯作一解释，语气比较顺畅。据此，两句位置应前后互换。

（3）"一个人成功与否，主要不是因为他的智力，而是取决于他是否具有良好的习惯。要想在学习上取得成功，那就得养成良好的学习习惯。"这里的前后两句，语义简单重复，特别是前句语义涵盖了后句，故应删去后句。

（4）这第一段是小结的概述部分，一般在小结的概述中，应该对一般情况作总的回顾，在分出主次的前提下，引入正文主体部分的主要内容。案例虽然把学习习惯作为中学学习生活的主要总结内容，但就学习习惯本身而言，其分出的六个方面，仍显得主次不够分明，详略有欠得当。

（5）"要重视预习"这是句不言而喻的废话，因为本文的题旨就在于总结良好的学习习惯，所以与其空泛地说一句口号，还不如切实谈一些预习的重要作用。

（6）这里谈及的预习方法都显得不具体，总结来自于个人的学习生活，应该都是有切身体会的，把这些体会纳入到总结中去，总结才能写得有真情实感。

（7）课后问老师什么？是重点、难点吗？自己理解了就不需要问，有疑问才需要问，这一点在表达时必须明确。

（8）复习工作之一，就是要把所学到的知识系统化，但怎么系统化，文中说得仍比较抽象。应该适当举一些实际事例，以事明理，方有实效。

（9）对"比较复习"也应该具体说明。

（10）作业的目的是为了所学知识的巩固，这与复习可合在一起总结。

（11）搜集信息一般是在课外进行。如果是在课前，那么它可放在预习部分谈，如果是在课后，那么可以放在复习部分谈。

（12）良好的考试习惯与学习习惯似乎不在一个层面而且内容也没有独特处，建议可以删除，或者概述时一笔带过。

（13）总结最后一部分，除了已有的内容，通常的写法是，可以适当谈一些不足，以明确今后的努力方向。

(14) 班级一般要求写阿拉伯数字，从而和年级分出来，即"高三(4) 班"。

【对照例文 6—1】

关于中学学习习惯的总结

　　转眼间，六年的中学学习生活很快就要结束了。在人的一生中，中学阶段的学习占有重要的地位。它对于双基能力的培养，对于进一步到大学深造乃至今后踏上社会工作、做人等都有重要的影响。良好的学习习惯是取得较好学习成绩的重要因素，所谓学习习惯是指学习活动中形成的固定态度和行为。一个人成功与否，主要不是因为他的智力，而是取决于他是否具有良好的习惯。这些年来，我的学习之所以都能在年级里名列前茅，原因之一，就是保持了良好的学习习惯。这些习惯包括课堂上的专心听讲、记笔记、课外大量的预复习工作以及良好的考试习惯。这里，我就体会最深的课外预复习工作，稍作一点总结。

　　一、预习的习惯

　　预习是求知过程的一个良好开端，通过预习可以提高听课效率，加深和巩固对知识的理解与记忆，同时可以培养一种自主探究的品质以及自学能力。具体来说，我主要做了如下一些预习工作：1. 保证预习的时间。每节新课前，都要求自己有少则 10 分钟、多则半小时的预习时间，时间的安排根据不同的课程、不同内容的难易程度而定。如果前一晚因作业太多无法完成的话，至少在早自习中也一定来进行预习。如果某一课的内容没能完成预习，就做下记号，以便在课上或者复习时补上。2. 明确预习的要求。预习不是简单地浏览书本，要带着目的、问题，而且要看看通过自己的努力，能不能找到答案，如果获得了答案，也要再来比较，求得答案的思路，和老师课上讲解的，有没有差异。同时要找出新的疑点，找出本课的难点和重点；对重点问题和自己不理解的问题，记入预习笔记，在听课时要格外专心听老师讲解。3. 掌握预习的方法。

好的方法来自思路的改变。低年级的时候，我的预习范围只局限于课本，结果发现对一些教材的背景知识的理解存在很大欠缺，特别是当老师课上也没有时间来介绍的，更使我无法深入理解课文内容。其实，对于生活在信息社会的我们来说，不掌握最新信息，就等于落后于时代，信息量的多少在相当程度上直接影响对知识的理解程度。所以，我后来就有意识地把预习分为课内和课外两个层面，不但看课本，还借助一些参考书和互联网的搜索引擎，来搜集相关信息，以后，再通过老师在课上的精讲，我的学习水平就产生了一个小小的飞跃，因为尝到了学习甜头，所以这一好方法就一直保持了下来。

二、复习的习惯

关于复习，我也有几点比较深刻的体会：1. 趁热打铁，养成当天课程当天复习的习惯。德国心理学家爱宾浩斯提出的遗忘曲线规律大家都是知道的，刚学完的知识如不及时复习，很快就会忘记大半，我们在学习时也有这样的体会。所以对学过的内容不怕重复、不怕浪费时间来进行过渡式的复习，有助于记住学到的知识。学习的相当一部分时间是用来和遗忘做斗争的，而及时复习正是这一斗争的有效手段。2. 重视阶段性的复习。阶段复习可以解决各部分知识之间的联系，使所学的知识系统化。一般来说，当所学的某门课程的知识点到了一定量的时候，我会通过阶段性的复习，把这些知识点按照树形结构的方式贯穿起来，力图发现各知识点之间的综合或者分解，并列或者递进等的各种关系，使得所掌握的知识形成一个总体的谱系。3. 注重养成比较复习的习惯。比如，在世界历史课上学到基督教的知识时，我就会把它与以前学到的佛教知识加以比较，或者还把道教的知识也一起引入等等。4. 复习与作业结合。一般的做法是，在做作业前，先把学过的内容复习一遍，接下来，在做作业的时候，基本不再一边看书、看笔记，一边做作业，而是等作业全部做完，复查时，再回过头来快速复习一下，这样，使得作业和学到的知识有一个良好的互动作用。5. 复习与考试的结合。考试之前当然要复习，不过除了系统复习知识外，我还备有一本错题集，其中专门抄录了各次小测验以及作业中做错的题目，来重点复习。这样，通过对错误的检查，并且举一反三，能够保证不犯类似的错误。

当然，养成预习、复习的学习习惯固然重要，但我也常常会因为时间不够而苦恼，如何在单位时间里提高预复习的效率，是我在以后的学习生活中要进一步努力的。

回顾六年的学习成绩，我觉得个人的努力，只不过是一个方面。老师精心培养是更为重要的，没有他们的关怀和教导我不会取得良好的成绩。我认为在学习中只有不断挑战自己、超越自己，才能跟上时代的步伐，成为适应时代的学习型创新人才。在未来的岁月中，我会再接再厉好好学习专业技能，用自己所学回报我的父母、学校和导师，让他们因我的成绩而看到我们这一代的内在潜力和希望。

××中学　高三（4）班×××
××××年×月×日

【案例 6—2】

我的希望
——在夜大学开学典礼上的发言

同学们好：

在此，我要代表任课教师，对同学们的到来，表示最热烈的欢迎。不过，既然你们从今天起，已经成为我校的正式学生，不是那些来我校匆匆访问的过客，你们是来学校学习的，所以，我就要以一个教师的身份，来向你们提几点要求。

其一，要抓紧时间多读书。你们都是成人，能得到学习机会并不容易，现在机会来了，就要好好珍惜，要抓紧时间，多读一点书，也要充分利用学校的图书馆，把平时想看而不容易看到的书，多借阅一些。以前高尔基说过，他扑在书本上，就像饥饿的人扑在面包上。希望你们对知识，也有这种如饥似渴的精神，这样才能真正有所收获。大学读书，和中学的很大区别，就是要读比较多的课外书籍，教师在课上开出阅读书目，作为对讲课内容的必要补充，你们自己要利用课余时间来阅读，这样才能和教师课上讲的内容呼应起来，形成一个知识的整体框架。有些内容，虽然教师在课上也会讲，但大多是起到点拨、深化的作用，这就更需要你们事先的阅读，来为上课的理解打下一定的基础。

其二，要开动脑筋勤思考。孔子就说过，"学而不思则罔，思而不学则殆"。在他看来，读书，如果不经过自己的思考，就等于没学习。因为别人的知识没有经过你自身的消化，原封不动进入你的大脑，这样就不能转化为你自己的知识的一部分，记住的也就是一些死记硬背的东西，用不了多久，或者就会遗忘，或者呢，虽然忘不了，但也无法在实践中派上用场。还有，思考不但是为了消化接受别人的东西，也是为了提高自己的鉴别力，是拿自己的思想和别人的东西来进行碰撞、比较，来激发出思想的火花来，这样，我们才能有所进步和提高。或者，通过思考，也可以把错误的、不好的内容予以去除。

其三，要善于联系实际。孔子还说过，"学而时习之，不亦说乎？"这个习，可以理解为复习，也可以理解为实习。实习，就是要与学习的内容，与社会生活的实践结合起来，这种联系，需要自己平时多留意，看看哪些东西，在工作生活中派到用处，而在日常生活中，也要对一些习惯的东西，多问几个为什么。你们都是成人，基本上都是在职读书，有些同学从事的工作，就是和所学的专业有密切关系。还有些同学，恰是因为在工作中碰到了问题，觉得有必要来进一步学习，倒不是纯粹为了获得一张文凭，这就更需要把学习和实践结合起来，以学习促进实践，以实践来验证学习，这样，学到的知识不但有用，也不容易忘记。

总之，今天对你们在座的每一位同学来说，又是人生的一个新的起点，我想你们的心情一定比较激动，对自己的未来也一定有许多期盼。我祝你们百尺竿头，更进一步。通过在校的几年学习，使你们知识得到更新，视野得到开拓，能力得到提高，事业更加辉煌，生活更加幸福。谢谢大家。

评　点

本案例的语言比较晓畅、亲切，行文思路也比较清晰，但存在的最大问题是主题过于空泛，涉及的材料也嫌陈旧；全文内容缺乏吸引人的亮点，却也能一、二、三地说下来，最终给人的感觉是，似乎句句是真理，但却句句没有新意，也没有个人的真知灼见。细读全文，深感乏善可陈。本案例存在的问题，正是时下各种会议发言稿中经常出现的通病，理当引起注意。

附上另一篇较具特色的发言稿，以资对照。

【对照例文6—2】

羡慕中的期待
——在夜大学开学典礼上的发言

各位同学：

首先我得说明，尽管主持者介绍我为教师代表，但我还是想从我个人角度谈谈自己的一些想法。

说实话，我并不喜欢在台上，特别像这样高高在上的发言，作为老师，我同样不喜欢给在座的同学一种印象，似乎我在专业知识的掌握上具有很大的优势，需要那么一群人来听命于我，并以这种听命而沾沾自喜。不是的，所谓教师，我觉得只有相对的意义，就像我此刻所在的主席台也只具有相对的空间意义。面对学生，教师既是一个知识的传播者，也是一个被检验被评判的对象，我们在日常生活中积累起来的专业知识，在向同学们传授的过程中，得到了最严格的检验。从这个意义上讲，我们在讲课过程中是最为紧张的，甚至是战战兢兢的，而同学们反倒是最悠然自得的。由于这一点，我羡慕你们，在这样一种特定的空间关系中，能够做学生而不是教师。特别是，你们作为夜大学的学生，更令我羡慕。

我这样的强调，可能让你们觉得奇怪，让我把话稍稍扯开一些。

十几年前，德国的洪堡大学校长到中国访问，曾作过一次讲演。在那次讲演中，他回顾了欧洲大学的历史，并对把学生封闭起来接受教育的做法提出了质疑。我们知道，欧洲一些最古老的大学，像法国的巴黎大学、英国的牛津大学都是在中世纪作为研究神学的机构而兴办的，所以一开始，就刻意地使这一机构跟世俗社会保持了一定的距离。在其以后的发展过程中，尽管变化许多，但是，把学生与社会隔绝开来教育的象牙塔式的封闭模式却没有得到根本的改变。另外，也有一些学校由于自身条件的不足，不得不让学生到外面去租房子住，而有些学生也由于生活困难不得不勤工俭学。其结果，人们发现，经常走出校门的学生，与一直关在校门内的学生比，不但学业没有受到影响，甚至在某些学科的学习上反应更为敏捷，更不用说，他们在毕业后走向社会的适应性更是住校生所不能比的。也正由于此，洪堡大学那位校长才提出了要打破象牙塔式的办学模式。

而对你们夜大学的同学来说，你们是不存在一个打破的问题的，你们的优势是一开始就存在的。我是教中文的，我觉得在社会科学领域里，你们的优势体现得最为充分，你们比全日制的小年龄大学生，看问题更为全面和深刻。我在给夜大学同学上课，总觉得如果我读大学时也有你们这样的社会经验，我那时候对问题的思考就不会显得那么愚蠢和可笑，所以，我羡慕你们。

说到羡慕，我还有另一个理由。

大家知道，夜大学是利用业余时间来学习的。而有些同学，就他们的学习专业与他们从事的职业来说，并不保持一致，可以说，也是业余的。有人认为这是一种欠缺，我却不这样认为，如果这种业余成为自己的一种爱好的话，就非常值得羡慕。我还记得我在读大学时，有一天晚上在教室读小说，一位数学系同学羡慕地说：你们中文系的同学真轻松，还有时间看小说。我说：我就是在做功课呀。这一下，他更羡慕我了，但他不知道，这是我最不喜欢读的一本小说，但因为在文学史上有一定地位，我不但要读它，而且要认认真真做笔记。所以，把自己的职业与爱好结合起来固然不错，但是，能够在作为谋生手段的职业之外，在业余时间里保持住自己的一份兴趣与爱好，并且在学习中发展它，也实在是很令人羡慕的。我记得爱因斯坦大学毕业时，在伯尔尼的专利局从事于专利技术的鉴定工作，而在业余时间里，保持着对理论物理的浓厚兴趣，他甚至认为，在作为谋生手段的职业之外保持着自己的业余兴趣是令人羡慕的。

然而，与此形成鲜明对照的是，就以往我所接触到的夜大学的同学来说，他们中有一些人对自己的评价大多是毫无道理的自我菲薄，自己看不起自己，总认为自己不如全日制的大学生。开始我以为这是一种谦逊的美德，后来却发现不是。因为他们在看轻自己的同时也放松了对自己的要求，认为夜大学比不上全日制，所以自己的不认真是天经地义的。他们在放松自己的同时，还希望得到教师的配合，有一位学生看我上课上得挺累，就用关心的口气对我说："我们反正都是夜大学的，你就一起混混算了。"

我很感谢这位同学对我的关心，但是，作为教师，我更喜欢你们是用挑剔的眼光来看待我、要求我。我在一开始就说，我走上讲台，就是准备着将我所学的知识来接受你们的检验的。我相信，只有在你们的挑剔中，我才能在教学的过程中自己获得发展，从而能够实现古人所说的"教学相长"的理想境界。这样的境界是我一直期待的。

谢谢大家！

【案例6—3】

××市17名党外人士担任区县政府领导职务

新当选的××市××区副区长××今天对记者说：我作为民主党派成员当选为副区长，感到责任十分重大，民主党派成员进入政府领导班子，是社会主义民主政治的新发展，也是对我们民主党派的一次考验，在今后任职的3年中，我要紧紧依靠党的领导，认真深入实际，听取群众呼声，扎扎实实把工作做好。

王××，现年53岁，民盟××市委委员、民盟区工委主任，原××教育学院××分院高级教师。今年3月，当选为××市××区副区长，主管文化、体育、卫生、老龄委、计划生育等项工作。

××区现有1位正区长，6位副区长，其中6名中共党员，1名民主党派成员。据了解，××市自去年10月开始的18个区县人大换届选举工作截至今年3月6日已全部结束。在18个区县中有17个区县政府选出了17名非中共人士担任副区县长职务，占18个区县正副区县长总数的13.6%，在新当选的17名非中共人士副区县长中，民主党派成员5人，占29.4%；无党派人士12人，占70.6%；女同志5人，占29.4%；平均年龄50岁。

据悉，××市十分重视举荐党外干部担任政府领导职务，市委组织部和统战部曾下发文件，提出了举荐非中共人士干部的条件。市委领导要求，对担任各级政府部门领导职务的党外干部要政治上信任、工作上支持、生活上关怀，保证他们有职有责有权，并为他们创造学习、锻炼提高的条件。

××年××市各区、县政府换届时，党外副区长只有5人。目前，全市共有党外局级以上干部23人，处级以上干部865人。其中，政府系统现有党外处级干部355人，比××年的88人增长了近3倍。

评　点

无论是一般文章写作还是应用文写作，都强调详略适当。本案例最大的问题就是在材料运用上详略失当，在语言表达上也没有体现出应用文语体的概说性。具体而言：

一是写王××的笔墨过多，特别是对记者说的那段宣传意味很浓的话，完全与题旨无关；二是介绍17名非中共人士的总体情况也失之过细；三是背景交代烦琐，特别是最末一段，离开"担任区、县政府要职"这个主题而去写目前全市共有党外局级干部多少，处级以上干部多少，其中政府系统现有党外处级干部多少，比××××年增加多少，等等，纯粹是离题万里。

对照例文在材料的处理上剪去枝蔓，突出主干；根据这类文章的写作要求，对其主要内容只是概说；语言准确恰当，庄重得体。

【对照例文 6—3】

十七名非中共人士在××市区县任要职

新华社北京××月××日电 ××市 18 个区县人大换届选举工作已于近日全部结束。有 17 个区县选出了 17 名非中共人士担任副区、县长职务，占 18 个区、县正副区、县长总数的八分之一强。

17 名非中共人士中，有民主党派成员 5 人，无党派人士 12 人。据悉，在这次的换届选举中，××市十分重视举荐非中共人士担任政府领导职务。

上届××市区、县政府中，担任正、副区、县长职务的非中共人士只有 5 人。

××市还要求对这些新当选的非中共人士要政治上信任、工作上支持、生活上关怀。

日前，新当选的××区副区长王××告诉记者：他将主管××区的文化、卫生、体育、老龄委、计划生育等项工作。他表示，责任重大，要认真深入实际，把工作做好。

王××也是民盟××区工委的主任。

【案例 6—4】

××厂关于我厂连续发生火灾的情况通报

各科、室、车间：

进入元月以来，不到二十天，连续发生四起火灾，给生产和职工生命财产造成不应有的损失，如：

一月八日十一时，运输车间汽车修理工段设明火取暖，工人杨××在明火附近用汽油洗手，油星溅入炉火内引起火灾，杨××等四名工人被烧成重伤住进医院，财产损失达二万九千四百余元。

这起重大火灾是多年来我厂从未发生过的。一月十四日上午九时三十分，单身宿舍六号楼203房间，下夜班工人蒋××由于吸烟不慎，把烟头扔在床下，引起床下的棉纱起火，将该宿舍的衣物、被褥、书籍、生活用具等全部烧光，直接损失七百多元。

四起火灾，均系有关人员思想麻痹，违反安全防火要求所致。这也反映了我们的防火宣传工作做得还不够深入，防火措施还没落到实处，存在死角。为此必须引起我们各科室、车间领导同志的高度注意，从上述事故中吸取教训，根据各部门的具体情况，结合安全大检查，向职工广泛进行一次安全防火的教育，狠抓薄弱环节和死角，堵塞一切漏洞，落实好各项防火措施，严防火灾发生，以确保生产的顺利进行，保卫国家及群众生命财产的安全。

评　点

本案例存在多处问题，综合起来看，主要表现在七个方面：一是对这类重大事故不能只是通报一下情况，发文的目的在于提出批评，因而标题应该明确写清楚是批评通报，且标题用语没有做到简明扼要；二是文中先说四起火灾，但最终只写了两起火灾，漏写了两起；三是缺写处理事项；四是文末缺写吸取教训之类的内容；五是漏写发文日期；六是语言存在不够精练、不够得体之处；七是有些数字的使用不规范。

【对照例文6—4】

××厂关于连续发生火灾的批评通报

各科、室、车间：

元月以来，在不到二十天的时间内，我厂连续发生了4起火灾。1月8日，运输车间汽车修理工段设明火取暖，工人杨××在明火附近用汽油洗手，引起火灾，杨××等4名工人被烧成重伤，财产损失达2.94万余元。1月14日，单身宿舍6号楼203房间夜班工人蒋××吸烟不慎引起火灾，直接经济损失700多元。（此处加上第3、第4次火灾简况）。

四起火灾，均系有关人员思想麻痹，违反安全防火规则所致。反映了我们的防火宣传工作做得还不够深入，防火措施还没落到实处，存在死角。损失是惨重的，教训是深刻的。

根据《××省职工违章处罚规定》，经厂委会研究决定，给予杨××罚款××元，蒋××罚款××元的处分，（此处应补上对第3、第4次火灾责任人的处理情况），并通报批评。

希望各科室、车间吸取教训，根据本部门的具体情况，结合安全大检查，向职工广泛进行一次安全防火的教育，堵塞漏洞，落实好各项防火措施，严防火灾再次发生，保证生产的顺利进行，确保国家财产及群众生命财产的安全。

××××年×月×日

【案例6—5】

关于庆祝三八妇女节开展游园活动的通知

为了庆祝今年的三八妇女节。我校定于×月×日晚×时在××（地点）举办游园活动。为确保此次活动的顺利开展，现将有关事项通知如下：

一、参加游园活动者都必须是本校教职工，其他人员不得参加。

二、必须听从工作人员的安排，服从工作人员的指挥，不得无理取闹，以免影响工作人员的正常工作。

三、必须严格遵守各项活动规则，不准随便破坏游园活动的规定，如有这种情况应受到校纪处分。

四、参加任何活动都必须排队，不准随意插队，不准在队列中故意拥挤。

五、保护好一切活动器械，严禁私自拿或破坏。

六、领奖时必须排队,不准不排队而领奖这种现象发生。

七、工作人员必须严格要求自己,不得乱发奖票。

以上规定,望大家自觉遵守,互相监督执行。对那些不遵守者,应给予校纪处分。

特此通知

××学院妇女节游园活动筹备组(章)

××××年××月××日

评　点

本案例存在多处十分严重的问题,主要有四大方面:

第一,作者的写作思路有偏差,没有突出制发该类公文的写作意图,没有抓住这类公文写作的要点。开展游园活动,除了写清参与人员的范围及有关注意事项外,本应着重讲清活动的时间、地点、内容、奖品等内容,但该通知对这方面的内容却基本没有涉及。

第二,案例所写内容多数是限制性规定和监督措施。作为游园活动,这些内容写得过多既没必要,也对参加活动者显得不够尊重,有违"游园、娱乐"宗旨。

第三,文章语言存在不精炼、不得体、不规范的现象。如"严禁私自拿或破坏"、"不准不排队而领奖这种现象发生"等等。

第四,标点、格式均有不规范之处。

【对照例文6—5】

关于庆祝三八节开展游园活动的通知

全院师生员工:

为了庆祝今年的三八妇女节,增进师生员工的交往和友谊,学院定于3月7日晚7时举办有奖游园活动。为确保此次活动的顺利开展,现将有关事项通知如下:

一、参与人员：本校师生员工。

二、活动内容及地点：

1. 猜灯谜。地点：第三饭堂二楼

2. 脚踏石青路。地点：在教学楼右侧的怡心园

3. 吹气球。地点：在校文化广场左侧

4. 掰手腕。地点：在第四饭堂三楼

5. 交谊舞。地点：在文化广场中心处

三、活动要求：

1. 请参加各项活动者自觉听从工作人员的安排，遵守有关活动规则；

2. 注意爱护活动器械；

3. 请现场工作人员自觉遵守会场的各项规章制度 。

四、领奖须知：

各项活动均设有游园奖品。凡在活动中得奖者请凭奖票在文化广场后台凭票领取奖品。

特此通知。

××××学院
××××年×月×日

第二节　格式与结构病文评改

　　应用文写作，除了容易在主题与材料方面出现问题外，在格式与结构方面同样极容易出现问题。而应用文的结构、格式对于表达主题、组织材料等作用极大。因此，研究具体样本中格式与结构方面存在的问题，探讨其出现问题的主要原因是什么以及如何解决这些问题，意义重大。本节也选取了5篇主要在格式和结构方面存在问题的样本进行评点和修改，评改以后同样采用范文予以对比，希望对应用文写作的研习者有一定的借鉴意义。

【案例6—6】

××市关于转发
《×××关于制止××××的通知》的通知

各区县人民政府、市属各机关：

现将《×××关于制止××××的通知》转发给你们，望你们遵照执行，具体通知如下：

最近一个时期，不少工商企业、事业交易会滥发各种彩票、奖券，已经形成一股新的不正之风。有的……（略）。有的……（略）。有的……（略）。有的……（略）。这些做法，严重损害群众利益，腐蚀人们的思想，已经造成不良后果。这股歪风如果继续发展下去，不仅不利于改善企业经营管理，提高服务质量，而且有害于精神文明建设，败坏社会风气，干扰当前的经济体制改革。为了制止滥发彩票、奖券的歪风，特作如下通知：

一、所有工商企业都要立即停止举办有奖销售活动。……（略）

二、文艺、体育界举办文体活动搞有奖售票、有奖评选的，今后原则上不能再搞。……（略）

三、为兴办社会福利事业而举办的有奖集资，经过当地政府批准可以试点，但不宜普遍推广。……（略）

四、发售"礼品券"，只能在经过批准的少数大型国营商业企业进行试点。……（略）

五、各级××××××、××、××、××、××××和××××，要进行监督、检查。……（略）

六、本通知自公布之日起生效。

××市人民政府
××××年××月××日

评　点

这篇案例有着初学者写作转发通知时经常会出现的问题。转发通知是转发上级机关的通知,所以,不必把原通知内容抄入到转发通知的正文中去,而只需要作为附件一起下发。此外,标题也需要作相应的改动,以免累赘。

【对照例文6—6】

××市转发×××关于制止××××的通知

各区县人民政府、市属各机关:

　　现将《×××关于制止××××的通知》转发给你们,望你们遵照执行。

　　附件:《×××关于制止××××的通知》

××市人民政府
××××年××月××日

【案例6—7】

关于建造学生宿舍楼的请示报告(1)

市人民政府、市教育局:(2)

　　近几年来,我校招生规模逐渐扩大,到今年,在校生人数已达6300多人,现有的学生宿舍已经很难容纳,这严重影响了学生正常的学习生活。为解决这一困难,我校决定再建一栋学生宿舍楼。(3) 另外,我校操场也已破旧,急需整修,希望上级部门给予适当支持。(4)

　　特此请示,望回复。(5)

××学校(6)(公章)
××××年××月××日

评　点

（1）此标题犯了公文标题制作的两大忌：一是没有突出主旨，该文是希望上级下拨建造学生宿舍楼的经费，而不是希望上级批准建造学生宿舍楼；二是将"请示"与"报告"两个文种合在一起使用。①

（2）根据行文规则，请示一般不能多头主送。此份请示更无将"市人民政府"列为主送单位的必要。

（3）根据实际情况看，该校写此请示的主要目的不是告诉上级本校"决定再建一栋学生宿舍楼"，而是希望上级下拨建造学生宿舍楼的经费。

（4）根据行文规则，请示只能"一事一请示，一请示一事"。②

（5）应该用"批复"而不是"回复"。无论是从字面意义还是从公文写作的角度看，"批复"和"回复"的差别还是很大的。

（6）应该用全称或规范化简称。

总之，此份请示所出现的问题，是初学者写作请示时极易出现的通病，我们在写作相关文种时，应该特别予以注意。

【对照例文6—7】

关于请求下拨建造学生宿舍楼经费的请示

市教育局：

我校今年由于住宿生急剧增加，造成学生住宿十分紧张，现在有×××个床位两个人睡，这严重影响了学生的学习、生活和身心健康。为解决这一困难，我校打算再建一栋学生宿舍楼（建筑面积2000平方米，六层）。经有关人员测算，共需资金×××万元。为此，特恳请上级部门下拨给我校建造学生宿舍楼经费×××万元。

---

① 中共中央办公厅、国务院办公厅：《党政机关公文处理工作条例》第15条第4款，2013年2月22日，中央政府门户网站（http://www.gov.cn）。

② 中共中央办公厅、国务院办公厅：《党政机关公文处理工作条例》第15条第4款，2013年2月22日，中央政府门户网站（http://www.gov.cn）。

特此请示，请批复。

××市第二职业学校（公章）
××××年××月××日

【案例6—8】

邀请信

尊敬的蒋玲小姐，您好！（1）

  您还不知道我是谁吧？（2）我是您同事林海的好朋友。事情是这样的（3）：今年12月31日（4），我们局将在市府小礼堂举行隆重的文艺联欢晚会。此前，各下属单位进行了紧张而认真的排练，现彩排快开始了（5），急需一至两位优秀的主持人（6），非常高兴林海隆重推荐了您，所以我就写信邀请您前来主持这台节目（7）。

  蒋玲小姐是电视台大型文艺活动的优秀主持人。您的主持，既得体轻松，又大方活泼（8），给许多人留下了难忘的印象。我们知道您工作很忙，前来打扰，十分难为情（9），如果您能够来主持我们的晚会，必将使我局的文艺会演格外精彩，我们真是感激涕零（10）。联系方式见所附名片。具体费用由您确定。您能不能来呢（11）？致以敬礼！（12）

××××年××月××日
张××（13）

评　点

  （1）问候语不能列在抬头之后，此处的"您好！"要么删除，要么另起一行。另外，抬头后的标点符号应该改为冒号。

  （2）开头一句并无意义，可删除。如需要表示打搅不相识者有些冒昧、唐突的意思，则一般可用"恕我冒昧"等用语来开头。

  （3）"事情是这样的"一句多余，删除。

（4）应写清楚明确的起讫时间。

（5）"快开始了"过于口语化，可改为"在即"。

（6）要求不明确，到底是一位还是两位？如果是两位，则此信中的受邀请人担当何种角色？另一位是否已经邀请到或者正在邀请，需要说明。

（7）这是一句语言累赘，"所以我就写信邀请您前来主持这台节目"可简化为"特驰函邀请"之类的用语，显得更为简洁、庄重、得体。

（8）语言归类不妥，得体与大方应属一组，轻松活泼则属另一组，必须重新调整。

（9）"难为情"过于口语化，改为"不安"更为得体。

（10）"我们真是感激涕零"一句过于肉麻，不够得体，删除。

（11）"您能不能来呢"过于口语化，也未能表达出邀请人的期盼心理，故改为"期盼着您的回复"。

（12）"致以敬礼"应该另起一行，前面空两格，"敬礼"再另起一行顶格。或者只把"敬礼"另起一行顶格均可。

（13）姓名必须写在时间上面一行。

【对照例文6—8】

邀 请 信

尊敬的蒋玲小姐：

　　我是您同事林海的好朋友。今年12月31日晚7点至10点，我们局将在市府小礼堂举行隆重的文艺联欢晚会。此前，各下属单位进行了紧张而认真的排练，现彩排在即，急需一位优秀的主持人，非常高兴林海隆重推荐了您，特驰函邀请。

　　蒋玲小姐是电视台大型文艺活动的优秀主持人。您的主持，既得体大方，又轻松活泼，给许多人留下了难忘的印象。我局许多员工都喜欢您主持的风格。我们知道您工作很忙，前来打扰，十分不安，如果您能够在百忙之中抽空来主持我们的晚会，必将使我局的文艺会演格外精彩。联系方式见所附名片。

具体费用由您确定。期盼着您的回复。

致以

敬礼！

张××
××××年××月××日

【案例6—9】

关于××市××中学
组团赴奥地利参加国际合唱节的请示报告（1）

××区教育局、外事办：（2）

本中学系××市艺术教育特色学校，学校合唱队成绩尤为突出。日前，学校接奥地利格拉茨国际合唱协会邀请，于××××年××月赴奥地利参加格拉茨国际合唱节。（3）

我校如能组团成行，这对于开展国际文化交流，弘扬民族文化、提高我国中学生的海外影响力以及培养学生能力等方面，都将起到积极的作用。为此，经学校行政会议讨论决定，将派（4）一行45人的团队出访（教师10人、学生35名）。

本次出访往返国际旅费及在奥地利期间的食、宿、行等所有费用，学校负担总费用的三分之二，教师负担个人总费用的三分之一，学生家长也负担三分之一。

另外，学校决定派音乐教师一名去奥地利国家音乐学院进修合唱指挥，为期一年，所需费用由学校和教师各承担二分之一。（5）

以上决定妥否，请立即批示。（6）

××市××中学
××××年××月××日

附件三份（7）

1. 格拉茨国际合唱协会邀请函
2. 出访人员名单
3. 总费用预算

评　点

（1）请示和报告属于两个不同文种。根据文意及行文规则，此文应该使用请示文种，故"报告"两字必须删去。

（2）请示只能写一个主送机关。根据文意及行文规则，应保留"××区教育局"，如果教育局同意请示事由，则由教育局再向外事办报送该请示。

（3）应该写明出访的起讫日期。这是写作这类请示必须特别注意的事项。

（4）学校的决定不是最终决定，尚需得到上级部门的批准，故把"将派"改为"拟派"更为妥帖。

（5）拟派教师出国进修已经是另外一事，按照《条例》规定，请示必须一文一事，① 不得同时报请两件事，故必须将此自然段整体删除。

（6）结语不妥，"立即"有命令口吻，必须删除。如情况确实紧急，在题目"请示"前可加"紧急"两字；或在结语"请批示"后加"为盼"。

（7）附件说明的位置和格式都不正确。附件应在正文下空一行左空二字编排"附件"二字，后标全角冒号和附件名称。②

---

① 中共中央办公厅、国务院办公厅：《党政机关公文处理工作条例》第15条第4款，2013年2月22日，中央政府门户网站（http：//www.gov.cn）。

② 同上，第3条第4款。

【对照例文 6—9】

××市某中学关于组团赴奥地利
参加国际合唱节的请示

××区教育局：

　　本中学系××市艺术教育特色学校，学校合唱队成绩尤为突出。日前，学校接奥地利格拉茨国际合唱协会邀请，于××××年××月××日至××日赴奥地利参加格拉茨国际合唱节。

　　我校如能组团成行，这对于开展国际文化交流，弘扬民族文化、提高我国中学生的海外影响力以及培养学生能力等方面，都将起到积极的作用。为此，经学校行政会议讨论决定，拟派一行45人的团队出访（教师10人、学生35名）。

　　本次出访往返国际旅费及在奥地利期间的食、宿、行等所有费用，学校负担三分之二，其余三分之一则由参团人员个人负担。

　　妥否，请予批示为盼。

附件：1. 格拉茨国际合唱协会邀请函
　　　2. 出访人员名单
　　　3. 总费用预算

××市××中学
××××年××月××日

【案例6—10】

简 报（1）

第9期（2）
××市文化局办公室（3）
××××年××月××日（4）

"××戏剧节与民族戏剧生命力"研讨会日前召开（5）

"戏剧的活力来自剧本的原创"，从日前召开的××戏剧学术研讨会上，与会专家传出了如此一致的呼声。

××戏剧研讨会是××戏剧节期间召开的，而××戏剧节则是由市文化局承办的国家级文艺会演活动，每两年举办一次，从××××年创办首届至今，已经成功举办了四届，在海内外产生了较广泛的影响。在戏剧节期间举行学术研讨活动，则尚属首次。为此，市文化局做了大量的会议筹备工作，最大限度吸纳了第一流专家前来参加，为繁荣××戏剧事业贡献各自的智慧。（6）

在12月10日为期一天的讨论会上，来自海内外近三十位专家，围绕着××戏剧节以及××戏剧的创作活动展开了充分的讨论。市文化局副局长代表主办方，作了有关弘扬民族戏剧文化的专题演讲。（7）与会专家在赞赏××戏剧的创作以及肯定戏剧节意义的同时，也提出了颇多中肯的意见，尤其是对原创剧本数量的匮乏，质量的低劣，提出了尖锐批评。他们认为，从历届戏剧节的剧目来看，翻译剧和改编剧比例在上升，甚至达到40%，实与××戏剧节的宗旨愿望相违背。出现这样的问题，是与过分强调舞台艺术的"表演中心"、"导演中心"的观念分不开的。对此问题，专家们提出了许多纠偏的建议。为了激发编剧们创作剧本的热情，也吸引更多的作家投身于戏剧创作，在与会专家的积极推动下，××市文化局将从下届戏剧节起，设立××戏剧原创剧本大奖，以奖励撰写剧本的优秀创作者。（8）

此外，专家们还就如何培养潜在观众，如何建立一套良性的戏剧市场运行机制，发表了不同的看法，并引发了争论。

发送单位　　　　　　　　　　　　　印制份数

评　点

（1）简报的名称一般应写上发文机关，如需要进一步细分的话，还可以在名称中予以分类，如工作简报、会议简报等。

（2）期数一般要求写两项内容，即该年度的期数和总期数。总期数加圆括号。

（3）编写单位应该写在横隔线上方的左上角，并写明"编"字。

（4）成文日期应该写在横隔线的右上角。

（5）综合该简报的整体情况，其标题最好采用正副式标题，通过正标题揭示出会议的重点所在。

（6）此段为背景交代部分，根据结构安排、材料调动的原则，应该放在会议概述之后比较合适。

（7）此两句是会议概述部分，应该放在会议背景之前。另外，还应该加上一句过渡句，以承接第一段。

（8）关于奖励原创剧本的内容移至结尾，从而与标题、开头起到呼应作用。

【对照例文6—10】

××市文化局简报

××××年第×期（总第××期）

××市文化局办公室编　　　　　　××××年××月××日

戏剧的活力来自剧本的原创
——"××戏剧节与民族戏剧生命力"研讨会日前召开

"戏剧的活力来自剧本的原创"，从××戏剧学术研讨会上，与会专家传出了如此一致的呼声。

此次研讨会由××市文化局主持召开,在12月10日为期一天的讨论会上,来自海内外近30位专家,围绕着××戏剧节以及华文戏剧的创作活动展开了充分的讨论。市文化局副局长代表主办方,作了有关弘扬民族戏剧文化的专题演讲。

××戏剧节是由市文化局承办的国家级文艺会演活动,每两年举办一次,从××年创办首届至今,已经成功举办了四届,在海内外产生了较广泛的影响。在戏剧节期间举行学术研讨活动,则尚属首次。为此,市文化局做了大量的会议筹备工作,最大限度吸纳了第一流专家前来参加,为繁荣华文戏剧事业贡献各自的智慧。

与会专家在赞赏××戏剧的创作以及肯定戏剧节意义的同时,也提出了颇多中肯的意见,尤其是对原创剧本数量的匮乏,质量的低劣,提出了尖锐批评。他们认为,从历届戏剧节的剧目来看,翻译剧和改编剧比例在上升,甚至达到40%,实与华文戏剧节的宗旨愿望相违背。出现这样的问题,是与过分强调舞台艺术的"表演中心"、"导演中心"的观念分不开的。对此问题,专家们提出了许多纠偏的建议。此外,专家们还就如何培养潜在观众,如何建立一套良性的戏剧市场运行机制,发表了不同的看法,并引发了争论。

为了激发编剧们创作剧本的热情,也吸引更多的作家投身于戏剧创作,在与会专家的积极推动下,××市文化局将从下届戏剧节起,设立××戏剧原创剧本大奖,以奖励撰写剧本的优秀创作者。

发送单位　　　　　　　　　　　　　　　　印制份数

第三节　语言与表达病文评改

语言与表达同样是应用文写作过程中经常出现的问题。本篇选取了5篇主要在语言与表达方面存在问题的样本进行评点和修改,具体评改的体例也是按照本章上两节的模式:原文样本—具体评点—例文对照;如果原文存在总体性的问题,则用另一篇规范性的文章予以对照阅读。也需要强调的是，所评点的样本都是完整的文章，其存在的问题其实是多方面的，本节以"语言与表达病文评改"概之，同样只是举其大要，便于分类。

【案例6—11】

求 职 信

××大学人事处负责同志：

　　我是一个渴望得到用武之地的在职人员，女，22岁。一年前我从×江大学教育系学校管理专业毕业，由学校推荐到市直机关幼儿园当了幼儿教师。一年来，在用非所长的岗位上已耽误了许多宝贵时光，这对国家对个人无疑都是损失，故本人渴望要寻找一个能发挥自己所长的地方。

　　现将本人情况略作介绍，本人能力方面长于语文学科，高中时以108分单科为高校录取，在校期间曾在省报发表过小说两篇，在光明日报发表大学生暑假调查报告一篇，曾获学校硬笔书法比赛二等奖（正楷）。以前曾被市直×机关借用作文字工作，写过多种计划、总结、报告，为×副市长的电视讲话写过讲稿。另外，我的英语学科一直是中学、大学期间的强项，成绩名列前茅。大学三年级时在省级刊物上发表过翻译作品两篇。大学四年级时通过了国家英语四级考试。由以上情况，本人适合担任秘书工作或外语公共课教学工作。

　　负责同志，我完全有把握地说，如果你们能让我担任以上两个方面的工作，定会让你们满意。我自己也定将珍惜这来之不易的工作，奋力做出自己的贡献。

　　此致
敬礼！

求职者：魏××
××××年×月×日

评 点

该文有数处不妥。一是自己希望改换工作虽然可以理解，但完全没有必要说自己从事该工作"对国家对个人无疑都是损失"，这样容易给人以好高骛远的感觉；二是文中第一人称不统一，有的地方用"本人"，有的地方则用"我"，用"本人"在求职信中不妥，口气有些过大；三是有语病，"为×副市长的电视讲话写过讲稿"，语序不当，应改为"为×副市长写过电视讲话稿"；四是该文在材料的组织方面缺乏有机的分类；五是从该文反映的基本信息看，该求职者并不适合担任外语公共课教学工作。此外，以下语句中加粗的词语都值得推敲：

1. 本人能力方面长于语文**学科**。
2. 我的英语**学科一直**是中学、大学期间的**强项**，成绩名列前茅。
3. 如果你们能让我担任**以上两个方面**的工作，定会让你们满意。
4. **奋力做出**自己的**贡献**。

【对照例文 6—11】

求 职 信

尊敬的××大学人事处领导：

　　我叫×××，女，22岁。一年前毕业于×江大学教育系学校管理专业，现在××市直机关幼儿园从事幼儿教师工作。因为用非所长，又得知贵校正在招聘与我所学专业正好对口的管理人员，故斗胆应聘，希望能成为贵校一员。

　　现将我的基本情况略作介绍：我的文字表达能力相对较强，高考时语文单科成绩108分；在校期间曾在省报发表过小说两篇，在光明日报发表大学生暑假调查报告一篇；有被市直×机关借用从事文字工作的经历，写过多种计划、总结、报告，为×副市长写过电视讲话稿。同时我也具有较高的英语水平，大学三年级时在省级刊物上发表过翻译作品两篇，大学四年级时通过了国家英语四级考试。另外，我也有一定的书法功底，曾获学校硬笔书法比赛二等奖（正楷）。因此，如果贵校认为合适，我希望应聘贵校办公室秘书一职。

随信附上我发表的小说、调查报告、翻译作品、写作的部分公文及获奖证书等复印件。

此致
敬礼！

求职者：魏××
××××年×月×日

联系地址：××××××
联系电话：××××××
电子邮箱：××××××

【案例6—12】

关于石勇文的人生三十年家庭培养计划

鉴于尹文怀孕了（1），孩子出生在即，父亲石勇和母亲尹文决定给将出生的孩子取名石勇文，并根据三十而立的古训，对孩子未来的成长，规划一条培养发展道路。

一、现状分析

自从国家实施计划生育政策，提倡优生优育后，每个家庭只生一个孩子（2），家庭未来的希望往往由这一个孩子来承担，望子成龙（3）的结果，使得许多家庭为培养孩子投入了大量的精力和物力。不过，就目前来看，这种培养显示了不好倾向（4），其主要表现为四个方面，其一，对婴幼儿早期教育的理解出现观念上的偏差，以为早期教育就是对孩子智力的开发，所以往往在小孩子开始说话伊始，就异想天开地让他们背外语、背唐诗，而忽视了对身体活动、肢体发育并相应促进脑机能发育健全的更重要培育。其二，过多、过满安排了孩子的学习时间，既没有保证孩子的充足休息，也没有给予孩子以一定的闲暇时间来自由活动和充分遐想。其三，对孩子的饮食结构没有合理安排，或者填鸭式地塞给了孩子过多的营养，或者一味顺从孩子的饮食嗜好，吸纳太多的垃圾食品，使孩子过早出现了肥胖等症状。其四，双职工的家庭，使得父母没有时间来陪伴孩子，常常让上一代的爷爷奶奶或者家庭小保姆来带养孩子，亲子教育成为家庭教育中一个很大的缺失。据此（5），使得孩子的成长在身心两方面，都留有诸多的遗憾。基于这种现状，石勇家庭认为，对孩子的培养制订一个指导思想正确、目标明确、措施得当的培养计划（6），就显得十分必要。

二、培养目标

总体目标

孩子取名勇文，意味着不论这孩子是男是女，都要在身心上全面发展，乐观向上，情感丰富，有智慧、有艺术品位、身体健康并能适应社会不断发展的人，是培养石勇文成长的总体目标。

阶段性目标（7）

学龄前（1—7岁）：加强对孩子活动能力的培养和艺术的熏陶，使孩子身体健康、头脑灵敏。

小学阶段（8—12岁）：把体育、音乐、美术和语言能力，作为培养的主要目标，强调能力、强调感觉而不是简单的技巧。不但学习演奏和绘画方面的技巧，也初步学习欣赏名画名曲。在小学后半阶段，适当引入计算能力的培养。

中学阶段（13—19岁）：强化语言能力的读写方面，进一步拓宽史地博物等知识面，借助于音乐美术熏陶，形成良好的艺术趣味，并尝试学习从现象中探求原理、原因的能力，这包括物理原因、化学原因和社会发展的原因。熟练掌握母语的读写能力，精通一门外语（8），并在计算中学习抽象逻辑思维能力。健康的心灵和健康的身体，依然是这一阶段的基本目标。

大学和研究生联合体（20—30岁）：身体发育健康，形成一种成熟的世界观和稳定的意志力，培养起学习、思考和研究的能力，与人交往合作的能力以及适应新环境的能力。

三、指导原则

首先，必须坚定不移地以马克思主义、毛泽东思想和邓小平理论为指导思想。(9)

其次，是以现代认知心理学的教育目标分类学原理为具体方法论的指导。(10)

而不论是伟人的理论还是认知心理的发展观，确立人的发展的主体性，应该是培养孩子的最根本立场。

四、落实措施（11）

第一，观念到位。

石勇家庭虽确立起培养石勇文的指导思想，但这种指导思想必须深入到家庭每个成员头脑中，并成为行动的自觉前提，尚需进一步努力。虽然父母是孩子最好的（12）老师，但父母作为老师的身份却需要得到提高（13）。教育者必先受教育，没有对儿童教育科学理论的学习积累，家长就只能被一种过于陈旧的理论所制约，从而使他们对孩子的教育和培养产生种种失误和偏差。家长除了留意一般的经典教育理论外（14），一些特为家长撰写的家庭教育讲座类读物，以及儿童的保健读物，也应该是家长的必备读物。这种阅读时间，应该从孩子怀孕开始就得到保证。(15)

第二，人员到位。

父母与孩子的亲子活动，应该从孩子出生开始一直延续到把孩子送上社会。这种活动包括早期对孩子的看护，教会孩子走路说话，与孩子一起体育娱乐活动和阅读，包括与孩子一起听音乐会，参观画展，以及更大的时候，与孩子交流对孩子出生伊始，母亲留在家里陪伴孩子，到孩子日渐长大，父母与孩子的面对面接触，始终不应该中断。

第三，时间到位。

对时间的安排应该起码包括三方面内容，即父母自己阅读的时间，亲子活动的时间，还有就是孩子自身的业余时间。

父母阅读时间：双方各自做到每星期有相关阅读时间2至3小时。这样的阅读，应该一直延续到孩子的中学阶段。

亲子活动时间：以平均时间来计算，学龄前，每天保证3至4小时，小学阶段，每天保证 2 小时，初中阶段，每天保证 1 小时，高中阶段每天保证半小时。

孩子作息时间：孩子作息时间分为学龄前和学龄后两部分，学龄后要依据学校作息时间来加以适当安排，起到一个调节平衡作用，学龄前的作息时间则包括睡眠时间、饮食时间和活动时间等部分，活动时间则可细分为户内和户外两部分，具体安排参见附件（附件二）。

第四，资金到位。

孩子从出生到工作，培养其间投入的资金应予以充分考虑，这种投资费用不但包括了婴幼儿阶段的奶粉尿布费用，也包括购买各种学习资料用品，延聘辅导教师，就读学校的各种费用开支。以当前物价标准，从出生到大学毕业，总计需要 50 万元人民币。（16）这笔资金必须得到保证。

五、结语（17）

总之，只要能切实按照这一计划去努力实践，相信一定能完成预期的各项目标，使得三十岁的他（她），足以具备应付事业与生活的各项能力，能毫不气馁面对各种挑战，以一个大写的人字，屹立于社会舞台的最前列。

附件一：推荐阅读书目　1. 中华人民共和国教育部推荐中小学生阅读书目（略）

2. 苏联《帕夫雷什中学》课外阅读书目（略）

3. 美国费迪曼《一生的读书计划》所列书目（略）

附件二：石勇文学龄前作息时间表（略）（18）

石勇、尹文 家庭

20××年 7 月 18 日

评 点

（1）"怀孕了"太口语化，虽然家庭计划不像单位计划那样，对语言有庄重的要求，但此篇的主要语言风格还是以书面语为基调，比如与后文小孩"出生在即"相对比，就显得语气不连贯，故修改为"怀胎足月"。

（2）"只生一个"过于绝对，与实际情况不符。故前面应该加上修饰词"大多"比较妥当。

（3）"望子成龙"只相对于男孩而言，可加上"望女成凤"与之并列。

（4）"不好倾向"口语化，改为"不良倾向"。

（5）"据此"可改为"凡此"，作为前文多方面的概括性引语。

（6）"指导思想正确，目标明确、措施得当的培养计划"是对全文的总体概括，也符合计划的写作顺序，问题是下文却并没有按照此顺序展开，故应将指导思想一节内容提到目标前面。

（7）在计划中，培养目标需要量化，才能便于操作，因为这个计划时间跨度长，故可以考虑把目标分为三个层面来写，即：总体目标、阶段性目标和量化目标。

（8）"精通一门外语"属量化目标，在阶段性目标中出现唯一的量化目标比较突兀，也不协调。故应该归并到量化目标的类别中去。

（9）类似"必须坚定不移地以马克思主义、毛泽东思想和邓小平理论为指导思想"这样的句子如果出现在别的计划的指导思想部分，未尝不可。但出现在这类家庭培养计划中，其实只是一句空洞的口号，无任何实质性的意义，所以需要进一步具体化，以切合此计划的题旨。

（10）对教育目标分类学理论可做简要说明。

（11）"落实措施"涉及面很广，且是一个多方合作的系统工程，本计划所罗列的只是局限于家庭教育这一范畴，所以必须对此有一个简要说明。

（12）"最好的"不准确，应改为"第一个"。

（13）"作为老师的身份却需要得到提高"一句意思不通，可把"身份"改为"作用"。

（14）关于"一般的经典教育理论"可以举出一两本名著作为例子，下文的家庭教育讲座类读物最好也能举例。不然会给人就事论事、故弄玄虚之嫌。

（15）此句涉及时间的到位，应该归并入第三点。

（16）计划如涉及资金预算，一般都应该列出细目表作为附件。

（17）本计划的结语采用的是展望未来的抒情方式，虽然并非绝对不可，但是，说话不给自己留有回旋余地，这种态度也是制订计划所不可取的，而且这一长远计划，也需要有更细的阶段性计划来予以充实、补充或者修订，这都可以在结语中予以交代。

（18）附件说明不符合相关要求。

此外，第四大部分"落实措施"下设的四个小部分，即"第一，观念到位"等，由于是各自独立成行，按照规定，每一句后面都不应该有标点符号。如果是每一句后面接写相关内容，则可以使用句号。

【对照例文 6—12】

关于石勇文的人生三十年家庭培养计划

鉴于尹文怀胎足月，孩子出生在即，父亲石勇和母亲尹文决定给将出生的孩子取名石勇文，并根据三十而立的古训，对孩子未来的成长，规划一条培养发展道路。

一、现状分析

自从国家实施计划生育政策，提倡优生优育后，每个家庭大多只生一个孩子，家庭未来的希望往往都寄托在这一个孩子身上，望子成龙、望女成凤的目标，使得许多家庭为培养孩子投入了大量的精力和物力。不过，就目前来看，这种培养显示了不良倾向，其主要表现为四个方面，其一，对婴幼儿早期教育的理解出现观念上的偏差，以为早期教育就是对孩子智力的开发，所以往往在小孩子说话伊始，就异想天开地让他们背外语、背唐诗，而忽视了对身体活动，肢体发育并相应促进脑机能发育健全的更重要培育。其二，过多、过满安排了孩子的学习时间，既没有保证孩子的充足休息，也没有给予孩子以一定的闲暇时间来自由活动和充分遐想。其三，对孩子的饮食结构没有合理安排，或者填鸭式地塞给了孩子过多的营养，或者一味顺从孩子的饮食嗜好，使孩子吸纳太多的垃圾食品，过早出现了肥胖等症状。其四，双职工的家庭，父母没有时间来陪伴孩子，常常让上一代的爷爷奶奶或者家庭小保姆来带养孩子，亲子教育成为家庭教育中一个很大的缺失。凡此，使得孩子的成长在身心两方面，都留有诸多的遗憾。基于这种现状，石勇家庭认为，对孩子的培养制订一个指导思想正确，目标明确和措施得当的培养计划，就显得十分必要。

二、指导原则

一是正统马克思主义强调的人的全面发展理论。马克思的全面发展观基于对人的本质理解可以分为两个层面，一是理想层面的，那就是自由，是人从自然王国向自由王国的飞跃；二是现实层面的，是现实关系的总和。不论是理想层面还是现实层面，人的自身和谐与外界的和谐关系，使得人的全面发展成为必需。这种和谐，在我国教育界被界定为德、智、体、美、劳五个方面。

二是现代认知心理学的教育目标分类学。在当代西方，普遍流行的认知心理学也是基于人的全面发展观而对教育目标进行了相似的细分，大致来说分为三个领域，即知识和智慧领域、动作和技能领域、道德和情感领域。

不论是马克思全面发展观还是认知心理的发展观，确立人的发展的主体性，应该是培养孩子的最根本立场。

三、目标设定

总体目标

孩子取名勇文，意味着不论这孩子是男是女，都要在身心上全面发展，乐观向上，情感丰富，有智慧、有艺术品位、身体健康并能适应社会不断发展的人，是培养石勇文成长的总体目标。

阶段性目标

学龄前（1—7岁）：加强对孩子活动能力的培养和艺术的熏陶，使孩子身体健康、头脑灵敏。

小学阶段（8—12岁）：把体育、音乐、美术和语言能力，作为培养的主要目标，强调能力、强调感觉而不是简单的技巧。不但学习演奏和绘画方面的技巧，也初步学习欣赏名画名曲。在小学后半阶段，适当引入计算能力的培养。

中学阶段（13—19岁）：强化语言能力的读写方面，进一步拓宽史地博物等知识面，借助于音乐美术熏陶，形成良好的艺术趣味，并尝试学习从现象中探求原理、原因的能力，这包括物理原因、化学原因和社会发展的原因。熟练掌握母语的读写能力，精通一门外语，并在计算中学习抽象逻辑思维能力。同时注意均衡的营养和适当的锻炼。健康的心灵和健康的身体，是终生的目标，任何时候都不能偏废。

大学和研究生联合体（20—30岁）：形成一种成熟的世界观和稳定的意志力，培养起学习、思考和研究的能力，与人交往合作的能力以及适应新环境的能力。

量化目标：

上述阶段目标，与学校课程教育的具体目标互为补充，并通过量化的方式体现出来，即：

1. 在小学、中学、大学每一个相对完整的学习阶段，力争被评为二至三次年度校三好学生；

2. 在小学、中学学习阶段，争取各获得不下于一次的区级单科竞赛等奖励；

3. 在大学学习阶段，争取有实验报告、调查报告或尝试性研究论文在公开出版的刊物上发表；

4. 参照推荐阅读书目（参见附件1），每一年精读两本中外文史哲类的名著，并参考阅读相关书籍，做读书笔记；

5. 每一年深入了解两位经典音乐家和美术家的作品；

6. 大学、研究生阶段，通过社会实践赚取自己的旅游费用，每年利用假期进行有计划的旅游考察，了解各地风土人情；

7. 在中学毕业前，初步掌握一门器乐演奏和一种传统书画艺术的表现方式；

8. 在中学毕业前，熟练掌握一至两种竞技类体育活动项目；

9. 在中学毕业时，能精通一门外语，在研究生毕业时，能精通两门外语。

四、落实措施

人的培养是一个系统工程，需要全方位的配合，涉及家庭、社会、学校各个方面。这里仅就家庭可控因素，拟定初步的措施。概而言之，要做到四个到位，即观念到位、人员到位、时间到位、资金到位。

第一，观念到位

石勇家庭虽确立起培养石勇文的指导思想，但这种指导思想必须深入到家庭每个成员头脑中，并成为行动的自觉前提，尚需进一步努力。教育者必先受教育，没有对儿童教育科学理论的学习积累，家长就只能被一种过于陈旧的理论所制约，从而使他们对孩子的教育和培养产生种种失误和偏差。因此，父母作为孩子的启蒙老师，必须要进行学习，提高教育孩子的水平。家长除了留意一般的经典教育理论如蒙台梭利的《童年的秘密》外，一些特为家长撰写的，如苏霍姆林斯基的家庭教育讲座类读物，以及儿童的保健读物，也应该是家长的必备读物。

第二，人员到位

父母与孩子的亲子活动，应该从孩子出生开始一直延续到把孩子送入社会。这种活动包括早期对孩子的看护，教会孩子走路说话，与孩子一起进行体育娱乐活动和阅读，包括与孩子一起听音乐会，参观画展，以及当孩子更大些的时候，与孩子交流对人生和世界的看法。所有这些，都不应该让上一代的亲属或者保姆来替代。这样，从孩子出生伊始，母亲留在家里陪伴孩子，到孩子日渐长大，父母与孩子的面对面接触，始终不应该中断。

第三，时间到位

对时间的安排应该起码包括三方面内容，即父母自己阅读的时间，亲子活动的时间，还有就是孩子自身的业余时间。

父母阅读时间：双方各自做到每星期有相关阅读时间2至3小时。这样的阅读，应该一直延续到孩子的中学阶段。

亲子活动时间：以平均时间来计算，学龄前，每天保证3至4小时，小学阶段，每天保证2小时，初中阶段，每天保证1小时，高中阶段每天保证半小时。

孩子作息时间：孩子作息时间分为学龄前和学龄后两部分，学龄后要依据学校作息时间来加以适当安排，起到一个调节平衡作用，学龄前的作息时间则包括睡眠时间、饮食时间和活动时间等部分，活动时间则可细分为户内和户外两部分，具体安排参见附件（附件2）。

第四，资金到位

孩子从出生到工作，培养资金应予以充分考虑，这种投资费用不但包括婴幼儿阶段的奶粉尿布费用，也包括购买各种学习资料用品，延聘辅导教师，就读学校的各种费用开支。以当前物价标准，从出生到大学毕业，总计需要50万元人民币。这笔资金必须得到保证。具体开支预算，参见相关计算细目（参见附件3）。

五、结语

作为一个三十年的培养纲要，其宏观性显而易见，在具体实施中，还需要通过具体计划来进一步完善和细化。这样，学龄前、小学阶段、中学阶段和大学研究生阶段的培养计划（包括每学期必写的新学期打算），将作为对此纲要的细化，而其他计划，也以此纲要为基准。并在相应的时间节点上予以总结，在需要的情况下，做出调整，使培养计划日趋完善，对行动起到真正的效的指导作用。

附件：1. 推荐阅读书目

（1）中华人民共和国教育部推荐中小学生阅读书目（略）

（2）苏联《帕夫雷什中学》课外阅读书目（略）

（3）美国费迪曼《一生的读书计划》所列书目（略）

2. 石勇文学龄前作息时间表（略）

3. 石勇文从出生至大学毕业所需资金细目表（略）

石勇　尹文　家庭

××××年××月××日

【案例6—13】

关于协助做好张三同志援疆期间相关工作的复函（1）

市审计局党组：

  为了（2）市委组织部、市人事局选派优秀干部赴新疆工作的要求，经我区区委组织部选拔、审核，确定我局所属上海市××区高级中学副校长张三同志赴新疆工作三年（××年××月至××年××月），将担任新疆××地区教育局副局长。

  张三同志的妻子李四同志为你（3）局工作人员，你们党组织应该（4）在工作和生活上给予她适当的关心和照顾，逢年过节，最好能给予一定的经济补助（5）。这样的话（6），张三同志能更安心地完成好在新疆的三年工作任务。

  （7）

中共××区教育局工作委员会
××××年××月××日

评　点

  （1）发此文的目的是希望不相隶属的单位协助工作，是主动发出，故"函"前不能加"复"字，还应在"关于"后加"商请"一词，表示客气。

  （2）引出以主动性为主的目的用"为了"，引出上级的工作布置或者政策法规，应该用"根据"。

  （3）第二人称改为"贵"比较客气。下句"你们"也应该如此修改。

  （4）"应该"是指示性语气，欠妥，改为"希望"更为妥当，且应放在句子的前面。

  （5）此建议没有相关政策依据，而且由发文单位提出也不合适。

  （6）用口语化的词语欠妥，改为"以使"。

(7) 既然不是复函，则结尾应有"特此函达"之类的固定结尾用语。一是显得客气、慎重，二是更为规范。

【对照例文6—13】

关于商请协助做好张三同志援疆期间相关工作的函

市审计局党组：

　　根据市委组织部、市人事局选派优秀干部赴新疆工作的要求，经我区区委组织部选拔、审核，确定我局所属上海市××区高级中学副校长张三同志赴新疆工作三年（××××年××月至××××年××月），将担任新疆××地区教育局副局长。

　　张三同志的妻子李四同志为贵局工作人员，希望贵局党组织在工作和生活上能给予适当的关心和照顾，以使张三同志能更安心地完成好在新疆的三年工作任务。

　　特此函达。

中共××区教育局工作委员会
××××年××月××日

【案例6—14】

关于加强机关工作管理的规定

　　机关日常工作虽然琐碎繁杂，但是良好的工作作风，对于提高工作效率和服务质量，促进效能建设，是有着多么重要的意义啊！（1）为此，我们参照市局下发的有关规定，结合本机关工作实际，特作如下规定：

　　第一章　上下班要求

　　第一条　上下班时间要按时打卡登记，任何人不得代为他人打卡。

第二条　上班时间穿戴要整洁、美丽（2）、大方，要挂牌办公，接受群众监督。

第三条　文明礼貌，见面点头问"你好"，接待群众来访热情周到，自觉使用诸如"你好"、"请稍等候"等文明用语。（3）

第四条　上班时间不得打牌，不得外出炒股票（4）、喝茶或办私事；不得在办公场所大声呼叫、争吵或喧哗。

第五条　外出办公务或下基层来不及打卡者，事先向科室领导和值班领导报告并做好登记。科室全体工作人员外出办事，由科室领导告知分管局长，并在科室门上挂牌告示及报值班领导做好登记。

第二章　工作要求

第六条　坚决贯彻执行党和政府的各项方针、政策，做到令行禁止，不做有损国格人格的事情。

第七条　接到上级有关部门电话或群众来电时，语气要亲热（5），要做好电话记录，及时呈报有关领导阅示或通知有关工作人员。

第八条　明确工作职责，落实岗位责任制，有交叉职能的科室，要主动做好协调，做到办事不推三阻四（6）、不扯皮、件件有回音、事事有着落。

第九条　按照法规制度和工作程序办事，减少办事环节，做到办事及时不拖拉、不违章、不违法。

第十条　服从领导，团结协作，按时按质按量完成组织和领导交办的各项工作。

第三章　工作场所要求

第十一条　办公室整洁，桌椅无灰尘，墙壁无蛛网，地面无纸屑、无痰迹、无烟蒂，各种办公用品摆放整齐，更不能给人以脏、乱、差的感觉（7）

第十二条　办公室悬挂工作职责、一周工作安排及日常工作文明用语。

第十三条　文件资料及时归档，放置整齐有序，便于查找，保密性好。

第四章　廉洁要求

第十四条　坚持党性原则，不假公济私，不吃、拿、卡、要，办事公开、公平、公正，不搞权钱交易，勤俭节约，不铺张浪费。(8)

第五章　请假要求

第十五条　请假（包括公休、事假、病假）1 天以内由科室领导批准，2 至 5 天以内由科室领导报分管领导批准，5 天以上由分管领导报局长批准。凡不请假者，按无故缺勤处理。(9)

第十六条　如遇有急事未能及时请假者，事后由科室领导证明补办请假手续，违者视缺勤处理。

第十七条　工作人员临时外出办公务或下基层，须告知科室领导，并征得批准后方可离开岗位。

第十八条　没有特殊情况，政治学习时间各科室不得安排其他工作，工作人员不得请假。

第六章　其他要求

第十九条　转变机关作风，局设立领导干部群众接待日，热情接待群众来电、来访，主动为群众排忧解难。

第二十条　值班领导要忠于职守，做好记录，检查和督促机关工作。

第二十一条　推行层次管理，局长负责全面工作，分管副局长对局长负责，科室领导对分管局领导负责，科室工作人员对科室领导负责。凡在工作环节上出现失误的，应由负责某一工作环节（10）的领导或工作人员承担责任。

第二十二条　本规定自公布之日起正式实行。

××市××区文化局
××××年××月××日

评　点

（1）"机关日常工作虽然琐碎繁杂，但是良好的工作作风，对于提高工作效率和服务质量，促进效能建设，是有着多么重要的意义啊！"规定中采用抒情的表达方式欠妥，应该直接用说明目的的句式来开头。如此表达，既有表达方式杂糅之嫌，也给人以不伦不类之感。

（2）穿着"美丽"不应该是对机关工作人员的要求，故改为"朴实"、"庄重"等用语比较合适。且用词也不妥当。

（3）规定中不宜用直接引语，故"问'你好'"可改为"问好"。依此，后文的"诸如'你好'，'请稍等候'等"均可删去。

（4）"外出炒股票"一句用词不严密，因为现在好多炒股者是利用网络或者电话委托，故"外出"一词可移至下文"喝茶"前。

（5）"语气要亲热"既用词不当，也不适宜于对公共环境中人际交往的要求，可改为"态度要和蔼"之类的用语。

（6）"不推三阻四"过于口语化，欠妥，改为"不互相推诿"或"不推诿"。

（7）"更不能给人以脏、乱、差的感觉"一句笼统且无操作性，根据该自然段所要表达的意思，可删除。

（8）廉洁要求当然也属机关工作要求的一部分，但因为此一问题特别重要，所以，应该单独提出反腐倡廉的工作规定，与日常行为细则做出区分。故建议删去此章。

（9）此处用词不严密，"不请假者"一句，未能将请假未获批准而擅自离岗者包括进来。

（10）"某一工作环节"指代不明确，改为"该工作环节"更为严谨。

【对照例文6—14】

关于加强机关工作管理的规定

为加强机关工作管理，转变工作作风，提高工作效率和服务质量，促进效能建设，结合本机关工作实际，特作如下规定：

第一章　上下班要求

第一条　上下班时间要按时打卡登记，任何人不得代为他人打卡。

第二条　上班时间穿戴要整洁、朴实、大方，要挂牌办公，接受群众监督。

第三条　文明礼貌，见面点头问好，接待群众来访热情周到，自觉使用文明用语。

第四条　上班时间不得打牌、炒股票、外出喝茶或办私事；不得在办公场所大声呼叫、争吵或喧哗。

第五条　外出办公务或下基层来不及打卡者，事先向科室领导和值班领导报告并做好登记。科室全体工作人员外出办事，由科室领导告知分管局长，并在科室门上挂牌告示及报值班领导做好登记。

第二章　工作要求

第六条　坚决贯彻执行党和政府的各项方针、政策，做到令行禁止，不做有损国格人格的事情。

第七条　接到上级有关部门电话或群众来电时，态度要和蔼，要做好电话记录，及时呈报有关领导阅示或通知有关工作人员。

第八条　明确工作职责，落实岗位责任制，有交叉职能的科室，要主动做好协调，做到办事不推诿、不扯皮、件件有回音、事事有着落。

第九条　按照法规制度和工作程序办事，减少办事环节，做到办事及时不拖拉、不违章、不违法。

第十条　服从领导，团结协作，按时按质按量完成组织和领导交办的各项工作。

第三章　工作场所要求

第十一条　办公室整洁，桌椅无灰尘，墙壁无蛛网，地面无纸屑、无痰迹、无烟蒂，各种办公用品摆放整齐。

第十二条　办公室悬挂工作职责、一周工作安排及日常工作文明用语。

第十三条　文件资料及时归档，放置整齐有序，便于查找，保密性好。

第四章　请假要求

第十四条　请假（包括公休、事假、病假）1天以内由科室领导批准，2至5天以内由科室领导报分管领导批准，5天以上由分管领导报局长批准。凡不请假或请假未获批准而擅自离岗者，按无故缺勤处理。

第十五条　如遇有急事未能及时请假者，事后由科室领导证明补办请假手续，违者视缺勤处理。

第十六条　工作人员临时外出办公务或下基层，须告知科室领导，并征得批准后方可离开岗位。

第十七条　没有特殊情况，政治学习时间各科室不得安排其他工作，工作人员不得请假。

第五章　其他要求

第十八条　转变机关作风，局设立领导干部群众接待日，热情接待群众来电、来访，主动为群众排忧解难。

第十九条　值班领导要忠于职守，做好记录，检查和督促机关工作。

第二十条　推行层次管理，局长负责全面工作，分管副局长对局长负责，科室领导对分管局领导负责，科室工作人员对科室领导负责。凡在工作环节上出现失误的，应由负责该工作环节的领导或工作人员承担责任。

第二十一条　本规定自公布之日起正式实行。

××市××区文化局

××××年××月××日

【案例6—15】

承揽合同

订立合同双方：

供方：盛×公司

需方：百×公司（1）

根据《中华人民共和国合同法》及有关规定，为明确供方和需方的权利和义务，经双方协商同意，签订本合同。

一、产品名称："××"物业流程软件。

二、产品数量：2套软件光盘。

三、产品单价：100000元。（2）

四、产品质量：按国家电子产品颁布标准执行。

五、交货期限：2017年9月1日前交付使用。

六、交货地点：百×公司。（3）

七、付款方式：通过银行转账一次付清。（4）

八、产品验收：需方使用后，由需方技术人员负责跟踪检查；如由于技术原因而无法正常使用，由供方重新制作，制作所需费用由供方承担。（5）

九、违约责任：供方误期15天交货，按总价的5%赔偿；误期一个月交货，按总价10%赔偿，依此类推。（6）需方交付前两个月退货，须支付供方50%货款；在交付前一个月退货，须支付供方80%货款；在交付前10天退货，须支付供方全额货款。

十、解决争议办法：本合同执行过程中如果双方发生争议，按照国家有关规定解决。

十一、本合同未尽事宜，由双方另行商定。（7）

十二、本合同正本一式两份，双方各执一份；合同副本两份，送各自主管部门备案。

供方（盖章） 　　　　　　　　需方（盖章）

地址：江×市××路11号　　　地址：海×市××路11号

法定代表人：×××　　　　　　法定代表人：×××

委托代理人：×××　　　　　　委托代理人：×××

开户银行：中国工商银行××分行　开户银行：中国工商银行××分行

账号：2367×××2778901　　账号：5879×××9900

电话：0××—675808××　　电话：0××—665566××

传真：0××—675809××　　传真：0××—665526××

邮编：2001××　　　　　　　邮编：2001××

签约地点：××电子技术有限公司　签约时间：2017年5月8日

评 点

（1）两家公司名称都应写全称，并点明"有限"性。

（2）价款应明确是"人民币"，并加入大写。

（3）公司应写全称，并必须写明交货的确切地址。

（4）没有写清付款期限，这是这类合同写作的大忌之一。

（5）对重新制作的时间应该有所约定，并应对造成损失的时间作适当赔偿。另"技术"原因界定不清，可改为"设计"原因。

（6）依此类推是应该有限定的，不可能无限期类推下去。

（7）软件制作涉及知识产权这一重大问题，必须在合同中予以明确约定，不能笼而统之地一概列入未尽事宜。

【对照例文6—15】

承 揽 合 同

订立合同双方：

供方：盛×电子技术有限公司

需方：百×物流贸易有限公司

根据《中华人民共和国合同法》及有关规定，为明确供方和需方的权利和义务，经双方协商同意，签订本合同。

一、产品名称："神通"物业流程软件。

二、产品数量：2套软件光盘。

三、产品单价：人民币壹拾万元整（100,000元）。

四、产品质量：按国家电子产品颁布标准执行。

五、交货期限：××××年××月××日前交付使用。

六、交货地点：百×物流贸易有限公司行政部办公室。

七、付款方式：银行转账。××××年××月××日一次付清。

八、产品验收：需方使用后，由需方技术人员负责跟踪检查；如由于技术原因而无法正常使用，由供方重新制作，其作需费用由供方承担。

重新制作的期限为三个月，需方所损失的时间，由供方补偿总价款的10%。如重新制作的软件仍无法正常使用，则中止该合同执行，并由供方返还需方已支付的总价款200%。

九、违约责任：供方误期15天交货，按总价的5%赔偿；误期一个月交货，按总价10%赔偿，依此类推。误期至十个月的，除了供方赔偿给需方总价的100%，同时中止该合同的执行。需方在交付前两个月退货，须支付供方50%货款；在交付前一个月退货，须支付供方80%货款；在交付前10天退货，须支付供方全额货款。

十、本软件系供方自主开发设计之软件，如因盗版而被追究责任，则需方不承担任何责任；供方拥有该软件的版权，需方不得复制给其他物流公司，一经发现，则由需方承担相应的法律和经济责任。

十一、解决争议办法：本合同执行过程中如果双方发生争议，按照国家有关规定解决。

十二、本合同未尽事宜，由双方另行商定。

十三、本合同正本一式两份，双方各执一份；合同副本两份，送各自主管部门备案。

供方（盖章）　　　　　　　　需方（盖章）
地址：××市××路11号　　　地址：××市××路11号
法定代表人：张××　　　　　法定代表人：赵××
委托代理人：尹××　　　　　委托代理人：金××
开户银行：中国工商银行××分行　开户银行：中国工商银行××分行
账号：236××××52778901　　账号：5879××××319900
电话：0××—6758080×　　　电话：023—6655668×
传真：0××—6758090×　　　传真：020—6655262×
邮编：2001××　　　　　　　邮编：2001××
签约地点：××电子技术有限公司　签约时间：××××年×月×日

【案例6—16】

××县人民政府
关于表扬营业员×××同志的通报（1）

各乡镇人民政府：（2）

  ××××年×月×日中午十二时左右，××百货商店××路门市部售表柜台前来了一个青年顾客，提出要买一块"北京"牌手表。青年营业员×××同志将手表拿出上了几下弦后递给这个顾客，又忙着接待别的顾客。一种强烈的责任促使她随时盯着买表人的动作。忽然，发现那人侧过身子挡住营业员的视线，把表放在耳边装作听表样。这种行为引起了×××同志的警觉，她心想：挑表为什么要侧过身子背对着营业员呢？当他把表交回来的时候，×××同志立即进行了检查，发现弦是满的，表面上有两道划纹。她马上认定新表已被换走，于是当机立断，喊了一声："你停一下！"那人听到喊声，慌忙向店外跑去。见此情景，×××同志一跃跳到货圈外，用尽力气拼命追赶。霎时间，那家伙穿过胡同，跑出数百米。营业员边追边喊："抓住他！抓住他！"终于在××分局同志的协助下，将罪犯逮住扭送公安派出所，从其衣袋里搜出换去的新表。（3）

  ×××同志机智果断，不顾个人安危与坏人坏事做斗争，保住了国家财产，精神可嘉。决定给予通报表扬，并颁发奖金，以资鼓励。（4）

××县人民政府（印章）

××××年××月××日

评　点

（1）此事件够不上县政府通报表彰，由公司表彰即可。因此标题应作相应调整。

（2）主送单位也应作相应调整。

（3）此文对事件的叙述不是概括式叙述，而是不适于应用文书的小说式叙述，失之过详；分层不是很清楚。

（4）表彰决定事项不够具体；缺写表彰通报不能缺写的希望和号召。

【对照例文 6—16】

××总公司关于表彰营业员×××同志的通报

总公司各科室、各分公司：

×××同志是××百货商店××路门市部售表柜台的青年女营业员。×××同志平时爱岗敬业，工作细致认真负责，曾多次被××百货商店评为先进工作者。

今年×月×日中午，×××同志在柜台当班，当她发现一块新表被一位高大魁梧的男青年顾客换走时，立即大喊对方站住。该青年拔腿就跑，这时，×××同志不顾自己身单力薄，立即奋力赶上，且与该青年揪打在一起。在闻讯赶来的××公安分局的同志们的帮助下，追回了新表，该青年被扭送归案。

×××同志勇于保护国家财产，敢于与盗窃分子做斗争的精神，体现了当代青年的优秀品德。为了表彰×××同志，总公司决定给予×××同志通报表扬，并颁发奖金3000元。

希望×××同志戒骄戒躁，为公司做出更大的贡献。希望广大干部、职工以×××同志为榜样，忠于职守，爱岗敬业，进一步做好本职工作。

×××总公司
××××年×月×日

附　录

党政机关公文处理工作条例

(中办发〔2012〕14号，2012年4月)

第一章　总则

第一条　为了适应中国共产党机关和国家行政机关（以下简称党政机关）工作需要，推进党政机关公文处理工作科学化、制度化、规范化，制定本条例。

第二条　本条例适用于各级党政机关公文处理工作。

第三条　党政机关公文是党政机关实施领导、履行职能、处理公务的具有特定效力和规范体式的文书，是传达贯彻党和国家方针政策，公布法规和规章，指导、布置和商洽工作，请示和答复问题，报告、通报和交流情况等的重要工具。

第四条　公文处理工作是指公文拟制、办理、管理等一系列相互关联、衔接有序的工作。

第五条　公文处理工作应当坚持实事求是、准确规范、精简高效、安全保密的原则。

第六条　各级党政机关应当高度重视公文处理工作，加强组织领导，强化队伍建设，设立文秘部门或者由专人负责公文处理工作。

第七条　各级党政机关办公厅（室）主管本机关的公文处理工作，并对下级机关的公文处理工作进行业务指导和督促检查。

第二章 公文种类

第八条 公文种类主要有：

（一）决议。适用于会议讨论通过的重大决策事项。

（二）决定。适用于对重要事项做出决策和部署、奖惩有关单位和人员、变更或者撤销下级机关不适当的决定事项。

（三）命令（令）。适用于公布行政法规和规章、宣布施行重大强制性措施、批准授予和晋升衔级、嘉奖有关单位和人员。

（四）公报。适用于公布重要决定或者重大事项。

（五）公告。适用于向国内外宣布重要事项或者法定事项。

（六）通告。适用于在一定范围内公布应当遵守或者周知的事项。

（七）意见。适用于对重要问题提出见解和处理办法。

（八）通知。适用于发布、传达要求下级机关执行和有关单位周知或者执行的事项，批转、转发公文。

（九）通报。适用于表彰先进、批评错误、传达重要精神和告知重要情况。

（十）报告。适用于向上级机关汇报工作、反映情况，回复上级机关的询问。

（十一）请示。适用于向上级机关请求指示、批准。

（十二）批复。适用于答复下级机关请示事项。

（十三）议案。适用于各级人民政府按照法律程序向同级人民代表大会或者人民代表大会常务委员会提请审议事项。

（十四）函。适用于不相隶属机关之间商洽工作、询问和答复问题、请求批准和答复审批事项。

（十五）纪要。适用于记载会议主要情况和议定事项。

第三章 公文格式

第九条 公文一般由份号、密级和保密期限、紧急程度、发文机关标志、发文字号、签发人、标题、主送机关、正文、附件说明、发文机关署名、成文日期、印章、附注、附件、抄送机关、印发机关和印发日期、页码等组成。

（一）份号。公文印制份数的顺序号。涉密公文应当标注份号。

（二）密级和保密期限。公文的秘密等级和保密的期限。

涉密公文应当根据涉密程度分别标注"绝密""机密""秘密"和保密期限。

（三）紧急程度。公文送达和办理的时限要求。根据紧急程度，紧急公文应当分别标注"特急""加急"，电报应当分别标注"特提""特急""加急""平急"。

（四）发文机关标志。由发文机关全称或者规范化简称加"文件"二字组成，也可以使用发文机关全称或者规范化简称。联合行文时，发文机关标志可以并用联合发文机关名称，也可以单独用主办机关名称。

（五）发文字号。由发文机关代字、年份、发文顺序号组成。联合行文时，使用主办机关的发文字号。

（六）签发人。上行文应当标注签发人姓名。

（七）标题。由发文机关名称、事由和文种组成。

（八）主送机关。公文的主要受理机关，应当使用机关全称、规范化简称或者同类型机关统称。

（九）正文。公文的主体，用来表述公文的内容。

（十）附件说明。公文附件的顺序号和名称。

（十一）发文机关署名。署发文机关全称_____或者规范化简称。

（十二）成文日期。署会议通过或者发文机关负责人签发的日期。联合行文时，署最后签发机关负责人签发的日期。

（十三）印章。公文中有发文机关署名的，应当加盖发文机关印章，并与署名机关相符。有特定发文机关标志的普发性公文和电报可以不加盖印章。

（十四）附注。公文印发传达范围等需要说明的事项。

（十五）附件。公文正文的说明、补充或者参考资料。

（十六）抄送机关。除主送机关外需要执行或者知晓公文内容的其他机关，应当使用机关全称、规范化简称或者同类型机关统称。

（十七）印发机关和印发日期。公文的送印机关和送印日期。

（十八）页码。公文页数顺序号。

第十条　公文的版式按照《党政机关公文格式》国家标准执行。

第十一条　公文使用的汉字、数字、外文字符、计量单位和标点符号等，按照有关国家标准和规定执行。民族自治地方的公文，可以并用汉字和当地通用的少数民族文字。

第十二条　公文用纸幅面采用国际标准 A4 型。特殊形式的公文用纸幅面，根据实际需要确定。

第四章　行文规则

第十三条　行文应当确有必要，讲求实效，注重针对性和可操作性。

第十四条　行文关系根据隶属关系和职权范围确定。一般不得越级行文，特殊情况需要越级行文的，应当同时抄送被越过的机关。

第十五条　向上级机关行文，应当遵循以下规则：

（一）原则上主送一个上级机关，根据需要同时抄送相关上级机关和同级机关，不抄送下级机关。

（二）党委、政府的部门向上级主管部门请示、报告重大事项，应当经本级党委、政府同意或者授权；属于部门职权范围内的事项应当直接报送上级主管部门。

（三）下级机关的请示事项，如需以本机关名义向上级机关请示，应当提出倾向性意见后上报，不得原文转报上级机关。

（四）请示应当一文一事。不得在报告等非请示性公文中夹带请示事项。

（五）除上级机关负责人直接交办事项外，不得以本机关名义向上级机关负责人报送公文，不得以本机关负责人名义向上级机关报送公文。

（六）受双重领导的机关向一个上级机关行文，必要时抄送另一个上级机关。

第十六条　向下级机关行文，应当遵循以下规则：

（一）主送受理机关，根据需要抄送相关机关。重要行文应当同时抄送发文机关的直接上级机关。

（二）党委、政府的办公厅（室）根据本级党委、政府授权，可以向下级党委、政府行文，其他部门和单位不得向下级党委、政府发布指令性公文或者在公文中向下级党委、政府提出指令性要求。需经政府审批的具体事项，经政府同意后可以由政府职能部门行文，文中须注明已经政府同意。

（三）党委、政府的部门在各自职权范围内可以向下级党委、政府的相关部门行文。

（四）涉及多个部门职权范围内的事务，部门之间未协商一致的，不得向下行文；擅自行文的，上级机关应当责令其纠正或者撤销。

（五）上级机关向受双重领导的下级机关行文，必要时抄送该下级机关的另一个上级机关。

第十七条　同级党政机关、党政机关与其他同级机关必要时可以联合行文。属于党委、政府各自职权范围内的工作，不得联合行文。

党委、政府的部门依据职权可以相互行文。部门内设机构除办公厅（室）外不得对外正式行文。

第五章　公文拟制

第十八条　公文拟制包括公文的起草、审核、签发等程序。

第十九条　公文起草应当做到：

（一）符合国家法律法规和党的路线方针政策，完整准确体现发文机关意图，并同现行有关公文相衔接。

（二）一切从实际出发，分析问题实事求是，所提政策措施和办法切实可行。

（三）内容简洁，主题突出，观点鲜明，结构严谨，表述准确，文字精练。

（四）文种正确，格式规范。

（五）深入调查研究，充分进行论证，广泛听取意见。

（六）公文涉及其他地区或者部门职权范围内的事项，起草单位必须征求相关地区或者部门意见，力求达成一致。

（七）机关负责人应当主持、指导重要公文起草工作。

第二十条 公文文稿签发前,应当由发文机关办公厅(室)进行审核。审核的重点是:

(一)行文理由是否充分,行文依据是否准确。

(二)内容是否符合国家法律法规和党的路线方针政策;是否完整准确体现发文机关意图;是否同现行有关公文相衔接;所提政策措施和办法是否切实可行。

(三)涉及有关地区或者部门职权范围内的事项是否经过充分协商并达成一致意见。

(四)文种是否正确,格式是否规范;人名、地名、时间、数字、段落顺序、引文等是否准确;文字、数字、计量单位和标点符号等用法是否规范。

(五)其他内容是否符合公文起草的有关要求。

需要发文机关审议的重要公文文稿,审议前由发文机关办公厅(室)进行初核。

第二十一条 经审核不宜发文的公文文稿,应当退回起草单位并说明理由;符合发文条件但内容需作进一步研究和修改的,由起草单位修改后重新报送。

第二十二条 公文应当经本机关负责人审批签发。重要公文和上行文由机关主要负责人签发。党委、政府的办公厅(室)根据党委、政府授权制发的公文,由受权机关主要负责人签发或者按照有关规定签发。签发人签发公文,应当签署意见、姓名和完整日期;圈阅或者签名的,视为同意。联合发文由所有联署机关的负责人会签。

第六章 公文办理

第二十三条 公文办理包括收文办理、发文办理和整理归档。

第二十四条 收文办理主要程序是:

(一)签收。对收到的公文应当逐件清点,核对无误后签字或者盖章,并注明签收时间。

(二)登记。对公文的主要信息和办理情况应当详细记载。

(三)初审。对收到的公文应当进行初审。初审的重点是:是否应当由本机关办理，是否符合行文规则，文种、格式是否符合要求，涉及其他地区或者部门职权范围内的事项是否已经协商、会签，是否符合公文起草的其他要求。经初审不符合规定的公文，应当及时退回来文单位并说明理由。

（四）承办。阅知性公文应当根据公文内容、要求和工作需要确定范围后分送。批办性公文应当提出拟办意见报本机关负责人批示或者转有关部门办理；需要两个以上部门办理的，应当明确主办部门。紧急公文应当明确办理时限。承办部门对交办的公文应当及时办理，有明确办理时限要求的应当在规定时限内办理完毕。

（五）传阅。根据领导批示和工作需要将公文及时送传阅对象阅知或者批示。办理公文传阅应当随时掌握公文去向，不得漏传、误传、延误。

（六）催办。及时了解掌握公文的办理进展情况，督促承办部门按期办结。紧急公文或者重要公文应当由专人负责催办。

（七）答复。公文的办理结果应当及时答复来文单位，并根据需要告知相关单位。

第二十五条　发文办理主要程序是：

（一）复核。已经发文机关负责人签批的公文，印发前应当对公文的审批手续、内容、文种、格式等进行复核；需作实质性修改的，应当报原签批人复审。

（二）登记。对复核后的公文，应当确定发文字号、分送范围和印制份数并详细记载。

（三）印制。公文印制必须确保质量和时效。涉密公文应当在符合保密要求的场所印制。

（四）核发。公文印制完毕，应当对公文的文字、格式和印刷质量进行检查后分发。

第二十六条　涉密公文应当通过机要交通、邮政机要通信、城市机要文件交换站或者收发件机关机要收发人员进行传递，通过密码电报或者符合国家保密规定的计算机信息系统进行传输。

第二十七条　需要归档的公文及有关材料，应当根据有关档案法律法规以及机关档案管理规定，及时收集齐全、整理归档。两个以上机关联合办理的公文，原件由主办机关归档，相关机关保存复制件。机关负责人兼任其他机关职务的，在履行所兼职务过程中形成的公文，由其兼职机关归档。

第七章 公文管理

第二十八条 各级党政机关应当建立健全本机关公文管理制度，确保管理严格规范，充分发挥公文效用。

第二十九条 党政机关公文由文秘部门或者专人统一管理。设立党委（党组）的县级以上单位应当建立机要保密室和机要阅文室，并按照有关保密规定配备工作人员和必要的安全保密设施设备。

第三十条 公文确定密级前，应当按照拟定的密级先行采取保密措施。确定密级后，应当按照所定密级严格管理。绝密级公文应当由专人管理。

公文的密级需要变更或者解除的，由原确定密级的机关或者其上级机关决定。

第三十一条 公文的印发传达范围应当按照发文机关的要求执行；需要变更的，应当经发文机关批准。

涉密公文公开发布前应当履行解密程序。公开发布的时间、形式和渠道，由发文机关确定。

经批准公开发布的公文，同发文机关正式印发的公文具有同等效力。

第三十二条 复制、汇编机密级、秘密级公文，应当符合有关规定并经本机关负责人批准。绝密级公文一般不得复制、汇编，确有工作需要的，应当经发文机关或者其上级机关批准。

复制、汇编的公文视同原件管理。复制件应当加盖复制机关戳记。翻印件应当注明翻印的机关名称、日期。汇编本的密级按照编入公文的最高密级标注。

第三十三条 公文的撤销和废止，由发文机关、上级机关或者权力机关根据职权范围和有关法律法规决定。公文被撤销的，视为自始无效；公文被废止的，视为自废止之日起失效。

第三十四条 涉密公文应当按照发文机关的要求和有关规定进行清

退或者销毁。

第三十五条　不具备归档和保存价值的公文，经批准后可以销毁。销毁涉密公文必须严格按照有关规定履行审批登记手续，确保不丢失、不漏销。个人不得私自销毁、留存涉密公文。

第三十六条　机关合并时，全部公文应当随之合并管理；机关撤销时，需要归档的公文经整理后按照有关规定移交档案管理部门。

工作人员离岗离职时，所在机关应当督促其将暂存、借用的公文按照有关规定移交、清退。

第三十七条　新设立的机关应当向本级党委、政府的办公厅（室）提出发文立户申请。经审查符合条件的，列为发文单位，机关合并或者撤销时，相应进行调整。

第八章　附则

第三十八条　党政机关公文含电子公文。电子公文处理工作的具体办法另行制定。

第三十九条　法规、规章方面的公文，依照有关规定处理。外事方面的公文，依照外事主管部门的有关规定处理。

第四十条　其他机关和单位的公文处理工作，可以参照本条例执行。

第四十一条　本条例由中共中央办公厅、国务院办公厅负责解释。

第四十二条　本条例自 2012 年 7 月 1 日起施行。1996 年 5 月 3 日中共中央办公厅发布的《中国共产党机关公文处理条例》和 2000 年 8 月 24 日国务院发布的《国家行政机关公文处理办法》停止执行。

后　　记

自2011年起至今，本书的构思、撰写、修改及至最终定稿，前后历经八年，期间还经历中共中央办公厅、国务院办公厅对党政公文的改革，但在四川省宜宾学院科技处雷鸿等各位同仁的关心及相关专家的支持下，本书最终还是得以顺利付梓。同时，本书在撰写过程中，周琴芬老师在资料整理、文稿校对及打印等方面都付出了大量心血，贡献了很多智慧；在出版的过程中，得到了宜宾学院法学院陈世海教授的鼎力支持、倾情帮助，还得到了中国社会科学出版社编辑黄晗老师的悉心指导。在此，作者借此方寸之地谨致以最诚挚的谢意。

作者虽从事应用文写作教学和研究工作三十余年，积累了比较丰富的应用文写作教学和研究资料，但最终要将其撰写成一部体例完整、内容翔实、理论完备、案例丰富的著作，还须借鉴前贤、专家及同行一定的成果。本书在撰写的过程中，或参考或改写了裴显生、张保忠、陆亚萍等老师的部分著作，个别范文、病文的点评、修改，或参考或改写了范明辉、陈功懋、柳岳梅、沙虹、戴贵宝等老师应用文模拟实训中的部分案例，在此，一并表示最真诚的感谢。

刘永华
2019年2月26日